创化与新生：
中国近世儒家命运的哲学省察

颜炳罡 著

齐鲁书社

·济南·

图书在版编目（CIP）数据

创化与新生：中国近世儒家命运的哲学省察／颜炳罡著. -- 济南：齐鲁书社，2024.10. --（尼山文库）.
ISBN 978-7-5333-5033-8

Ⅰ.B222.05

中国国家版本馆CIP数据核字第2024S2H661号

项目统筹　许允龙
责任编辑　裴继祥
装帧设计　刘羽珂

创化与新生：中国近世儒家命运的哲学省察

CHUANGHUA YU XINSHENG ZHONGGUO JINSHI RUJIA MINGYUN DE ZHEXUE XINGCHA

颜炳罡　著

主管单位	山东出版传媒股份有限公司
出版发行	齐鲁书社
社　　址	济南市市中区舜耕路517号
邮　　编	250003
网　　址	www.qlss.com.cn
电子邮箱	qilupress@126.com
营销中心	（0531）82098521　82098519　82098517
印　　刷	山东新华印务有限公司
开　　本	710mm×1000mm　1/16
印　　张	20.5
插　　页	2
字　　数	260千
版　　次	2024年10月第1版
印　　次	2024年10月第1次印刷
标准书号	ISBN 978-7-5333-5033-8
定　　价	98.00元

《尼山文库》编委会

编委会主任：靳 诺　白玉刚　于晓明

编委会副主任：张立文　陈 来　魏长民　国承彦

编委会委员：（按姓氏笔画排序）

干春松　于晓明　王 博　王中江　王国良　王学典
王新春　贝淡宁（加拿大）　方国根　尹丝淳（韩国）
白 奚　白玉刚　西原春夫（日本）　成中英（美国）
朱人求　朱汉民　朱瑞显　向世陵　刘 皓　刘大钧
刘学智　齐鹏飞　米怀勇　池田知久（日本）　汤恩佳
安乐哲（美国）　牟钟鉴　杜泽逊　李中华　李宗桂
李承贵　李振纲　李晨阳　李景林　李焯然　李瑞全
李锦全　杨国荣　杨泽波　杨柱才　杨朝明　肖永明
吴 震　吴根友　何 俊　冷兴邦　张 践　张立文
张志强　张学智　张新民　陈 来　陈卫平　陈少明
邵汉明　范瑞平　林乐昌　林安梧　林忠军　国承彦
罗多弼（瑞典）　罗安宪　周 静　姚新中　柴文华
高令印　郭 沂（韩国）　郭齐勇　郭思克　黄 勇
黄玉顺　黄俊杰　崔英辰（韩国）　梁 涛　彭彦华
董 平　董金裕　景海峰　程奇立　傅永聚　舒大刚
温海明　靳 诺　蔡方鹿　臧峰宇　黎红雷　颜炳罡
潘文阁（越南）　潘富恩

主　　编：张立文　陈 来

总序

为深入贯彻党的二十大精神，贯彻落实习近平总书记关于传承发展中华优秀传统文化系列重要讲话精神，落实《尼山世界儒学中心儒学传承发展"十四五"规划》有关部署要求，尼山世界儒学中心依托中心学术委员会，以学术顾问和学术委员为主体，组织编写出版了《尼山文库》。

一个民族的复兴，总是以文化的兴盛为强大支撑；一个时代的进步，总是以文化的繁荣为鲜明标志。以习近平同志为核心的党中央高度重视中华优秀传统文化的传承发展，始终从中华民族最深沉的精神追求看待优秀传统文化，从国家战略资源和文化软实力的高度继承优秀传统文化，从推动中华民族现代化进程的角度创新发展优秀传统文化，使中华优秀传统文化成为新时代新征程党和国家事业发展、实现第二个百年奋斗目标的重要力量。党的二十大报告提出"推进文化自信自强，铸就社会主义文化新辉煌"，就建设社会主义文化强国做出战略部署。深入学习贯彻党的二十大精神，坚持中国特色社会主义文化发展道路，增强文化自信，承担起举旗帜、聚民心、育新人、兴文化、展形象的使命任务，踔厉奋发，笃行不息，推出更多增强人民精神力量的优秀作品，是《尼山文库》的使命担当。

文库汇编的作品展现了学术界近年来在中华优秀传统文化研究方面的新理念、新观点、新贡献，着重阐释儒学在弘扬践行社会主义核心价值观中的重要价值，概括儒学在国际交流、传播以及对话中的积极作用，解读儒学在公益慈善文化中的智慧启示。选编内容包括专家们在学术会议上的发言、出版论著的序言、近期发表的学术论文，以及论文论著精华摘要、核心观点摘编等，各自组成体系完备、结构完整的学术著作。我们力争在"十四五"期间，陆续推出40部学术著作。

文库的出版是建设世界儒学研究高地，打造文化"两创"新标杆的需要。2013年11月，习近平总书记在山东考察工作时提出，要加强对中华优秀传统文化的挖掘和阐发，努力实现中华优秀传统文化的创造性转化、创新性发展。十年来，山东立足于丰厚的文化资源，以高度的文化自觉扛牢中华优秀传统文化"两创"担当，不断激发文化创新创造活力。设立尼山世界儒学中心（中国孔子基金会秘书处）就是为了深入贯彻落实习近平总书记重要指示要求，努力打造世界儒学研究高地、儒学人才集聚和培养高地、儒学普及推广高地、儒学国际交流传播高地。山东省第十二次党代会明确提出"打造文化'两创'新标杆""深入推进尼山世界儒学中心建设"。在全国上下深入学习贯彻党的二十大精神、全面建设具有强大凝聚力和引领力的社会主义意识形态的时代背景下，编写出版这套丛书，有助于我们全面深入学习贯彻习近平总书记关于大力弘扬中华优秀传统文化的重要论述，坚守中华文化立场，做好为国家立心、为民族立魂的工作，传承和弘扬好以儒家思想为代表的中华优秀传统文化。

文库的出版是以文化人、守正创新，推动中华优秀传统文化与社会主义社会相适应的需要。习近平总书记强调，中华优秀传统文化是中华文明的智慧结晶和精华所在,是中华民族的根和魂,是我们在世界文化激荡中站稳脚跟的根基。出版这套丛书的宗旨在于立根铸魂,研究阐释中华文明讲仁爱、重民本、守诚信、崇正义、尚和合、求大同的精神特质和发展形态,阐明中国道路的深厚文化底蕴,展现中国人的宇宙观、天下观、社会观、道德观,展现中华文明的悠久历史和人文底蕴,承继中华优秀传统文化"观乎人文,以化成天下"的教化之道,更好构筑中国精神、中国价值、中国力量,坚定文化自信,增强中华文明的传播力、影响力,促进文化"两创"成果落在社会上、落在群众中、落在生活里。

文库的出版是推动世界不同文明交流互鉴、构建人类命运共同体的需要。海纳百川,有容乃大,编写出版《尼山文库》,继承中华优秀传统文化,弘扬时代精神,构建中国价值,绝不是拒斥外来文明,而是坚持不忘本来、吸收外来、面向未来,坚持"二为"方向、"双百"方针,坚持创造性转化、创新性发展。丛书倡导求实、严谨、活泼的文风,突出学术性、思想性、可读性,弘扬平等、互鉴、对话、包容的文明观,弘扬中华文明蕴含的全人类共同价值。

为天地立心,为生民立命,为往圣继绝学,为万世开太平,这是中国古代儒家知识分子的抱负,也是《尼山文库》的理想和期待。推进"两创"和"两个结合"需要久久为功、持续用力,希望更多的专家学者参与文库的编写,为建成社会主义文化强国共同努力奋斗!

是为序。

《尼山文库》编委会

2022 年 11 月 16 日

前　言

唐君毅先生说："中国文化之屡近衰亡而又再生，则为一明显之事实。如秦之结束以前文化，而有汉之再生。历魏晋南北朝之混乱，而有唐之再生，经五代与元代之生人道丧，而有宋明之再生。有由清至今之坠落，亦可有将来之再生。中国文化不断临近衰亡，而又再生之事实，不能纯是一偶然，而当是赖一文化精神中之再生质。"① 中国文化何以屡次濒于衰而终不衰亡，常常"置之死地而后生"，"野火烧不尽，春风吹又生"，大化流行，生生不息，传承不已，中华文明何以能绝处逢生，关键在于它能适时进行创造性转化与创新性发展，古人称之"与时更化"，简单地说就是"创化"。创化就是中华文化不断走向新生的根据，新生是创化的目的。这是唐君毅先生所说的中国文化的"再生质"。

近世中国，面对"千年来未有之强敌"和"三千余年一大变局"，内忧外患，动荡不已，屡次濒于瓜分豆剖、国将不国之险境。亡国、亡种、亡教的警报声一次又一次刺破神州大地的茫茫夜空，一次又一次将国人从睡梦中惊醒。先进的中国人深深地认识到，欲保国、保种、保教，中国必须变，中国文化必须变，作为支配中国人两千多年的官方意识形态的儒学必须变。"变"成为近世中国最普遍、使用频率最高的主题词，也是近世中国社会的主旋律。梁启超说："大地既通，万国蒸蒸，日趋于上，大势相迫，非可阏制。变亦变，不变亦变。变而变

---

① 唐君毅：《人文精神之重建》，《唐君毅全集》第十卷，九州出版社，2016年，第388页。

者，变之权操诸己，可以保国，可以保种，可以保教。不变而变者，变之权让诸人，束缚之，驰骤之，呜呼，则非吾之所敢言矣。"① 孙中山指出："世界潮流，浩浩荡荡，顺之则昌，逆之则亡。"人心思变，上下思变，世界在变，中国也必须变，天翻地覆，沧海桑田，"三千余年一大变局"是对近世中国真实的概括。而如何应对这一变局，与时更化即创造性转化是保国、保种、保教的唯一出路。所谓"穷则变，变则通，通则久"。

明变在近世中国并不难，难能且可贵者是知变中有常，变能守常。东汉末年，管宁在辽东"专讲诗书，习俎豆"。王船山赞叹："天下不可一日废者，道也；天下废之，而存之者在我。故君子一日不可废者，学也。"管宁讲学辽东，习诗书，兴礼乐，"天下分崩、人心晦否之日，独握天枢以争剥复，功亦大矣"。② 天下分崩、人心晦否，客观情势也，"握天枢以争剥复"，主观奋斗也、自由意志也。"君子一日不可废者，学也"，讲学即存道也，道即常。讲学即保存中国之所以为中国之基因的活动，即保存中国文化的"再生质"之方式。社会形态可以改易，社会结构可以调整甚至再造，但中国之所以为中国的本质不能变，"大中至正"之道不能变。董子说"天不变，道亦不变"，换成今日语曰："中国不变，道亦不变。"自维新变法以来，梁漱溟目睹中国之时局，惊呼："呜呼！数十年间，颠倒迷扰的可怜，亦可怜极矣！""颠倒迷扰"者，世道人心也。"时至今日，其可以知返矣！"知返即"赶紧回头，认取自家精神，寻取自家的路走"。"一民族真生命之所寄，寄于其根本精神，抛开了自家根本精神，便断送了自家前途。"③ "自家根本精神"乃民族精神，即"独握天枢以争剥复"之精神，即梁启超

---

① 梁启超：《变法通议》，《饮冰室合集·文集之一》，中华书局，2015年，第8页。
② 王夫之：《读通鉴论》，中华书局，1975年，第237页。
③ 《梁漱溟全集》第五卷，山东人民出版社，1992年，第109~110页。

所谓的"变之权操诸己"之精神,就是一个民族自我主宰的精神,就是找回民族真生命之所寄的民族精神。

吾国仁人义士,在九州沉沦之际,"独握天枢以争剥复之运,卒能使旧有文化不惟不因离乱而致萎苶,反因思想之奋厉而愈启光芒。结果异方侵入之浅化人士因仰羡而同化,历阽危一次而我中华民族增庶增强一次"①。近世以来,无数仁人义士秉承这种民族精神,以独握天枢以争剥复之气魄,讲诵诗书,习礼义于华夏故土,守精神疆域于海隅天涯,护住中华民族的精神主体性、文化主体性、道德主体性,让绵延五千多年之久的中华文化面对欧风美雨的狂吹乱打屹然挺立于神州大地之上。

这里所谓的近世不同于历史教科书中的近代,因为它不是政治、经济、社会形态意义上的近世,主要是指文化意义上的近世。我们认为,文化意义上的"中国近世"是自马礼逊1807年来华传教开始的。马礼逊来华揭开西方基督教文化在华传教史上新的一页,同时也翻开了具有近世意义的中西文化交流史上新的一页,揭开了儒家文化与基督教文化的交流史、会通史、对话史乃至激烈斗争史新的一页,同时,开启了中华民族自觉的精神守卫与人文精神发展史新的一页。

传教士在西方列强炮舰协助下,轰开中国传教大门的同时,西方的各种主义、思想、学说也纷至沓来,畅通无阻,中华大地一时成为世界各种主义、思想、学说争相占领的精神"市场"和未开发的精神疆土。两千多年来一直作为中华传统文化主体的儒家思想在西方基督教传教士以及各种主义、学说自奉者的批判、贬斥乃至全盘否定下,降至"谈到孔子羞涩不能出口"②的地步。梁漱溟、熊十力、马一浮、张君劢、钱穆、唐君毅、徐复观、牟宗三等儒家学者在欧风美雨"天

---

① 连横:《台湾通史·徐炳昶先生序》,广西人民出版社,2015年,第3页。
② 《梁漱溟全集》第一卷,山东人民出版社,1989年,第544页。

下滔滔皆是"的狂飙下，毅然挺身而出，抗拒时流，为孔子争公道，替儒家鸣不平，这是他们个人意志、主观奋斗精神的体现！这些儒家知识分子终其一生，为维护儒家学说在中华传统文化中的主体地位，护住儒家文化的仁义之统，以儒家道德仁义为主体，尝试着如宋明儒学吸纳、融会印度传来的佛学一样融摄西方的名数之学和民主的政治理念，再造儒学的新形态即儒学的新生。

近世以来，坚守中国文化本位尤其是以儒家义理作为自己精神信仰的儒家学者们，为寻求以儒家精神作支撑的中国式现代化道路，提出了种种方案，建构了一个又一个思想体系。如梁漱溟的"乡村建设理论"，张君劢的"德法合一"治理主张，牟宗三的道统、政统、学统"三统并建"的人文理想等，他们的最终目的即"本内圣之学以解决新外王"，即解决中国文化传统与中国现代化的衔接问题。总之，他们力图走出一条不同于西方的现代化道路，建构人类文明的新形态。

近世儒学的发展说明，创化即新生，新生即创化，创化与新生对儒家文化的生命有机体而言是一而二、二而一的两个面相。若一定要分判二者之异，创化是新生之过程，新生是创化之目的，过程即目的，目的即过程。创造性转化的每一步进展无不是儒学新的生命形态的成长，而儒学新的生命形态的每一步成长即儒学创造性转化的进一步接近圆熟。

迈入21世纪的今天，我们认为创化与新生仍然是中华传统文化发展方式的主调，更是儒学新生命形态成长的主流方向。但创化永无穷期，新生永远在路上，创化与新生永远处于既济未济之中。如此，则吾中华传统文化之生命才能"苟日新，又日新，日日新"。正所谓"日新之为盛德"。创化不已，日新不已，生生不息，中华传统文化不断焕发出新的生命力、活力，斯文彬彬矣。

本书所展示的是作者对上述问题的些许心得。由于写作的时间跨度比较大，难免有一些后前不谐和之处，或存在着这样、那样的不足乃至错误，肯请方家、时贤不吝赐教。

  本书得以顺利出版首先感谢清华大学陈来教授的大力推荐，感谢尼山世界儒学中心学术部彭彦华部长对本书从具体体例到编写方式提出的良好建议，感谢好友李世高先生在百忙之中抽出时间打印、整理文稿，感谢周海生、常樯、刘雷、王晓等诸位好友在查找资料、校对文稿等方面为本书做出的贡献，感谢责任编辑裴继祥同志对本书出版付出的辛劳！

颜炳罡
2024 年 7 月于曲阜师范大学

目 录

前 言 ······ 1

第一章：儒学在当代中国的断续问题 ······ 1
  一、鸦片战争到辛亥革命：儒学与现实政治解纽 ······ 2
  二、从新文化运动到1949年：凤凰涅槃，儒学在毁灭中重生 ······ 12
  三、从1949年到"文革"，儒学在大陆沉潜和在海外勃兴：唐、牟、徐等当代新儒家完成近世以来儒学之自我转型 ······ 24
  四、结 语 ······ 33

第二章：新文化运动·新儒家·现代文化建构 ······ 36
  一、新文化运动的双重效验：批判与拯救 ······ 36
  二、新儒家：承续与再生 ······ 39
  三、现代文化建构：对立与相成 ······ 45

第三章：当代新儒家对中国现代文化的建构及其建构方式 ······ 49
  一、敬意与同情的态度 ······ 50
  二、中西文化之评估 ······ 52
  三、儒家式人文主义之彻底透出 ······ 56

第四章：当代新儒家的"儒"的意义与"新"的特征 …… 60
一、泛化与界域——当代新儒家的标识与范围 …… 60
二、当代新儒家之定性与定位 …… 71

第五章：当代新儒家的基本特征 …… 97
一、儒家主位主义的特征 …… 97
二、道德的中心主义的特征 …… 101
三、内在的生命主义的特征 …… 103
四、即理性超理性的特征 …… 107

第六章：当代新儒学的逻辑演进 …… 112
一、当代新儒学的发生 …… 112
二、当代新儒学的形成 …… 116
三、当代新儒学的发展和深化 …… 122

第七章：时代的悲情与当代新儒家的生命品格 …… 131
一、反反心态：情绪化反传统思潮激起保守主义者对儒家的同情 …… 131
二、孤往精神：时代的狂飙激起真儒的大勇 …… 132
三、狂者的胸襟，为传承与弘扬道统而担当使命 …… 134

第八章：梁漱溟与中国式的现代化探索 …… 137
一、"问题中人"与责任意识 …… 137
二、孔子精神的重读与中国文化复兴 …… 144
三、孔子仁的精神与刚的生活态度 …… 155
四、"乡村建设"与中国式现代化的儒家探索 …… 166

第九章：张君劢的新宋学与德法合一论 ········· 186
   一、由梁启超的学生到唐、牟、徐的同道 ········· 186
   二、由新理智达于新道德 ········· 190
   三、德法合一：民主社会主义之向往 ········· 202

第十章：牟宗三"本内圣之学以解决新外王" ········· 212
   一、"道德优先于知识"说 ········· 212
   二、良知自我坎陷说与当代文化症结 ········· 223
   三、牟宗三与第三期儒学之发展 ········· 238

第十一章：儒家的人文关切与当代社会的双向互动 ········· 250
   一、儒学是什么？ ········· 252
   二、当代社会的发展对儒学的召唤 ········· 257
   三、儒学与当代社会的双向互动 ········· 277

第十二章：儒学与文明互鉴、全球治理 ········· 280
   一、儒学与文明冲突之化解之道 ········· 280
   二、王道政治的情理支撑 ········· 283

附　录 ········· 296

第一章：儒学在当代中国的断续问题

当代中国，社会结构迅速转型，西方思想学说大量涌入，儒学之断续问题为中外许多有识之士所关注。这里所说的当代中国意指文化意义上的当代中国，不是政治意义、经济意义上的当代中国。中国文化有三变：由先秦至两汉是第一变；佛学传入，至宋、元、明、清是第二变；1840年以后，西学东渐，为中国文化第三变，这一变至今未完全变好，文化意义上的当代中国是指第三变。它具体是指西方文化传入以来，中国文化消融西方文化以期将自身转变成新形态的发展过程，自1840年以来至今仍处在这一过程之中。回顾自1840年以来的中国社会的变迁，中国由大一统的封建社会沦为半殖民地、半封建社会，复由半殖民地、半封建社会走向今天，儒学经历了太平天国、维新变法运动、辛亥革命直到"文革"之批孔运动之激荡，几乎每一次激荡儒学都面临"断"的危机。然而经康有为、梁漱溟、熊十力、唐君毅、徐复观、牟宗三等人的努力，儒学像一只燃烧的凤凰在烈火中获得了新生，这可称为儒学之"续"。当然儒学之断有两层意蕴：其一是内在的断，所谓内在的断，是说儒学这一文化生命有机体其自身的发展过程就是一革故鼎新、新陈代谢的发展过程，断是其自身不断走向完善不可或缺的环节；没有对旧的断，没有对陈的断，儒学不会有新发展，这正像一切生命有机体都需要吐故纳新、新陈代谢一样。其二是外在的断，所谓外在的断，是指外在力量对文化生命有机体所造成的冲击。儒学之续也有两层意蕴：其一是指积极的续，所谓积极的续，是指本着儒学的生命方向，不断应对外在世界的挑战和汲取其他文化的有益因素，使儒学在新生中获得延续。其二是指消极的续，所谓消极的续，是指无视外在世界的挑战，也不愿汲取其他文化的有益因素，在重复中通过人的自然生命的传承使儒学获得延续。积极的续重创新，消极的续重守成。积极的续与内在的断是一体两面，消极的续与外在的断亦可谓异曲同工。历史已经说明，将来还会说明，社会的变革与现代化进程对古老的儒学而言，是挑战，又是机遇，儒学不是旧时代的殉葬品，也不仅仅是现代化进程的受害者，而是现代化进程的参与者，更是现代化进程的受益者。当代儒者的使命也许是以实事求是的态度，对儒学自身作出客观的评判与反省，摒弃复古主义和全盘西化的误导，主动积极地回应现时代人类所面临的各种问题，使儒学的内在的断和积极的续实现高度的统一，不断地走向新生。

一、鸦片战争到辛亥革命：儒学与现实政治解组

（一）数千年未遇之变局

1840 年，当时世界上最强大的国家英国向中国发动了可耻的鸦片战争。这场战争于英国之所以可耻，是因为英国以炮舰保护走私与贩毒，这样一来，走私与贩毒不是某个人的行为，也不是某个集团的行为，而是国家行为，甚至可以说是一种文化对另一种文化的行为。而战争的结局恰恰是武力保护贩毒一方即非正义的罪犯方大获全胜，而作为正义的中国却以失败而告终。自此以后，"欧洲诸国，百十年来，由印度而南洋，由南洋而东北，闯入中国边界腹地，凡前史之所未载，亘古所未通，无不款关而求互市"[①]。他们或传教，或通商，来往自如，麇集于京师及各省腹地，"阳托和好之名，阴怀吞噬之计，一国生

[①]《同治十一年五月十五日李鸿章折》，中国史学会主编：《洋务运动》（五），《中国近代史资料丛刊》，上海人民出版社，1961 年，第 119 页。

事，诸国构煽"。① 李鸿章惊呼中国所面对的是数千年未有之强敌，中国正面临"数千年未有之变局"。这个强敌将一向以天下中央而傲视寰宇的泱泱大国强行拖入了世界发展的轨道，使它成为世界的一部分。

中华民族走向世界的过程是痛苦的。近代中国，内忧外患。就外部言，瓜分豆剖，迫于眉睫，亡国亡种，危如累卵；就内部说，政治昏暗，吏治腐败，人才匮乏，贫富不齐，经济凋敝，生民涂炭，世风日下。这是中华民族从未有过的大劫难、大病痛。谁去医治这种病痛？如何医治这一病痛？而那些"除富贵而外不知国计民生为何事，除私党而外不知人材为何物"②的"鄙夫"自然不行，立足于文化史尤其是儒学史的角度首先起而救亡图存，担当历史责任的是龚自珍、魏源等具有革新意识的儒家学者。

（二）药方只贩古时丹

龚自珍、魏源起而回应时代病痛的思想武器是今文经学。有清以来，以古文经为代表的汉学风行天下，然而戴震、惠栋、段玉裁、王念孙、王引之为代表的汉学家，皓首穷经，将主要精力埋头于古代经籍的注疏、考辨、校勘、辑佚之中，他们往往寻章摘句，远离现实。今文经学不重烦琐考证，而注重阐发经文的微言大义。龚自珍早岁从其外祖父段玉裁习，后师从今文经学家刘逢禄。今文经学灵活阐发的特点，使龚自珍找到了表达自己思想的形式。一向注重事功，"慨然有经世之志"的龚自珍借助今文经学的形式，写下了一系列的评论时政的文章。他以今文经学的三世说为依据，指出当时的中国已进入可怕可哀可怜的衰世，而衰世貌似治世，实际上已潜伏着深刻的社会危机。它甚至比乱世更可怕更可悲，所谓"未雨之鸟，戚于飘摇"，"将萎之

---

① 李鸿章：《复奏海防事宜疏》，《李文忠公全集·奏疏》卷二十四。
② 魏源：《魏源全集》第十二册，岳麓书社，2004年，第65页。

华,惨于槁木"。① 这种衰世,经济上,贫富不相齐,"贫者日愈倾,富者日愈壅"②,甚至出现了"富户变贫户,贫户变饿者,四民之首,奔走下贱"的可怕局面。政治上,无耻之徒,居尊要显,吏治腐败,朋比为奸,人才严重匮乏,以至于无才相,无才将,无才史,无才士,无才民,甚至无才偷,无才盗。举国上下,一片沉闷,奄奄而无生气。由是,他大声疾呼:"奈何不思更法!""一祖之法无不弊,千夫之议无不靡,与其赠来者以劲改革,孰若自改革?"③ 在龚自珍看来,历史是治世、衰世、乱世不断地循环往复,如处衰世而不知自改革,就会进入乱世,以至丧国,乃至亡天下,正是"万物一而立,再而反,三而如初"。④ 他严厉地警告当局者,如不自改革,"山中之民"必将有大声音起,"天地为之钟鼓,神人为之波涛矣"。

其实龚自珍并没有拿出像样的改革方案,《农宗篇》所提出的方案是一根本无法实现的"古时丹",所谓"何敢自矜医国手,药方只贩古时丹"。不过,龚自珍的历史价值并不在于他是否拿出了医治时代病痛的方案,而在于他明确地告诉统治者,中国社会已经危机四伏,如不及时"更法",统治者将会丧失天下。就学术的角度说,自龚自珍始,经学由古文经学转向今文经学,由脱离现实的死学变为关注现实的活学,他开启了晚清思想解放的先河,透出儒学走向新生的消息。魏源也受业于今文经学家刘逢禄,与龚自珍一样也留意于经济之学。然而他比龚有更多、更深的内忧外患的体验,眼光也自然比龚更加开阔。如果说龚、魏是反映时代的两面镜子的话,那么龚自珍这面镜子更侧重于内观或内照,而魏源这面镜子则更多地侧重于外照或外观。魏源

---

① 龚自珍:《龚自珍全集》,上海人民出版社,1975年,第7页。
② 同上书,第78页。
③ 同上书,第6页。
④ 同上书,第16页。

是放眼看世界的第一代中国人，也是主张向西方学习的第一代中国人，不管他主张学习西方是出于什么动机。魏源提出的"师夷之长技以制夷"口号，在当时的中国是石破天惊。在顽固势力布满中国，举国以天朝上国自居，鄙视西方，将西方的科技工艺一概斥之为"奇技淫巧"的时候，魏源能提出向西方学习，其意义非同寻常。

何况魏源所说的学习西方是大规模的，并不限于"坚船利炮"，诸如量天尺、千里眼、龙尾车、自转磨、火轮舟、自来火等，"凡有益民用者，皆可于此造之"①。甚至对西方的总统制与议会制度他也流露出向往之情，认为西方总统不四年即受代的制度是公正的，而众可可之、众否否之、众好好之、众恶恶之的议会制度是周到的。近代中国文化上的三大主题：一是文化上的自我反省，一是学习西方文化，一是变更故我，使文化创造性地走向新生，对这三点魏源皆有所涉及。

魏源指出那些读黄、农之书，用以杀人，谓之庸医，而读周、孔之书，用以误天下，谓之庸儒。当今之庸儒，就是那些"争治诂训声音""锢天下聪明智慧"的人，就是那些"清谈玄虚""潜修养性"不问国事民瘼的人。魏源要求将儒学从故纸堆中解放出来，从心性迂阔中落实下来，使儒学关心现实，关心实践，成为有用之学。梁启超称今文经学为"应用经学"，而古文经学为"纯正经学"②，就魏源的思想言，这一说法是有道理的。由此我们也可以看出，魏源比龚自珍更关心儒学的出路和发展，批判当时的儒学正是要提倡一种新的儒学。可惜，魏源只是向人们指出汉学无用，宋学无实，只是强调应当"以经术为治术""贯经术、政事、文章于一"，然而他并没有也不可能找到使儒学走向新生的方案。

---

① 魏源：《魏源全集》第四册，第31页。
② 梁启超：《论中国学术思想变迁之大势》谓："吾欲名惠戴一派为纯正经学，名龚魏一派为应用经学。虽似戏言，实确论也。"（《饮冰室合集·文集之七》，中华书局，2015年，第679页）。

就更新自我，创造中国文化的新出路言，魏源关心现实远远超越关心学术。他大声疾呼向西方学习，疾呼更法，认为变古愈尽，便民愈甚，断言中国"小更革则小效，大更革则大效"。① 他所要求的变古、更革，只是社会的变、社会的革。魏源、龚自珍对纯学术之发展并没有太大的兴趣，这一方面是因为儒学走向新生的历史机缘未至，另一方面是因为现实问题比学术问题更迫切。但龚、魏的学术意义也不能低估。因为他们的思想实包含近代以来新思想的萌芽，所谓"数新思想之萌蘖，其因缘固不得不远溯龚、魏"②。

龚、魏已触及儒学的"断""续"问题，就当时的整个儒学氛围言，龚、魏力图冲破当时沉闷的学术局面，给当时的儒学界带来一点新的生机。这正是断续之一体两面。但龚、魏所代表的断是内在的断，所代表的续是一种积极的续，内在的断与积极的续正好是断续之合一。他们代表了儒学健康的发展路向。

19 世纪 60 年代到 90 年代由南至北兴起了一场以富国强兵为目的的洋务运动。其领袖人物就是曾国藩、李鸿章、左宗棠、沈葆桢、张之洞等人。一时间，在中国大地上，制造局、船政局、机器局、招商局、电报局、机器织布局、机器制造局等近代工业出现了，而编译西书、办报纸、开办新式学堂、选派出国留学人员等也搞得十分热闹，对死气沉沉的中国言，的确带来了新气象。其实洋务运动的思想基础不过是儒家的变通论，而其行为不过是魏源"师夷制夷"理论的实践。也许洋务运动在思想上的最大功绩是第一次提出了解决中学与西学关系的型范，这个型范就是为当时新派人物普遍接受，后为张之洞系统发挥的"中学为体，西学为用"。魏源的"师夷制夷"只是一现实口

---

① 魏源：《魏源全集》第十二册，第 727 页。
② 梁启超：《论中国学术思想变迁之大势》，《饮冰室合集·文集之七》，第 673 页。

号,并不是一处理中学、西学关系的理论,虽说洋务派在实现操作层面上尚没有达到魏源所要求的水平,然而由"师夷制夷"到"中体西用"毕竟实现了历史性的跨越。

洋务运动促进了中国的近代化过程,但洋务运动的领袖大都是一些封疆大吏,他们无暇顾及或许也无力顾及学术本身的问题。如果说他们还有学问的话,像曾国藩等人的学问是以宋学为主,兼采汉学,提倡力行,切于实用之学。可见儒学之发展由今文经学经洪秀全之强力否定,回归于宋学,这就是由龚、魏到曾国藩等儒学发展的逻辑。

洋务派以儒学为主脑,暂时解除了清王朝的内忧,然而对于外患就不那么称心如意了。甲午战争,李鸿章苦心经营的北洋水师全军覆灭,标志着洋务运动寿终正寝。从此以后,求维新,讲变法,风行天下,在中国的历史舞台上康有为、梁启超、严复、谭嗣同等人取代了曾国藩、李鸿章、张之洞、沈葆桢。如果说洋务运动是从实践的层面将龚、魏的理论落实下来,那么康有为等人则是从理论上真正拓展了龚、魏所推崇的今文经学。这里我们不讨论康有为的政治理念,而着重就其对儒学的贡献略作陈述。

康有为作为"孔教之路德"(谭嗣同语)开始了儒学自我改造的系统工程。如果说近世新思想之萌蘖远溯于龚、魏,那么儒学生长的新萌芽则始自康有为。康有为开启了中国近代儒家人文主义的先河,无论"五四"以后的新儒家对他如何评价,最起码他是儒学自我改造的尝试者。在学术上康抛却宋学,推倒了古文经学,力倡今文经学,并造就了今文经学的繁荣。

康有为大胆指出,所谓汉学即古文经学并非汉学,乃是新学,即王莽新朝之学,是西汉末年刘歆所作的伪学,宋人所尊述之经非孔子之真经,而是刘歆之余绪支派。两千年来,人们"咸奉伪经为圣法",反而使孔子的真精神暗而不彰。此论一出,惊世骇俗,使"清学正统派之立脚点根本动摇","此实思想界之一大飓风也"。① 至康有为始,要求变革的人士才真正触及学的问题。无论是龚、魏,还是洋务派,大都是由现实问题而引发出学的问题,而不是由学的问题契入现实问题,康有为则是由学的问题进入现实问题。康有为认为要变更中国的社会现状,首先要变更人们的思想,变更人们的思想首先要推倒千百年来人们视之为当然的流俗成见,为新思想让出空间。这是康有为的高明处,也是"布衣改制"与官僚求变的不同处。

康有为推倒古文经学,目的在于对儒学价值再发现,对孔子的形象再塑造。他认为孔子是托古改制的教主。在他看来,孔子不是"述而不作""信而好古"的古文化的传承者,而是六经的作者,是"制法之王",是中国文化的创造者,孔子是与时更化的圣王。康认为孔子以变易为第一义,是圣之时者,与时更化、因时推移是孔子的基本精神。孔子生当乱世之时,则行拨乱小康之义,而升平世之时,则行太平大同之义。泥守旧法,不思变更,则悖大道,失孔子之义。圣人之治理天下,因病而发药耳,病无穷而方亦无穷。他甚至认为孔子思想中西方的民主、议会制度、选举、平等等均已有之。"选举者,孔子之制也。"② "儒是以教任职,如外国教士之入议院者。"③ "尧、舜为民主,为太平世,为人道之至,儒者举以为极者也。"④ 学者一般认为康有为是打着孔子的旗号,借孔子的服装和语言为变法维新服务。当时也有人骂康有为的《孔子改制考》"其貌则孔也,其心则夷也"⑤。其实这两种评价对康有为都欠公允。从现实政治的角度讲,

---

① 梁启超:《清代学术概论》,《饮冰室合集·专集之三十四》,第6822页。
② 康有为:《孔子改制考》,中华书局,1985年,第238页。
③ 同上书,第191页。
④ 同上书,第283页。
⑤ 叶德辉:《叶吏部与刘先端黄郁文两生书》,《翼教丛编》,上海书店出版社,2002年,第165页。

可以说康有为对孔子是一种借用，他是按照自己的理想塑造孔子，然而从学术的角度讲，我们不用怀疑康有为信奉孔学的真实性和对孔子人格崇敬的虔诚。从早年尊孔子为素王，为教主，到晚年上书黎元洪定儒学为国教，直至生命之最后仍为建立世界孔教会而努力，康笃信儒学，痴心不改，这说明他并非只是假孔子之名号，他的确是在真诚地推展儒学，改造儒学。然而他的努力失败了。他在政治上的失败我们暂且不论，他在儒学改造方面的失败主要是由于他想借儒学去推展政治，而又想借政治力量来推展儒学，使政与学混而不分，结果两下落空。

这里所说的两下落空，并非是说空无所有。他借儒学去推展政治，可以说成功了一半。我们认为他能发起百日维新运动本身就是成功的，这个运动的失败可谓败犹未败，败犹未败毕竟有败，所以说他成功了一半。借儒学推展政治，而儒学中不含有他所向往的那种民主议会政治，故而他不得不硬从古典中强行考证出那种政治，这样，在解释古典文本中的主观随意性就在所难免了。借政治力量来推展儒学，他是彻底失败了。这样一来，康试图将儒学直接改造成与现代民主政治相适应的一种新学说的努力就在四面楚歌中失败了。

康有为改造儒学的努力失败了，然而这并不表明他对当代儒学的发展无贡献。事实上，康对儒学现代化的努力还是具有意义的。第一，他开始了以儒学内圣外王为构架，消融西方的民主议会制度，重新建构中国政治形态的历程。第二，他以儒家哲学的变易观为基础，以今文经学的"三世"说为依据，融入西方哲学的进化论，深化了儒家的历史哲学。第三，他对孔子仁的思想已多有发挥。总之，由他开始了以儒学为主体，融入西方学说，创造新学说的过程。

康有为是维新变法的主脑，然而这个时代还有两个人物值得注意：一是谭嗣同，一是严复。谭猛烈地批判封建的"三纲五常"，甚至欲为陈涉、杨玄感，以供圣人驱除。谭的理论与辛亥革命的理论已十分接近。但他却将自己的理论构造命名为"仁学",而且引证佛学、西学、墨学对孔子的仁作了系统的发挥,这种发挥亦有精彩处。谭的思想代表了维新时代的知识分子力图使新"学"与旧"政"分离的倾向。严复对中西政教学术的异同作了系统的说明,透过他所作的说明,我们不难发现,他对中西政教学术不同的说明已潜存着中旧而西新、西优而中劣的价值评判。严从西方引来赫胥黎的天演论、斯宾塞的社会达尔文主义、培根的经验论、穆勒的逻辑学。这些理论为中国亘古所未有,以补中学之所缺,或能对国人敲响亡国灭种的警钟,鼓起国人救亡的热情。严复是当时文化上少有的清醒者。由龚、魏经曾国藩、张之洞等洋务派到康有为等,儒学经过了由今文经学,经宋学再度回归到今文经学的过程,而由康有为、谭嗣同、严复,中国学术之发展既可以继续从事儒学的改造事业,也可以由此走上整体上否定儒学、全盘西化的道路。

1905年,清政府正式宣布废除科举考试制度。科举考试的废除,斩断了儒家经典与做官的必然联系。1911年,辛亥革命成功,民主共和制度代替了君主专制,旧儒学赖以栖身的社会制度崩解了。科举考试的废除,剥夺了儒家特权,同时也斩断了与腐败的君主政体的联系。科举考试实行千余年,即培育了一大批以儒家思想为信仰的官吏,同时也产生了无数的奔竞之徒、利禄之客、无耻之辈。科举的废除和清王朝的覆灭使儒学与官方的利禄无缘,无疑可以净化儒门。社会结构的变迁,对儒学的发展是考验,也是机遇。它失去了某种特权,也斩断了与黑暗政治的牵连,儒学门户不清而清。

在这期间,在中国思想界出现了一股"国粹"思潮。国粹思潮从世界的角度讲,是对欧化主义的反动;从儒学发展角度看,则是对以康有为为代表的今文经学的反动。国粹思潮的代表人物为章太炎、刘师培、邓实、黄节等,这些人的学术思想大都渊源于古文经学。从19世纪中期,先进的中国人首次提出向西方学习。经半个多世纪的历程,至本世纪初，不少人士开始醉心欧化，一味他国是崇，蔑弃国粹，视西人为天帝贵种，卑内而崇外；更有甚者，如吴稚晖等人倡言废弃汉文，改用世界语。可以说国粹思潮意在保存国学，重铸国魂，抵抗欧化。就儒学本身言，晚清以来今文经学在龚、魏，尤其是康有为等人不遗余力的倡导下，如日中天，而古文经学横遭贬抑，国粹思潮的兴起实质上是复苏古文经学，以对抗今文经学。今文经学是为维新变法制造舆论，而国粹派则是为革命制造舆论；今文经学奉孔子为教主，而国粹派则力图恢复孔子的本来面貌，甚至公开反对孔子；今文经学力图从儒家的原始经典中考证出西学所特有的东西，而古文经学则提倡中西学术的互补与会通。就儒学自身言，国粹派要人们将国学与君学分开，将真孔学与假孔学分开，指出儒学是先秦时代之显学，并非国学，而汉以下之儒学，其实不是真儒学，而是假儒学，也可以说君学或帝王之学，这一区分对儒学极有意义。不过辛亥革命一成功，国粹派便音歇响绝。

晚清今文经学与古文经学之争，在政治上，也许以尊奉古文经的章太炎等为是；以通常之学理言，可能古文经学的评判更符合科学精神即客观精神。然而就儒学之断续言，今文经学代表这个时代的儒学。可以说在康有为等今文经学家那里，孔子还活着，还具有创造精神，孔子的智慧还能解决中国的出路问题；而在古文经学家那里，孔子是两千多年前的孔子，那个孔子早已死了，自然不能解决今天的问题。今文经学尚继承着今文经学的精神，而古文经学虽称经学，其实已完全不是原来意义上的经学了。没有不是儒学的经学，而晚清以章太炎、刘师培为代表的古文经学已不是儒学，也可以说已不是原来意义上的古文经学，只是徒具经学之名号而已。

近代中国最直接的问题或曰当代中国最直接的问题主要是救亡图存的问题，如何救亡图存也就是中国向何处去的问题，就是中国怎样实现近代化的问题。这一时期，知识分子由于对现实问题的高度关注，往往忽略了学术本身发展的内在逻辑性和一致性。这一时期无纯儒学，而康有为尤为驳杂。无论如何驳杂，康仍不失为一位儒者，一位欲改造儒学、使儒学走向新生的儒者。章太炎、刘师培等古文经学大师则背离了儒学的发展方向，也可以说越出了儒家的界限，是国学大师，是国粹派的领袖，而不是儒者了。

就断续言，洋务派对儒学的续只是一种消极的续，康有为对儒学是积极的续和内在的断的统一。所谓积极的续是说他对儒家经典多有创造性的阐发，所谓内在的断是说他对其不认同的儒家经典持一种坚决否定的态度，当然这里面也有外在性。科举制度的废除和封建制度的解体，对儒学言是外在的断，这种外在的断表明儒学与传统的政治体制正式解构。国粹派对儒学言也是一种外在的断，这种断剥夺了儒学在"学"的意义上的独尊地位，使孔子成为一位历史学家、古文化的保存者、诸子中之一子，使儒学成为诸子学中的一家之学。中国社会的变迁过程是儒学的社会地位逐步下趋的过程，也是儒学的优越性不断失落的过程，尤其是随着儒学代表人物康有为的政治兴趣愈来愈浓，儒学几乎成了落后的、旧的、思想专制的代名词了。

二、从新文化运动到 1949 年：凤凰涅槃，儒学在毁灭中重生

1914 年至 1918 年，欧洲发生了第一次世界大战。欧洲诸国列队厮杀，为人类带来了空前的灾难。第一次世界大战的发生，原因当然是多方面的，但西方那种主客观对列的思维方式，对自然所持的征服、改造的态度，一味向外追求、扩张的人生态度，不能说不是其文化根源。1918 年，斯宾格勒《西方的没落》正式出版，反映了西方不少人士对西方文化悲观、失望的社会心态。当梁启超偕张君劢、丁文江等人游历欧洲时，欧洲尚未从战争的惊恐中醒来。梁目睹西方物质文明

的高度发达，不仅未给现代的西方人带来幸福，反而给人类带来了大灾难、大破坏。梁由是大发感慨，西方"一百年物质的进步，比从前三千年所得还加几倍。我们人类不惟没有得到幸福，倒反带来许多灾难"，"欧洲人做了一场科学万能的大梦，到如今却叫起科学破产来"。① 1920 年，梁在其《欧游心影录节录》一书中，大谈西方物质文明破产，中国古老文化不仅有益于中国，而且可以给人类的未来发展提供借鉴。没有第一次世界大战，梁不会发此高论；即使发此高论，也不会有人相信。第一次世界大战，欧洲文明不足的充分显露，给东方文化也给一向强调道德教育的儒学带来一线希望。这倒不是对西方文化的幸灾乐祸，而是通过西方人的灾难使国人进一步认识到自己固有文化的价值。

世界的变化给儒学的生存与发展提供了有利的条件，然而国内的各种生长着的因素使儒学的生存与发展并不那么乐观。欧洲大战，西方列强无暇东顾，民族生存的危急暂时得以缓解；然而辛亥革命后，国内局势的发展则令人失望。袁世凯称帝、张勋复辟、军阀混战、民生凋敝……封建复辟的顽症不时复发。就儒学言，儒学不但没有借助科举制度的废除和封建体制的完结，斩断与旧政治势力的关联，获取"学"的独立意义，相反康有为等人幻想利用袁世凯、黎元洪、张勋等政客来推展儒学，儒学与不得人心的政治势力的结合，不能不激起了陈独秀、李大钊、鲁迅、吴虞等一大批知识分子的强烈反弹，一场以批孔讨儒为标志的新文化运动在思想领域迅速兴起，康有为式的儒学改造计划彻底破产了。

自 1840 年以来，批孔讨儒时隐时显，从未间断。先有洪秀全捣孔庙，焚儒典，继之汪士铎指名道姓地斥责孔、孟，扬申、韩。再继之

---

① 梁启超：《欧游心影录节录》，《饮冰室合集·专集之二十三》，第 5698 页。

是20世纪初，吴稚晖等无政府党人痛诋孔子，以至于破口谩骂，甚而主张"十年不读中国书"，并要求人们发扬焚书坑儒之精神，将中国古籍尽烧之。

陈独秀揭露康有为的孔教与帝制的联系。他认为孔教是专制主义的理论基础，要在中国有效地防止封建复辟就必须根除儒学。他说："孔教与帝制，有不可离散之因缘。"①"袁世凯之废共和复帝制，乃恶果非恶因；乃枝叶之罪恶，非根本之罪恶。若夫别尊卑，重阶级，主张人治，反对民权之思想之学说，实为制造专制帝王之根本原因。吾国思想界不将此根本恶因铲除净尽，则有因必有果，无数废共和复帝制之袁世凯，当然接踵应运而生，毫不足怪。"② 陈独秀的这套理论与其说是揭露孔子学说与帝制的关系，不如说是在揭示康有为的孔教运动与袁世凯、张勋复辟的关系。这就明确告诉当权者，你提倡孔教就是想搞帝制，也明确告诉康有为、陈焕章等人，你们的孔教运动是为复辟帝制服务的，可谓一箭双雕。此论出后，大概没有人再幻想借助政治势力来推行儒学或孔教了，它截断了儒学与政治的联系通道。

陈独秀揭示孔教与政治的联系，鲁迅以小说的形式揭露礼教吃人，他认为仁义道德表面的背后，全是吃人的伎俩。吴虞认为鲁迅使人明白了"吃人的就是讲礼教的，讲礼教的就是吃人的呀！"③

在反儒诸人中，陈独秀、鲁迅等饱蘸感情的语言可谓尖刻、泼辣，但他们所反的只是儒家的现实效应，并未触及儒家理论本身。而真能就儒家理论本身加以批判且击中儒家要害的要推吴虞。吴从反儒家的孝开始，层层推及家庭制度、封建政治制度，然后一并摧毁之。他说："详考孔氏之学说，既认孝为百行之本，故其立教，莫不以孝为起点。"

---

① 陈独秀：《驳康有为致总统总理书》，《独秀文存》，安徽人民出版社，1987年，第71页。
② 陈独秀：《袁世凯复活》，同上书，第89~90页。
③ 吴虞：《吃人与礼教》，《新青年》第6卷第6号。

"盖孝之范围，无所不包，家族制度之与专制政治遂胶固而不可分析。"所谓居处庄为孝，事君忠为孝，朋友信为孝，战阵勇为孝，否则都是不孝。孝可代替忠、代替悌、代替敬，在现实的人伦关系中它无处而不在。而孝又与礼相表里，礼之不足刑充之。从而在中国几千年封建专制政体中形成了孝/忠/敬/礼/刑等一套统治法宝。孝是这一切的起点。所以"夫孝之义不立，则忠之说无所附，家庭之专制既解，君主之压力亦散；如造穹窿然，去其主石，则主体堕地"①。陈独秀由孔教运动与袁世凯、张勋等封建复辟遥相呼应，联想到儒学与帝制的联系。吴虞则由儒学与专制制度的联系，想到了专制与家族制度的联系，进而想到了家族制度与孝道的联系，抽丝剥茧，层层展示。攻击到孝道，可谓触及了儒学的理论本身，也算是触及了儒学的立足点。而且其攻击儒学的文字简洁明快，泼辣有力，时而指陈孝道在今日的危害，时而揭露古人行孝的残忍，嬉笑怒骂，自成妙文，在当时的青年学生和知识界产生了不小的影响。孝道被推翻了，然而以什么来维系人际关系呢？他从《老子》的"六亲不和，有慈孝"引出以和代孝，意欲以老子代替孔子。果真用老子之道来治理天下，来维系人际关系，社会不知将要增加多少阴谋或阳谋。阴阳虽非道家之本怀，然而"道家之流弊，往往转变为阴谋家"②。切实以孔子学说治天下，维系人际关系，虽说也有不尽完美处，然而却不失为光明正大。更何况"和"亦并非是道家的范畴，而是与孝紧密相连的儒家以之处理人际关系的基本概念。吴虞前面推倒了儒家的孝，后面树起儒家的和，成了立其所攻。

陈独秀等人彻底否定儒学，旨在以欧洲文化取代儒学，在中国实

---

① 吴虞：《家族制度为专制主义之根据论》，《新青年》第2卷第6号。
② 王叔岷：《先秦道法思想讲稿》，"中研院"中国文哲研究所，1992年，第14页。

行彻底的西化。他们断言:"欧洲输入之文代(化),与吾国固有之文化,其根本性质极端相反。"①所以"吾人倘以新输入之欧化为是,则不得不以旧有之孔教为非;倘以旧有之孔教为是,则不得不以新输入之欧化为非,新旧之间绝无调和两存之余地"②。又说:"要拥护那德先生,便不得不反对礼教、礼法、贞节、旧伦理、旧政治;要拥护那赛先生,便不得不反对旧艺术、旧宗教;要拥护德先生又要拥护赛先生,便不得不反对国粹和旧文学。"③在陈独秀看来,儒学与西方文化是绝对对立的,要学习西方必须彻底摧毁儒学;要保留儒学,就无法学习西方。他们认为中西问题就是新旧问题,新旧问题就是是非问题。这种化中西为新旧即时间上为先后,又化先后为价值上的是非的理论是荒谬的,然而在社会上却赢得了不少的掌声和喝彩。这些西化派学者只看到了传统与现代的冲突,没有看到二者的联系,或者说他们只强调传统的阻力,而无视传统的动力,更谈不上对传统的创新与更化了。再者,这些西化派学者无论是对中国文化的批判,还是对西方文化的颂扬,都是热情有余而理智不足,在极端偏颇的方式下,情绪型、功用型思维排挤了客观认知。

五四新文化运动有如下诸点意义不容低估:其一,"五四"树立了民主与科学的至上权威。"五四"以还,尽管人们对民主、科学的理解有所不同,然而没有一个声称对民族前途负责的文化学派公然反对它,民主与科学成为整个民族追求的目标,始自"五四"。其二,它使白话文运动获得了完全的成功。应当说五四诸人并非白话文的首倡者,然而他们是白话文普及强有力的推动者。由"五四"始,中国实现口语与书面语的合一,文风为之一变。也许更重要的是五四运动开出了一

---

① 陈独秀:《吾人最后之觉悟》,《新青年》第1卷第6号。
② 陈独秀:《答佩剑青年》,《新青年》第3卷第1号。
③ 陈独秀:《〈新青年〉罪案之答辩书》,《新青年》第6卷第1号。

条以西学为主体，消融中学，建构中国新文化的学术路向。

梁漱溟有感于"今天的中国，西学有人提倡，佛学有人提倡，只有谈到孔子羞涩不能出口……孔子之真若非我出头倡导，可有那个出头？"① 梁这一出头，既承接了宋明理学，也恢复了孔子之真。它预示着儒学旧形态的结束，也意味着康有为式的政治化的新儒学为学术化的新儒学即当代新儒学所取代。

梁漱溟一反严复以来在思想上到处盛行的线性进化论，反对那种将中西等同于新旧，新旧等同于是非的独断论，从文化的根本精神处入手，重新校正中、西、印三大文化系统的意义方位，对当时的中西文化观提出严峻挑战。他认为，文化就是一个"民族的生活样法"，而生活就是"没尽的意欲（Will）"及这种意欲的"不断的满足与不满足罢了"②。梁漱溟认为文化的不同不是由时代新旧决定的，而是由意欲方向的不同决定的。他认为西方文化"是以意欲向前要求为其根本精神的"③，"中国文化是以意欲自为、调和、持中为其根本精神的"，"印度文化是以意欲反身向后要求为其根本精神的"。④ 意欲是鉴别文化的方向标，西方文化向这个坐标的前方走，中国文化则徘徊于意欲这个文化坐标之间，而印度文化则向着这个坐标的后方走。西方人本着意欲向前要求的精神，对自然持征服的态度，从而产生了"赛恩斯"和"德谟克拉西"两大异彩的文化，产生了"灿烂的物质文明"和"锐利迈往的科学方法"。中国人由于意欲调和、持中，对自然抱"融洽为乐"的态度，他是"安分知足，寡欲摄生，绝对没有提倡物质享受的"。而"印度人既不象西方人的要求幸福，也不象中国人的安遇知

---

① 梁漱溟：《东西文化及其哲学》，《梁漱溟全集》第一卷，山东人民出版社，1989年，第544页。

② 同上书，第352页。

③ 同上书，第353页。

④ 同上书，第383页。

足，他是努力于解脱这个生活的"。① 印度持禁欲主义的生活态度，追求一种神秘超绝的出世理想。他认为对意欲的三种不同的态度实际上显示了人类文化三种不同的路向，标志着人类文化发展高低不同的三个发展阶段。西方文化解决的问题即人与自然的关系问题是人类首先遇到的问题；中国文化解决的问题即人与人之间的关系问题，是人类社会发展到一定阶段才遇到的问题；印度文化解决的问题即人与自身的关系问题是人类发展到最高阶段才遇到的问题。中国文化和印度文化都是第一条路向尚未走完就转向了第二条和第三条路向。它们都是人类文化的早熟。

梁在对中、西、印三大文化系统作了比较以后，对世界文化的现状和未来作了预测和说明。他认为西方文化路向已经走到了尽头，其征服自然的态度所产生的物质文明和科学方法已走向了反面，不仅不能再给人类带来福利，而且还会给人类带来灾难。西洋人由过去物质上的不满足转为今日精神上的不安宁，这就迫使西洋人由第一条路向转向第二条路向。他指出西洋人从经济、学术、人生等方面已出现这一转向的迹象。他说："现在是西洋文化的时代，下去便是中国文化复兴成为世界文化的时代。"梁的这一预言已过去 100 余年了，历史的推移并没改变"儒门淡薄，收拾不住"的局面，所以直到今天，这一论断仍然是一有待证实的预言。

梁的思想代表了当代新儒家对西化派最有力的回应。西化派认为中国文化是旧的，西方文化是新的，中国文化代表了人类文化的过去，西方文化代表了人类文化的未来。梁则明确告诉人们：西方文化是低层次的，中国文化是高层次的，西方文化代表了人类文化的过去和现在，中国文化才真正代表了人类文化的未来。可以说梁的意欲说给当时的人们提供了一个分析文化的新角度，为文化比较找到了一个共同

---

① 梁漱溟：《东西文化及其哲学》，《梁漱溟全集》第一卷，第 394 页。

的标准。这个标准还持之似有据，言之似成理，颇具说服力。此说一出，可以让那些浅薄的西化论者瞠目，也足以使杜亚泉、林琴南、辜鸿铭等保守主义者汗颜！

梁的文化意义还不仅仅局限在对西化的反叛上，他的真正意义是发现孔子的真价值，使传统儒学活转于现代。魏源及曾国藩、李鸿章等人是在不改变儒家内圣外王的基本构架下吸收西方文化的科技器物，拯救传统社会的危机。康有为力图从儒家古典中考证出民主、科学、自由、平等、博爱等东西，借以实现中国社会和儒学的整体蜕变。曾、李等人心目中的儒学仍然是纲常名教，而康有为理解的儒学则是民主共和、大同小康。梁认为上述诸人并没有把握到孔子的真精神，正是"西洋思想进来，脾胃投合，所以能首先承受，竞谈富强，直到后来还提倡什么物质救国论，数十年来冒孔子之名，而将孔子精神丧失干净！"① 尤其是康有为满腹贪羡之私情，为未来世界作种种打算，分别大同小康，这种计较、打算的态度绝不合孔子之意。每当谈到康有为，一向为人厚道的梁漱溟就有失风范，大加贬斥，像"我只觉其鄙而已矣！""我看了只有呕吐，说不上话来。哀哉！人之不仁也！"等等浅薄之词，一齐喷向康有为。梁也自称对康有为有失尊重。那么孔子的精神是什么？他认为孔子的精神体现在孔子的人生态度中，孔子的人生态度是一种不认定、不计算的态度，就是不计利害的生活态度，就是乐的生活态度。这种态度就是遇事当下随感而应，这种随感而应不是靠理智，而是靠直觉，所以孔子是一任直觉。至于直觉与仁的关系，梁认为仁是体，直觉是用，"仁是体，而敏锐易感则其用"②。这种生活态度与西洋人的计较、打量、分别的生活态度全然不同，所以在这种态度下，火车、轮船、民主、科学是不会出现的。

---

① 梁漱溟：《东西文化及其哲学》，《梁漱溟全集》第一卷，第464页。
② 同上书，第455页。

梁的这一发现一下甩掉了孔子的一切外在牵累，什么三纲五常，什么吃人的礼教，什么封建专制，都与孔子的根本精神无关，何止是无关，根本是相抵。国粹派当初判儒学与君学之区别，可总说不到点子上去，经梁漱溟这一论证，儒学果真不同于几千年来的帝王之学了。牟宗三在谈及梁对儒学的贡献时说，他"独能深入孔教最内在的生命与智慧"，"使吾人可以与孔子的真实生命及智慧相照面，而孔子的生命与智慧亦重新活转而披露于人间"，并认为他开启了宋明儒学复兴之门。①

梁并不像康有为那样到儒家原典中去考证民主与科学，他十分坦然地承认，沿着中国文化的路向永远也不能产生西方的民主与科学。这种不能不是不及的不能，而是超过的不能。尽管是超过的不能，但也不能无视这两个东西。不过士生今日，当务之急是重开讲学之风，以孔、颜的人生为现代烦闷的青年开出一条路来。"只有昭苏了中国人的人生态度，才能把生机剥尽死气沉沉的中国人复活过来，从里面发出动作，才是真动。"② 从这里讲中国文化的复兴才是真正的复兴。以往认为清代学术是中国文化的复兴，其实清代根本就谈不上是中国人生态度的复兴，哪里算是中国文化的复兴？梁提倡中国文化的复兴并不是不要西方的民主与科学，而是主张以中国人生态度去融取西方的民主与科学。他说："现在只有踏实的奠定一种人生，才可以真吸收融取了科学和德谟克拉西两精神下的种种学术种种思潮而有个结果；否则我敢说新文化是没有结果的。"③ 至于怎样以中国人的人生态度去吸收融取民主与科学，梁语焉不详。

与梁同时代的另一位大儒是熊十力。依牟宗三，中国的生命学问

---

① 牟宗三：《生命的学问》，台湾三民书局，1970 年，第 112 页。
② 梁漱溟：《东西文化及其哲学》，《梁漱溟全集》第一卷，第 539 页。
③ 同上注。

随明亡而亡,至今已有三百余年,"现在首先能与中国文化生命智慧接起来的是梁漱溟先生,发扬光大的是熊先生"①。梁对儒学的贡献一是扭转,一是接续。所谓扭转就是扭转自1840年以来到处盛行的线性进化论及欧洲中心主义的文化评判方式;所谓接续就是真正接上了儒家的生命血脉。平心而论,梁对儒家理论创造性的发挥并不多见。熊是继梁以后,真正把握了孔子的生命精神,继往开来的一代大儒。熊的贡献主要有如下诸端:

一、重开生命大源,再造儒家的道德的形上学。梁是一位为实践而思考的思想家,而熊是一位真正为学之传承而思考的哲学家。熊认为哲学就是研究本体的学问。本体是万理之源、万德之端、万化之始,"是故万化以之行,百物以之成"②。但这个本体不能向外寻求,只能反求诸己。反求诸己也就是反之于心。但这个心不是习心,体认本体不能依靠习心。因为吾人的习心只知向外追逐物境,不知反求诸己。习心靠不住,只有靠本心,本心是明觉的,它"无知而无不知"。本心对本体的把握就是自知自识,自证自明,就是本心自己认识自己。熊所说的本体其实就是本心,这个本心既主体亦客体,既主观亦客观。本心在自知自证中,主客、内外、能所浑沦不分,一体呈现。熊十力的本体论,以本心为核心,以体用为构架,乾坤并建,贯通天人,不仅是复活了宋明之心性之学,而且将宋明心性之学提升到一个新高度。就这一点言,梁漱溟确有不及熊十力处。

二、分判量智与性智,指出量智有能亦有限。随着科学精神的普及,科学万能在中国响彻霄汉。科学万能实质上是理智万能的体现。熊认为量智就是理智,理智是一种思维和推度,它具有明辨事物的理

---

① 牟宗三主讲,蔡仁厚辑录:《人文讲习录》,台湾学生书局,1996年,第12页。
② 熊十力:《新唯识论》(语体文本),《熊十力全集》第三卷,湖北教育出版社,2001年,第18页。

则、简择行为之得失之作用。它是一种向外求理的工具，用在经验世界即我们的日常生活内它是有效的，但用在探求宇宙本体方面就会南辕北辙。所以它有能亦有限。性智是真的自己的觉悟，是一种不待外求、圆满自足的明觉，归根到底，它就是本体。性智认识本体就是自己认识自己。量智本为性智之发用，然由于它须假官能以为用，往往会背离性智以自用。熊的这一理论无疑是对唯科学主义的回敬。

三、以经学为形式，开出新外王。熊十力的确不同于梁漱溟，梁对经学可以说没什么兴趣，尤其厌恶康有为的今文经学，认为康把经读歪了。相反，在解经的任意性方面，熊与康有为相比是有过之而无不及。他将孔子思想分为两个时期，认为孔子五十以前的思想是"小康之儒"的思想，五十学易以后的思想是"大道之儒"的思想。两千年来，无论是今文经，还是古文经，皆小康之儒，非大道之儒，所以没有产生具有民主思想的知识分子，领导群众，荡灭专制主义。他认为孔子思想有民主思想，更有人人平等的观念，甚至有革命、社会主义的思想等，不一而足。对熊的这一思想，学术界一向见仁见智，众说纷纭，莫衷一是。我们以为，其任意解经，有失公允与客观，理应予以否定。然而其汲汲开外王之用心，又岂可诬哉？

熊与梁漱溟不同，梁所厌恶的东西熊并不拒斥。就中西文化的关系言，熊与梁亦多有不同。梁认为中、西、印文化路向不同，中国文化是第一条路尚未走完就转向了第二条路，因而如不与西方文化接触，就是再走三百年、五百年、一千年也断不会有轮船、火车、科学方法和德谟克拉西精神产生出来。熊认为中学有中学之体用，西学有西学之体用，中国远古之六艺已有西洋各种学术之端绪，如果使中学得以充量发展，同样可以出现西洋学术之多殊发展。梁独标新异，熊论可为老生常谈。熊论似乎肤浅，然有至理存焉。梁既然承认中国文化是人类文化的第一条路向尚未走完就转向了第二条路向，没有走完毕竟已走过，又焉能无西方文化之端绪？有其端绪，中西文化的发展岂能南辕北辙？如果问梁先生，当中国人在第二条路向上走之时，第一条路向上的成果是否灭绝了呢？如果灭绝了，李约瑟长期研究中国科技史所作出的结论岂不成了谎言？梁的理论旨在解释中国文化为什么没有出现民主与科学，然而依此理论不能解决中国如何走上民主与科学，能说明不同文化形态的个性，难见人类不同文化的共性。后来梁在《中国文化要义》中对中国未出现民主与科学作了更完备的说明，对其早期的判断也聊有补救。

儒学在这一时期发生了剧烈的震动与变革。新文化运动以前，救亡图存是人们最为关切的问题；新文化运动时期，人们将儒学问题摆在中华民族所有问题的首位。这对儒学来说既是不幸，又是大幸。所谓不幸，是说儒学为袁世凯、张勋之流所利用，与封建专制主义、帝制复辟等东西一同被押上了历史的审判台。所幸的是，当时中国社会几乎整个人文知识分子群体都起而关心儒学，将儒学的命运的升降隆替与国运、民运联系起来，这种联系本身对儒学就是一大幸事。这一时期人们对儒学的断，可以说是一种十分决绝的断，是种丝毫不留情面的断。当然这种断对儒学来说只是一外在的断。这种外在的断亦有功于儒学，从某种意义上说它割断了儒学与现实政治的直接关联，是当代新儒学形成的外在助力。梁、熊等人对儒学是一种积极的续，这种积极的续同时也是一种内在的断。积极的续是相应儒家义理并进而推展之，内在的断断掉了儒学与现时代不相应的东西，使其普遍意义、永恒意义得以显现。积极的续与内在的断之统一就是当代新儒学的发展理路。由此可见，梁、熊等人的意义在于条畅了儒学在当代发展的理路。

抗日战争爆发后，民族意识空前高涨，儒学生存环境改善，由是在抗战的大后方出现了以承续儒学为使命的三大书院：一是梁漱溟创办的勉仁书院，一是马一浮创办的复性书院，一是张君劢创办的大理民族文化书院。三大书院的规模有大有小，存在的时间也有久有暂，然而它们为培养儒家的人才，为儒家思想的传播都发挥了重要作用。20世纪40年代，牟宗三等创办《历史与文化》、唐君毅等创办《理想与文化》等杂志，这些杂志都有功于儒学。当代新儒学作为一种思潮在十分艰苦卓绝的环境中已呈现出新的生机。

三、从1949年到"文革"，儒学在大陆沉潜和在海外勃兴：唐、牟、徐等当代新儒家完成近世以来儒学之自我转型

第一次世界大战结束后，梁任公从欧洲给国人带来了西方物质文明破产、科学万能之梦破灭的消息，对于儒家言，这无疑是个好消息。第二次世界大战，中国备受日本侵略之苦，已无人，即使有人也无心去反省这场战争对中国文化的影响了。

1949年，钱穆、唐君毅、张丕介、程兆熊等在香港创办新亚书院，新亚书院及后来之新亚研究所几十年来一直成为培养儒学人才的重要基地，成为香港的儒家营垒。同年徐复观在香港创办《民主评论》，王贯之在香港创办《人生》。这两个杂志成为宣传儒家主张最有力的发言台，为当代新儒学的生存与发展做出了重要贡献。牟宗三在台湾师大（台湾师范学院）创设人文友会，团聚师友，光大儒学。1958年元旦，牟宗三、徐复观、张君劢、唐君毅联署发表了《为中国文化敬告世界人士宣言》。这个宣言实质上是当代新儒家学派第一个系统性、纲领性文件，它批驳了海内外汉学家对中国文化的种种误解，阐述了当代新儒家对中国文化的过去、现状和未来的基本看法，反映出他们对时代病痛和人类前途的忧虑，体现了他们对中国文化乃至人类文化的整体构想。这个宣言的问世表明一个颇具规模且影响日增的当代新儒家学派真正形成。

以唐君毅、牟宗三、徐复观为代表的当代新儒家对儒学的历史命运尤其当代命运进行痛彻的反省，力图在这种反省的基础上，开出

儒学的新形态，完成儒学向现代形态的过渡。

（一）中国文化之反省

唐、牟、徐等人不同意西化派对传统文化的看法，也不赞同胡适等人对传统文化研究中所引入的科学研究法。牟宗三指出：用这种方法研究历史文化，"是把文化推出生命以外视为外在的材料，在这种态度下，就是讲孔子、耶稣，亦视为外在的东西。视为外在的东西，完全与人不相干，与生命不相干，与人格不相干……这样一来，则历史文化毁矣，孔子、耶稣死矣"[①]。因此他主张将历史文化收进来，落在生活上进行研究，这样就能保持精神文化的真实性，孔子、耶稣就可以不死，而在我们的生命上起作用。徐复观也强调对中国哲学思想的研究"是要求从生命，生活中深透进去，作重新的发现"[②]。由此他们坚决反对将历史文化推出去，视为外在材料加以研究，视为"国故"整理一番，归档存案。他们认为中国文化首先是一活的生命之存在，对这一活的生命之存在的研究不仅应收进来，而且人们还应怀着"同情"尤其是"敬意"的态度去研究。他们指出：对人间的一切事物，若是根本没有同情和敬意，即根本无真实的了解。此敬意是一导引我们的智慧去照察了解其生命心灵内部的引线，因而敬意增加一分，智慧的运用也会增加一分，了解也会增加一分。他们强调研究中的同情和敬意，是对民国时期学术研究中仇视、憎恶中国文化心理的反弹。这一反弹与其说是他们研究历史文化的方法，不如说是他们对中国文化的整体态度。事实上在具体研究中，无论是牟宗三，还是徐复观，其研究方法与态度都相当客观。他们都反对对中国文化只是感情的拥护和感情的反对，认为二者都无助于实现对中国文化本来面目的真正理解，这正是他们在中国文化研究领域取得巨大成绩的原因。

---

① 牟宗三：《道德的理想主义》，台湾学生书局，1978 年，第 227 页。
② 徐复观：《中国思想史论集》，九州出版社，2014 年，第 20 页。

变儒学为宗教，乃至为国教，为近世以来不少儒者所向往。像康有为、陈焕章等人试图将儒学改造成儒教，并力图定为国教。不过梁漱溟、熊十力则不大谈儒学是宗教，尤其梁对康有为的做法极度不满，关于这一点在前面已经论及。牟宗三说过：

> 康有为的思想怪诞不经，大而无当。陈汉（焕）章于学术思想上亦无足称。他们不知孔教之所以为教之最内在的生命与智慧，只凭历史传统之悠久与化力远被之广大，以期定孔教为国教。一个国家是须要有一个共所信念之纲维以为立国之本。此意识，他们是有的。此亦可说是一个识大体的意识。①

唐、牟、徐等当代新儒家以现代的学术眼光，开始了对中国文化尤其是儒家文化的自我反省的历程。唐君毅指出："中国文化之高明面，吾尝觉其如天之覆，而其敦厚笃实面，觉其如地之厚，而其广大一面，则觉其如地面之宽。整个中国文化精神，遂宛然覆天盖地，人之精神可直上直下于其间，又可并行不悖，如川之流。"然而在此覆天盖地的精神下，则"少一由地达天之金字塔。诸个人精神并行如川流，若不见横贯诸川流之铁路，以经纬人与人之精神，成无数之十字架"。② 由于缺少此金字塔和十字架，使中国文化数千年之发展，远望而天如日与地相连，如向一平面沉坠，人之精神亦不免收敛而入睡。唐认为中国文化有一自上而下的自觉地重实现的圣贤之道，而缺少一如何使凡人之精神次第上升的客观之道。中国文化由于未十字打开，故而没有开出西方文化的科学知识、工业文明及人文领域的多样发展。

---

① 牟宗三：《生命的学问》，第109页。
② 唐君毅：《中国文化之精神价值》，《唐君毅全集》第九卷，九州出版社，2016年，第329页。

唐是对中国文化是最富有温情的人。牟宗三对中国文化的指陈就不像他那样婉转了，而是单刀直入，明确主张要为中国文化荡腥涤臭，以期开出中国文化的健康发展途径。他用两句话来说明中国文化的特征，即中国文化有道统而无学统，有治道而无政道。有道统是说有一套由孔、孟所开辟的道德谱系，无学统是说中国文化中没有开出独立的知识之统即科学之统。有治道是说中国几千年来有治权的民主，无政道是说中国几千年来无政权的民主，或曰形式意义的民主，即无西方近代以来的民主制度。牟不仅承认了中国文化没有西方近代民主和科学之事实，而且还探讨了没有出现民主与科学的原因。他认为，"从现实因缘方面说，是因为无阶级对立；从文化生命方面说，是因为以道德价值观念作领导而涌现出之尽心、尽性、尽伦、尽制之'综和的尽理之精神'"[①]。无学统即中国文化中始终未开出智之独立系统。这一系统的缺少，一方面使中国文化未出现逻辑学、数学与科学，另一方面也未出现西方哲学的知识论。之所以会出现这一局面，又因为中国文化系统是仁智合一、以仁统智的文化系统。在这一系统中，智是神智，是圆智，是知是非善恶之知，而不是知性之知。圆知神知是无事的，知性之知是有事的；惟有转出知性之知，始可说知之独立发展，自成领域，独具成果。他说："一个文化生命里，如果转不出智之知性形态，则逻辑、数学、科学无由出现，分解的尽理之精神无由出现，而除德性之学之道统外，各种学问之独立的多头的发展无由可能，而学统亦无由成。"[②] 牟等毕竟是"五四"以后成长起来的一代学人，他们所从事的探讨无疑是接着五四诸人的话题讲的。他们不再停留在像很多学者那样对中国文化未出现民主与科学的怨恨上，而是进而分析未出现民主与科学的原因，进而探讨走向民主与科学的道路。

---

① 牟宗三：《历史哲学》，台湾学生书局，1988年，第185页。
② 同上书，第180页。

徐复观对中国文化的反省当然是全面的、大规模的，然而最值得称道的是他对中国政治文化的反省。他认为儒家在政治上表现出来的原则是德治主义，而其努力实现的对象是民本主义。德治主义的出发点是对人的信赖、对人的尊重，它是以德相与的关系，而不是以权力相加相迫的关系，所以在境界上儒家的政治高于西方的民主政治。但他又指出儒家政治有四大不足：一是儒家的政治思想总是居于统治者的地位谋求政治问题的解决，很少站在被统治者的地位谋求政治问题的解决，所以儒家千言万语总不离君道、臣道、士大夫之道。二是德治主义由修身以至治国平天下，都是一身德量之推，由于人之德客观化于社会，使其成为政治设施，其间有一大曲折，这一曲折被传统的儒家化约了。三是政治主体未立，政治的清明只靠统治者的道德自觉，对历史上的暴君污吏，往往是束手无策；纵使有圣君贤相，亦感孤单悬隔，社会上缺少呼应力量。四是政治的发动力全在朝廷而不在社会，知识分子的精力都局限于向朝廷求官做这一条单线上，而放弃了社会责任。知识分子的活动范围日益狭小，亦日益孤陋。徐复观对儒家政治文化的反省与牟宗三对中国文化的整体反省是一致的，他肯定了牟关于政道与治道、吏治与政治的看法，而他们对中国几千年政治现实的批判也大同小异。牟、徐都以严肃、认真的态度，冷静地分析中国传统政治的不足，揭示中国未能走上民主政治的根源。

近百年来，欧风美雨狂卷中国，中国文化面临生死之考验。各个阶层的人都在思考：中国文化怎么了？与西方文化相比，我们缺了什么？在西方文化向我们节节斩伐之时，我们还有没有值得保存的东西？对于这些问题，学术界一向见仁见智。当代新儒家的反省，尤其是牟宗三对中国文化的整体性反省，给这些问题重重地画上一个句号。以后凡言及此类问题，谁也不能无视当代新儒家的思考。这种反省正是对反传统主义思潮的积极回应。这种回应不是线性的，不是报复性的，而是对儒家传统所作出的自我批判、自我反省，这种反省是有力的。

(二) 儒家思想体系的重建

康有为是儒学自我改造的尝试者，然而他的儒学改造工程最终淹没于其政治思想的设计中，所以随着其政治的失败，其儒学改造工程也流产了。梁漱溟复活了儒家的真精神，然而梁对现实的关注远远大于对理论构造的兴趣，所以梁能接续儒学，并不能完成儒家思想体系的现代建构。使儒家思想活转于现代且独立于现代学术流派之中的是牟、唐、徐等人，由他们完成了儒学向现代形态的过渡。

当代新儒家思想的中心问题是本内圣以解决新外王的问题。当代新儒家的主要理论建树亦表现为两面打开：一是内圣学之重建，一是新外王之开发。就内圣学言，唐、牟均有贡献，而以牟的贡献为最大。唐以心境互涵、感通为主线，次第建立起九境哲学体系。九境哲学即客观三境：万物殊散境、依类成化境、功能序运境，此三境是主观心灵觉他而外照所成之境，是初三境。主观三境为感觉互摄境、观照凌虚境、道德实践境，此三境是主观心灵自觉内照所成之境，是中三境。最后三境是超主客之三境：归向一神境、我法二空境、天德流行境，这是主观心灵自照自观所成之绝对境、真实境，到达此境一切亦主观亦客观，非主观非客观，这是最后三境。唐的九境哲学汪洋浩博，吐纳百川。他力图以九境哲学来消融一切学说，涵盖一切学说，评判一切学说，其气象之宏大，说理之圆融，当今之世，罕有匹敌。

牟没有唐的体系庞大，然而庞大难免有所驳杂；唐的思想没有牟的思想深邃，深邃往往有所孤峭。依本人之见，牟的哲学是当代儒家哲学最纯正的代表，他是本儒家心性之学的义理方向进而开出之。他认为完备的道德的形上学应包含两层存有论：一层是无执的存有论，一层是执的存有论。前者是取自中国哲学，尤其是宋明儒学，后者取自西方哲学，尤其是康德哲学，道德的形上学是中西哲学会通的结果。牟宗三的两层存有论既保住了真正的道德的形上学，同时也为科学知识在中国的存在和生长提供了哲学根基。无执的存有论是生命的学问，是道统之发扬,而执的存有论是科学知识的形上根据。道德形上学的证成标志着以中国心性义理之学消化西方哲学尤其是康德哲学的完成,道德的形上学体系的建立,其意义绝不仅限于开启了中西哲学会通之门,而且它也为处理中学与西学的关系提供了型范。

当代新儒家的中心课题是重建内圣之学,开出新外王。这一中心课题的逻辑过程就是本内圣以解决新外王,其理论系统是道统、政统、学统三统之说。当代新儒家认为由孔、孟所开辟的一脉相承的道统是中国文化的精神与生命,是中国文化定常的骨干。与中国文化本应展开的理想相比,中国文化也有政统不建、学统不出的缺憾。高扬道统、开出学统、建立政统是中国文化乃至世界文化的出路与前途。牟宗三将这一思想系统地概括为三统说。他说:

> 一、道统之肯定,此即肯定道德宗教之价值,护住孔孟所开辟之人生宇宙之本源。
> 二、学统之开出,此即转出"知性主体"以融纳希腊传统,开出学术之独立性。
> 三、政统之继续,此即由认识政体之发展而肯定民主政治为必然。①

牟宗三认为,道统是整个儒家学说的根本,是内圣,是一种比科学知识更具笼罩性的圣贤之学。学统与政统从本质上讲就是科学与民主。三统是相互联系的,道统是根本,政统、学统是道统充分实现的条件。他说:"近代化的国家、政治、法律不能建立起来,儒家所意想的社会幸福的'外王'(王道)即不能真正实现;而内圣方面所显的仁义(道德理性),亦不能有真实的实现、广度的实现。我们必须了解

---

① 牟宗三:《道德的理想主义·序言》,第6页。

民主政治之实现就是道德理性之客观的实现。"① 道统是政统的根据，政统是道统的延伸。然而道统与政统都离不开学统，因为道统和学统都是实践的，前者是个人的实践，后者是集团的实践，唯有学统是观解的。这个观解的学统是整个实践过程的一个通孔。"如果学统出不来，则在此长期道德宗教的文化生命中，圣贤人格的实践很可能胶固窒塞而转为非道德的，而其道德理性亦很可能限于主观内而广被不出来，而成为道德理性之窒死。照集团的实践说，如果这个通孔缺少了，则真正的外王是很难实现的。"② 所以学统与政统是现时代的外王，是绝对需要的。因为它的实现不仅关系于中国的民主与科学能否实现，更重要的是它关系到中国道统的生死存亡。建立不起新外王，儒家所意想的王道就是一个空愿，就没有真实的意义，道统就会流于空疏，空疏就会枯萎，枯萎就会灭亡。牟等人也认为儒学能否活转于现代，关键取决于新外王能否顺利开发出来。

如何由内圣开出新外王是当代新儒家十分关注的问题。牟宗三由此提出了良知自我坎陷说。良知自我坎陷说就是道德理性自我否定，开出民主与科学。他认为传统儒学讲外王，讲事功，讲治国平天下，都是顺着内圣直接讲的，都以为正心诚意可直接涵外王，以为尽心尽性尽伦尽制可直接推出外王，因而传统儒学所讲的外王是直推。但民主与科学不同于传统儒学所讲的事功，它是一种新外王。这种新外王与道德理性相关又独立，因而从道德理性中直接推不出民主来，也直接推不出科学来。既然由道德理性直接推不出民主与科学，就需要曲推或曲通。曲通即曲而能通，不曲就永远也不能通。曲通就是由道德理性来一个转折上的突变，转出"逆"其自身的观解理性，此观解理性正是民主与科学的理论基础。这个转折上的突变就是自我坎陷，也

---

① 牟宗三：《道德的理想主义》，第155页。
② 同上书，第157页。

就是道德理性自己否定自己。只有经这步否定，由道德理性才能转出观解理性，才能转出民主与科学。只有转出民主与科学，道德理性才能充分实现其自己。良知自我坎陷说是牟对时代病痛的回应方式。

唐在解决如何由内圣走向民主与科学问题上与牟大致相同，他认为解决当今时代病痛的方式是"返本开新"，而中国文化未来建构方式是"依本成末"。他所说的返本就是返回中国文化的本源上，明确说就是返回到宋明心性之学上，开新就是开出中国文化的多途发展。他认为遍观东西文化发展的方式，无不是返本开新，也就是说唯有返本才能开新。孔、墨是这样，韩愈等所倡的古文运动也是这样，西方的文艺复兴同样是如此，由此他说："在文化思想中，除了科学思想以外，无论哲学、宗教、文学、艺术、政治、社会之思想中，不能复古者，决不能开新。这中间决无例外。"① 他所说的返本开新其实也就是牟宗三所说的由内圣开出新外王。本即内圣，末即新外王。不过唐所说的末其含义极其宽泛，它包括了一切人文领域的所有文化样式。弄清楚了他的返本开新，也就不难理解他的依本成末。他的返本开新是从纵向上讲的，而其依本成末则是从横向上讲；或者返本开新是言中国文化的发展方式，而依本成末则是言中国文化未来的建构方式。他认为中国文化在德量上已足够，在本源已具足，只是其多途发展不足。所以欲解决中国文化的问题，也就是欲消除中国文化的今日危急，必须以中国文化为本，以成西方世界文化多途发展之末，使中国文化的内圣外王之道全部打开，使中国文化与西方文化等并驾齐驱，以开出世界文化发展的新方向。

徐复观对中国文化的未来发展，尤其是中国民主政治的建设，作了许多精彩的论述。他认为中国的政治困局落在民主政治上，就会得到自然而然的解决。而中国的政治欲接上西方的民主政治，就须从民

---

① 唐君毅：《人文精神之重建》，《唐君毅全集》第九卷，第244页。

本跳出一步转而为民主,将政治之"德"客观化出来,凝结为人人可行的制度。他认为儒家的德治主义高于西方的民主政治,但不能解决中国今日的政治困局。只有将西方的民主制度安立在儒家的德治主义的基础上,民主的形式与民主的内容共建,才能从根本上解决中国的政治问题。在如何开出新外王的问题上,牟、唐、徐基本相同,都未离以内圣为本、以新外王为末的思想格局。

以唐、牟、徐等为代表的当代新儒家完成了儒家现代理论系统的建构。就其对儒学现代形态的创造性建构言,他们是对儒学的积极的续。然而这种建构是儒学合乎本源的蜕变,是一种推陈出新的过程,所以它又是一种内在的断。积极的续与内在的断到唐、牟、徐这里实现了高度的统一。这种统一是儒学自我变革的形式,也是儒学不断走向新生的力量源泉。

四、结 语

自1840年以来,面对西方文化的挑战,中国社会结构迅速转型。随着社会结构的快速变迁,儒学赖以栖身的社会结构解体,儒学与现实政治开始分离。由是儒学面临两种选择:一是顺应这种分离,自此斩断与社会政治制度的直接联系,使其成为独立的、超政治的和具有社会批判功能的文化学派;一是继续附在社会政治机体的上面,随着社会政治结构的不断调整,自身亦作某种适应性变更。这两种儒学在当代中国同时并存,由康有为到陈立夫是后者,由梁漱溟到唐、牟、徐等人是前者。当然两者的界限并非绝对分明,像张君劢,本文虽涉及甚少,然而他是康、梁路向的延续。我们在这里所讨论的主要是前者。儒学与社会现实政治脱钩,从总体上讲是一种断,不过这种断是外在的、横向的断。这种断似乎使儒学丧失了赖以栖身的政治机体,然而当某种东西还依附于他种东西才能生存的时候,这种东西永远也不会有独立性。从某种意义上，这种断不仅不是坏事，相反是儒学走向全新形态的契机。当然儒学与社会现实的政治脱钩并不意味着它与社会现实脱钩。如果儒学不关心现实，儒学的精神也就死了。从梁漱溟到牟宗三，没有一个新儒家人物不关心中国社会的未来，不关心民族的命运，不关心国家乃至人类的前途。还应当指出，自龚自珍到康有为，儒学一直是推动中国社会变革的力量。第一批起而回应西方文化挑战的是儒家知识分子，这也说明儒家自身就拥有向现代形态转化的力量。

西方文化对儒学言，是一种异质文化，也是一种否定因素。近世以来，西学东渐，欧风美雨席卷中国大地，其来势之猛烈，亘古所未有。晚清以来，儒学本已奄奄而无生气，面对西学，更加朝不保夕。西学东来既为儒学带来了危急，同样也为儒学注入了新的生机，是挑战，也是机遇。面对西方文化的挑战，丧失自我，神不守舍，固然不能使儒学乃至中国文化走向新生，而依然固我，夜郎自大，无视西方文化，不了解西方文化，甚至不善于吸收西方文化，也不能担当承续儒学的重任。当代儒学发展的事实表明，以儒学为主体，消化西方文化，儒学才能获得真正的新生，西学由儒学的外在否定因素就转化为发展生成的因素。这正是"彼之即来，皆为我利，何畏也"?!

没有中国社会的变革，就不会有新儒学；没有西方文化的输入，同样也不会出现新儒学。某些人断言，随着中国传统社会的解体，儒学已经变成博物馆的陈列品了，持这种观点的人不是隔岸观火，就是根本不了解儒学的内在本质。当然当代中国社会的每一步变迁都意味着对儒家传统的进一步冲击，然而历史的事实也证明：每一次对儒学的压抑都意味儒学的进一步奋起。由于儒学的常道性格使其不会因时代的变革而失去光泽，相反会使它因某种特权（科举取士、官方意识等）的丧失而凸显其本来的价值。儒学作为常道，它所揭示的原则并不是具时性的，也不是民族性的，当然任何时代都有每一时代的儒学，但儒学的常道绝不为某一时代所限。它当然也是民族文化，然而它亦不为汉民族所限，它所面对的问题是人类的问题，只要世界上还存在着人，那么儒家所揭示的某些原理对他们就有参考价值。如果说中国社会的每一步变迁都意味着对儒学的进一步冲击的话，那么世界局势的每次面临着灾难就使许多人士想起儒学，想起孔子的教导。第一次世界大战结束，使梁启超、梁漱溟、张君劢等人倡言儒学；第二次世界大战结束，唐、牟、徐等新一代儒家兴起。这并不是乱比附或胡联想，因为这之间的确存有某种联系。而当今人类所面临的问题虽不如两次世界大战那样迫切，然而环境污染、人口爆炸、植被破坏、土地沙化、能源枯竭等远比那时的问题更严重。儒学继唐、牟、徐等人之后能否进一步发展，关键看其对这些问题能否作出积极的回应。

那种以为现代化过程就是中国文化不断退位于西方文化的过程不过是骗人的谎言。事实已经证明，将来还会证明，以儒学为主体的中国传统文化将会随现代化的转型而转型，将会随现代化进程的推展而推展，会历久而弥新。真正有活力的儒学，将不是旧社会死亡的殉葬品，更不仅仅是现代化进程的受害者，而是真正的受益者。

第二章：新文化运动·新儒家·现代文化建构

新文化运动和新儒家代表了以西学消化中学和以中学消化西学的两种文化建构模式。这两种文化模式长短互见、功能互补。新文化运动凸显了传统文化的缺陷，却没有看到传统文化走向现代化的潜能；新儒家肯定了传统文化的价值，却有意无意地为传统文化的不足辩护。新文化运动开辟了一条科学主义、理性主义的长河，造就了中国文化范式的革命；新儒家开启了一条人文主义、情理交融的大流，以扬中国文化之所长。在现代文化的建构中，既要充分发掘传统文化自我转换或转型的潜能，重铸民族灵魂，又要引进西方文化中可资利用的有益成分，促使传统文化向现代文化蜕变，也许这就是建构现代文化的必由之路。

一、新文化运动的双重效验：批判与拯救

新文化运动与新儒家是两种相互对立的文化模式，但这两种文化模式却存在着缘起上的联系和功能上的一致性和互补性。新文化运动批判儒学，反而成为儒学走向新生的契机。新儒家采取新文化运动批儒同样的方式回敬新文化运动，在实际内容上却得益于新文化运动，肯定了新文化运动。反省这两种文化现象，对于我们建构现代中国文化大有益处。

1840年，当西方的坚船利炮轰开国门之后，中国文化同样面临着西方文化的严峻挑战。甲午战争失败后，在中国兴起了一场以康有为、梁启超为首的规模空前的维新运动，相应地在文化领域展开了儒学革新运

动。康有为试图用资产阶级思想对儒学实行根本性改造：即打开儒学自我封闭的体系，调整儒学的结构，使它充分吸取西方资本主义的各种思想，走出自我复制的怪圈，把封建儒学转换为资产阶级的新儒学。

建立新儒学，必须批判旧儒学。康有为对旧儒学的批判主要体现在两个方面。(一)他大胆指出：两千年来，无一人敢违、无一人敢疑的占统治地位的古文经是刘歆出于佐莽篡汉的动机伪造的。这等于向世人宣告正统思想是非法的。(二)他认为孔子以前，历史记载书缺籍去，混混茫茫，孔、老、墨、许等诸子纷纷起而"争教互攻"，托古改制，孔子只是其中的胜利者。这无疑向人们表明孔子与先秦诸子地位本来是平等的，有利于打破定孔子为一尊的神话。这两种思想在当时都具有启蒙意义。不过，康有为宣布他批判的只是异化了的腐朽了的儒学，而目的在于恢复孔子的真精神和活灵魂，光大儒学。但历史的发展常常与其设计者的愿望相反，他的上述思想恰恰构成了反传统主义的逻辑环节。

康有为在重塑孔子形象的同时，也重视儒学理论的改造。他试图使儒学旧根发新芽，尝试着开辟一条儒学自我转换的道路。随着历史的发展，康有为由资产阶级改良派转变为封建阶级保皇派、复辟派，他所倡导的儒学改良运动也就为孔教运动取代了。孔教运动与封建复辟遥相呼应。这种逆民主潮流而动的行为终于引起了《新青年》创办者陈独秀等人的不满和反击。陈独秀先后写下了《驳康有为致总统总理书》《宪法与孔教》《孔子之道与现代生活》《袁世凯复活》等文章予以迎头痛击。

陈独秀等认为孔教是专制主义的理论基础，要有效地防止封建复辟，就必须根除孔教。他指出："孔教与帝制，有不可离散之因缘。"[①]

[①] 陈独秀：《驳康有为致总统总理书》，《独秀文存》，安徽人民出版社，1987年，第71页。

"袁世凯之废共和复帝制,乃恶果非恶因;乃枝叶之罪恶,非根本之罪恶。若夫别尊卑,重阶级,主张人治,反对民权之思想之学说,实为制造专制帝王之根本恶因。吾国思想界不将此根本恶因铲除净尽,则有因必有果,无数废共和复帝制之袁世凯,当然接踵应运而生,毫不足怪。"① 辛亥革命后,在中国并未建立起名副其实的共和国,反而演出了一场场历史丑剧,筹安会、洪宪登基、张勋复辟……所有这些无不以孔教为挡箭牌和护身符。在西方,资产阶级大革命的前夜有一场声势浩大的思想启蒙运动,而辛亥革命对统治中国数千年、在历史上产生了巨大影响的儒学的态度竟若暗若明,文化启蒙的搁浅可能是辛亥革命后中国封建复辟顽症不时复发的重要原因。

批判儒学表现为新文化运动破的方面,民主与科学的发扬表现为立的方面。他们认为:破只是手段,立才是目的。没有对旧文化的彻底反叛,当然也不会有全新的建构。消除旧文化的污泥浊水,是为了垫稳新文化的基石。新文化运动的确为中国新文化的建构做出了重大贡献。

其一,它规定了中国现代文化的主题,树立了民主与科学的至上权威。民主与科学传入中国并非始于新文化运动,但把民主与科学当作我们民族追求的目标,当作拯救中国迈向现代化的力量则是从新文化运动开始的。新文化运动以降,不同信仰、不同阶层的人们可以从不同的方位去观照它,诠释它,但没有一个声称对民族前途负责的文化学派公然反对它,民主与科学成了建构新文化的两大主干。

其二,由它发起并大获成功的白话文运动使新文化获取了全新的"精神空气"。新文化运动以前,日常语言和文字语言始终是分离的,这意味着我们的存在家园,我们思想与感情的精神空气,我们智力活动的根基是断裂和隔离的。白话文运动的成功意味着两种语言的整合,

---

① 陈独秀:《袁世凯复活》,《独秀文存》,第 89~90 页。

意味着知识阶层和民众思想沟通成为可能。再者，标点和语法的使用，使中国语言走上了明确化、逻辑化的道路。从而为新思潮的广泛传播奠定了基础。

其三，新文化运动唤起了知识青年和民众的觉醒，使他们从封建桎梏中解放出来，增强了他们的使命感和责任心。甚至可以说新文化运动造就了新文化的建构者。

新文化运动的方向和原则是永恒的。它在现代文化建构中的地位是不容动摇的。它开启了一条以西学为主体、消化中学，建构新文化的路向。从胡适到金岳霖到殷海光，从陈独秀、李大钊到艾思奇等都是这一路线的继往开来者。

二、新儒家：承续与再生

梁漱溟先生独行其道，以复兴儒学为己任，打出了走孔家路的旗帜。从梁漱溟初举"义旗"，到现在的海外新儒家，新儒学思潮的发展经过了两个时期。第一时期是从新文化运动到新中国成立，第二时期是从新中国成立到现在。

第一时期主要代表人物是梁漱溟、熊十力、冯友兰等。

梁漱溟从文化哲学、心理学、人生哲学入手，通过比较中西印三大文化系统的优劣得失，分析人们的心理需要和人生基向，来论证儒学具有光明的前途。他说："世界未来文化就是中国文化的复兴，有似希腊文化在近世的复兴那样。"[①] 梁氏的这一预言距今已几十年了，历史的推移并未改变"儒门淡薄，收拾不住"的局面，至少现在我们还可以说梁氏的这一预言乃是保守主义者的一种精神上的自我迷恋。

梁漱溟的思想代表了当时儒家对西化派强有力的回应。西化派认

---

① 梁漱溟：《梁漱溟全集》第一卷，山东人民出版社，1989年，第525页。

为中国文化是旧，西方文化是新的，中国文化代表了人类的过去，西方文化代表了人类的未来。而梁则认为西方文化是初级的、低层次的、是旧的，中国文化是高级的，高层次的，是新的。西方文化代表了现在，而中国文化则指向最近的未来。而且还使人们从中得到了一个观照中西文化的新视野和新方位，并言之成理，持之有据，颇有说服力。

不过，梁用人类求生的本能——意欲来决定一切，范围一切和衡量一切是有问题的。我们知道，人类生活的本质是实践，人类的意欲绝不是人类文化的最终决定因素。因为这种因素是为人类的实践过程所决定、所衡量的。他把人类文化本质界定为意欲的态度，是一种十分偏颇的意欲中心论。再者，梁先生所谈及的人类文化的三个问题实际上是同时并存，交织存在的。梁把人类文化共时上的并存拆解为历时上的继起。然后又一厢情愿地把它们分配给三个不同的地区，由这种强物就我的方法而得出的结论是不能成立的。

继梁稍后而起的新儒家代表人物还有熊十力、冯友兰等。经他们的大力倡导，儒学在20世纪三四十年代成为一股强劲的文化伏流。如果说康有为是新儒学的尝试者，那么梁漱溟、熊十力等则是新儒学的真正奠基人。新儒学从康有为经新文化运动到梁、熊等自身完成了一次否定之否定。

1949年以后，梁、熊留在大陆，学术观点也未转变，但已曲高和寡了。他们的著名弟子牟宗三、唐君毅、徐复观等在港台等地动心忍性，从事着艰苦卓绝的复兴儒学的事业，经过他们近40年的努力，儒学在海外终为显学。从1949年到现在是新儒学第二个发展时期。下面仅就他们对新文化运动的反省、中国文化估价、儒家人文主义的建构三个方法的思想略作探讨。

（一）对新文化运动的反省

牟宗三说："……西洋人并不敢说打败了我们的文化。……所以打败我们的文化是我们自己代人行事，起来自己否定的。这就叫做自失信心，自丧灵魂，此之谓'自败'。"① 新文化运动批判儒学和传统文化不假，但言其导致了民族自信心的丧失也不完全符合事实。从另一角度看，恰恰是新文化运动传来了马克思主义，使国人看到了希望，增强了民族自信心。

牟宗三指出："新文化运动之内容是消极的、负面的、破坏的、不正常之反动的、怨天尤人的。"因此，对它"便不能不再来一个否定而归于拨乱反正之正面的与健康的思想内容"②。牟宗三对新文化运动的看法是偏颇的。新文化运动的意义在于破坏旧意识的束缚，为新思想的传播开辟道路，这本身就是积极的，就是一种建设。如果因新文化运动彻底否定了儒家，再来一次对新文化运动的彻底否定，这是一种学术上的反攻倒算，无益于学术的发展。

（二）对传统文化的估价

新儒家既不同意新文化运动对传统文化的偏颇看法，也不赞同由胡适等人引进的科学研究法。牟宗三认为：用这种方法研究历史文化，是把文化推出生命以外视为与人不相干的外在的材料，"这样一来，则历史文化毁矣，孔子、耶稣死矣"。因而他主张，将历史文化收进来，落在生命上、落在生活上进行研究。③ 在他看来，这样就能保住精神文化的真实性，孔子、耶稣不死而在生命上起作用。新儒家不仅主张要将历史文化收进来研究，而且还要求人们怀着"同情"尤其是"敬意"的态度去研究。他们认为，"敬意"增加一分，智慧运用就会增加一分，而了解也会增加一分。这种情绪型研究法无疑是对新文化运动的极端反动。在"同情"和"敬意"的态度下研究历史文化，当然是易见其长，难见其短，喜见其利，恶见其弊。这表明：对本民族的文

---

① 牟宗三：《道德的理想主义》，台湾学生书局，1978年，第253页。
② 牟宗三：《生命的学问》，台湾三民书局，1970年，第142~143页。
③ 牟宗三：《道德的理想主义》，第227页。

化带任何感情色彩的研究，都难使一个民族正确地估价和衡量自己。

在严酷的历史事实面前，新儒家不得不承认近代中国无民主、无科学的事实和探讨这两种东西在中国未出现的原因。牟宗三认为，"从现实因缘方面说，是因为无阶级对立，从文化生命方面说，是因为以道德价值作观念的领导，而涌现出之尽心尽性尽伦尽制之综合的尽理之精神"①。新儒家们认为中国文化"有道统而无学统"是其另一不足。"无学统"也就是无独立的智的系统。造成这一缺憾的原因何在呢？牟宗三认为："智，在中国，是无事的。因为圆智、神智是无事的。知性形态之智是有事的。惟转出知性形态，始可说智之独立发展，独具成果（即逻辑数学科学），自成领域。圆智神智，在儒家随德走，德以为主，不以智为主。""一个文化生命里，如果转不出智之知性形态，则逻辑数学科学无由出现，分解的尽理之精神无由出现，而除德性之学之道统外，各种学问之独立的多头的发展无由可能，而学统亦无由成。"② 牟宗三等对中国文化的分析不无合理之处。只是太重视思想文化本身，忽视了对中国政治、经济结构的考察，而这两者在近代中国何以未出现民主、科学问题上又显得格外重要。再者，由于新儒家对中国文化怀着同情，尤其是敬意，在承认了中国文化的缺点后又马上为这种缺点进行辩解。他们认为近代中国虽无西方的民主与科学，但在中国文化中不乏民主和科学的种子，更不能说民主与科学不是中国文化的内在要求。甚至儒家的人皆可以为尧舜的平等精神，"亦正是一切民主精神之最后唯一根据"，"儒家思想有最高的民主精神"③。而且中国文化之缺点"是理想伸展为更高大之理想时，才反照出来的"

---

① 牟宗三等：《中国文化的危机与展望——文化传统的重建》，台湾时报出版公司，1982年，第25页。

② 牟宗三等：《中国文化的危机与展望——文化传统的重建》，第20~21页。

③ 参见唐君毅《人文精神之重建》，台湾学生书局，1974年，第412~413页。

(《为中国文化敬告世界人士宣言》)。也就是说中国文化的不足是由使用的参照系不同而形成的。与其未来应展开的理想相比,它有不足,与过去相比,它非常伟大,在现实中它亦圆满自足。所以新儒家对中国文化的缺点,表层承认,深层否认。

(三) 儒家人文主义的现代发展

新儒家认为:一脉相承的道统是中国文化的精神与生命,是中国文化定常的骨干,应当永远承续不绝。但与中国文化本应展开的理想相较,也有政统不建、学统不出的缺憾。高扬道统,开出学统,建立政统,是中国文化乃至世界文化的出路和前途。牟宗三将其概括为三统说。他说:"道统之肯定,此即肯定道德宗教之价值,护住孔孟所开辟之人生宇宙之本源。""学统之开出,此即转出'知性主体'以融纳希腊传统,开出学术之独立性。""政统之继续,此即由认识政体之发展而肯定民主政治为必然。"[①]

他认为道统是比科学知识更具纲维性、笼罩性的圣贤之学。"人性之尊严,人格之尊严,俱由此立。人间的理想与光明俱由此发。"它"使人成为一真正的人"。没有它,人们将日趋卑俗凡庸。同时,它还是一种文制,即人人"皆不能不有日常生活"的常轨,若没有它,社会将会陷入混乱,这种道统是内圣,相应的民主与科学是新外王。牟宗三认为以前的儒家都是以仁为笼罩、仁智合一的文化模型。现在智必须冷静下来,脱离仁,成为纯粹的"知性",使自身独立发展、独具成果,这就是数学、逻辑、科学。也就是由"道德主体"转出"知性主体"。关于民主政治,他认为这是"政治生活方面的常轨"。牟宗三还认为"三统"之间是相互联系的,道统是根本,但道统的实现也离不开政统和学统。他说:"近代化的国家、政治、法律不能建立起来,儒家所意想的社会幸福的'外王'(王道)即不能真正实现;而内圣

[①] 牟宗三:《道德的理想主义·序言》,第6页。

方面所显的仁义（道德理性），亦不能有真实的实现、广度的实现。我们必须了解民主政治之实现就是道德理性之客观的实现。"这就是说道统和政统是合一的，是一个问题的两个层面。道统和政统也不能离开学统。离开了学统，道统和政统也不能实现。他认为道统和政统都是实践的，前者是个人的实践，成就圣贤人格。后者是集团实践，形成客观组织。"唯逻辑、数学、科学方面的学统，则是'观解的'。此是整个实践过程中的一个通孔。""如果学统出不来，则在此长期道德宗教的文化生命中，圣贤人格的实践很可能胶固窒塞而转为非道德的，而其道德理性亦很可能限于主观内而广被不出来，而成为道德理性之窒死。照集团的实践说，如果这个通孔缺少了，则真正的外王是很难实现的。"① 新儒家们认为未来的中国文化，乃至世界文化就是道统、政统、学统的合一，也就是儒家式的人文主义，实际上是道统+民主+科学。新儒家实质上肯定了新文化运动的民主与科学，消化和利用了民主与科学。文化的发展也许永远逃不出自身的悖论，各种对立的文化思潮既是劲敌，又是盟友。消灭了劲敌，也就是消灭了盟友。所以过分强调思想统一、思想的一致，实质上有害于思想的发展。这是现代中国思想变迁的一大启示。

  牟、唐等海外发展起来的新儒家远比梁漱溟、熊十力深刻和高明。他们大都是新文化运动以后成长起来的知识分子，都受过新思潮、新思想的洗礼，所以他们不再停留在通过对中西文化比较如何取长补短的水平上，而是立足于儒学，自觉地消化和摄纳西学。可见，由康有为尝试，梁漱溟、熊十力等奠基的以中学消化西学的文化模式，到牟宗三、唐君毅才开花、结果。

---

① 牟宗三：《道德理想主义》，第 152~157 页。

三、现代文化建构：对立与相成

新文化运动开创的以西学消化中学的文化模式和以新儒家开创的以中学消化西学的文化模式，代表了现代中国人对西方文化挑战的两种回应。这两种思潮同时并存表明世界正在走向我们，我们也试图走向世界，这两种文化模式在极端对立的表象后面隐藏着功能上的一致和文化建构上的互补互成，认真地总结好它们的经验和教训，对于建构中国现代文化具有一定的意义。

新文化运动极力凸显传统文化的缺陷，有意渲染传统文化尤其是儒家文化与现代化的冲突和对立；新儒家则努力显扬传统文化的优点和长处，挖掘传统文化走向现代化的内在潜力。从小范围看，他们演的是对台戏，从中国现代文化建构的大背景下观察，他们演的是双簧。反传统人士异常敏锐地觉察到中国那套重道德、轻事功，重直觉感悟、轻理性，重艺术、轻科学的文化传统使中国在国际上丧失了竞争力，故而必须使它彻底脱胎换骨、全面接受西方文化的洗礼，建构全新的中国现代文化。这一思想对于打击民族虚骄心无疑是有价值的。但由于他们无视传统的存在和实施理想上的偏激态度，使他们最终走向了自己的反面。无视传统的存在包括两方面的含义：其一是说他们没有看到传统文化的价值和自我转换的能力；其二是说他们没有觉察到传统的负面在他们身上的存留，使他们有时不知不觉地回到传统、欣赏传统。新儒家与反传统人士相反，他们认为中国文化系统有历久弥新的常理常道，这是永远不会因时代的变革而失去其光泽的。在他们看来，中国的近代化一误再误，原因在于只知向外追寻，而忘却了自家精神。新儒家的意义在于强调民族精神的自觉，发掘传统文化走向现代化、摄纳西学的动力。但由于他们负有太强的使命感和宗教热情，从而限制了他们对儒学和西学的客观认知，无法超越儒学中心主义的境界。揭露传统文化给现代化带来的阻力和显扬它的动力，在现代文化的建构中，二者异曲同工，批判传统或弘扬传统，本身并没有错误。错在他们或把传统等同于阻力，或把传统等同于动力。

新文化运动在中国开辟了一条科学主义、理性主义的文化长河，以补中国文化之所缺；新儒家在中国开启了一条人文主义、非理性主义的大流，以扬中国文化之所长。反传统人士虽然提出了全盘西化的口号，但并没有真正去实行它，当然也无法实行它。他们对西学完全是有意识、有选择的接纳。他们所宣传的主要是西方的理性传统和科学精神。陈独秀、李大钊在接受马克思主义以前，主要宣扬的是斯宾塞、赫胥黎的学说，胡适推崇杜威，丁文江言必称马赫，金岳霖锲而不舍地移植罗素等，都说明他们试图以实证主义化中国。发生于1923年至1924年的科学与人生观论战，既显示了反传统人士与新儒家的分野，也显示了他们欲以实证主义、科学精神征服文化宇宙的雄心。在这场论战中，胡适、丁文江等宣扬的"科学万能"论，具有明显的科学沙文主义特征。但科学精神、理性精神、逻辑技巧一向为中国学人所忽视，科学主义确有补中国文化不足的功效。新儒家倡导人文主义，认为儒学就是生命的学问，就是人文主义。所以历史文化的反省与重建，人的意志自由与精神归依是他们热衷的话题。他们不容忍用科学包办一切，如张君劢在科学与玄学论战中，力辩科学与人生观各具领域，互为差别，不能混同，牟宗三反对以科学方法研究历史文化就足以说明这一点。与人文精神相适应，他们在肯定理性的同时，尤其重视直觉。梁漱溟推崇"非量"，熊十力推崇"性智"，张君劢赞扬"直觉"等都是倡导非理性的明证。而人文主义和直觉感悟是中国传统文化的长处，新儒家是对中国文化传统的发扬。科学主义和人文主义在中国现代文化的建构中各有建树，又都有不足，但在历史的趋向上，它们的功能是互补的。

新文化运动十分重视中西之间的时代落差，他们认为西方文化是现代的，中国文化是古典的，中国文化必然为西方文化所代替，西方的现在就是中国文化的未来。在这一思想的指导下，从而得出彻底反传统和全盘西化的结论。新儒家过分看重了各文化之间的种类差别，所以他们非常爱惜民族文化的特征，担心外来文化输入会变为文化殖民地。从而在本能上抵御外来文化，至少抵御外来文化做本民族的中心和指导。实际上，文化是时代性和民族性的统一，时代性表明现代化是世界上所有的民族共有的历史趋向和理想追求，民族性表示任何一个民族的现代化都有独特的演进方式和不同的展现形态。由此可知，全盘西化，以西学吃掉中学是不切合实际的；以中学吞并西学、统率西学，乃至主宰世界更是主观空想。从时代性上讲，现代化是中国的唯一出路，从民族性的角度讲，中国的现代化具有独特的演进方式和展现形态。

反传统人士把中国文化简约为儒家文化，进而将儒家文化简约为纲常礼教。从礼教吃人推演出"缘中国古书，叶叶害人""汉字终当废去"[①]的结论。他们又把西方文化简约为民主与科学，从肯定民主与科学推演出全盘西化。新儒家以同样的方式把中国文化简约为儒学，又将儒学简约为心性之学，认为心性之学就是中国之所以为中国的根据所在，否定了它就国将不国了。他们还把西方文化简约为物质文明，中国文化简约为精神文明，从而认为中国文化治心，向内追求，西洋文化治身，向外追求。中国文明高于西方文明。在文化领域任何目的的简约都会将复杂问题简单化，都是目光短浅和胸怀狭隘的表现。在新文化的建构上，必须坚决克服这种文化上的简约主义。

新文化运动和新儒家各自走向了一端，他们的矛盾和冲突经验教训，对于我们建构新文化有何启示呢？

其一，建构新文化必须充分发掘传统文化自我转换和转型的内在

---

① 《鲁迅全集》第十一卷，人民文学出版社，2005年，第305页。

潜能。传统文化固然有阻碍现代化的一面，这不必讳言，但传统本身也有现代化的要求，这种要求是传统走向现代化的内在动力。以前，我们对传统文化的惰性力、阻力看得太重，强调得太多，而对它的动力、积极力则忌讳莫深，谈虎变色。如果传统仅仅是阻力，那么是什么力量促使在传统文化氛围熏陶下的知识分子，一代又一代，前赴后继，不惜千辛万苦向西方寻求真理呢？我们认为传统文化中的整体观念、和谐精神，以天下为己任的人生理想，大丈夫人格，他山之石，可以攻玉的胸怀等，都是我们传统文化自我转换和转型的内在力量。在发掘传统文化自我转换的潜能时，要科学地理解传统与现代化的关系。这样，我们就能克服反传统派和保守派的偏颇，推动传统文化向现代的蜕变。

其二，在中国文化系统中，我们具有一套相对完整的注重人的内心修省和自觉，协调人际关系，规范人们的日常生活，突出人治的网络。我们可以叫它为社会的软组织结构或弹性结构，这套结构正因它有软、弹等特性，因而它具有很强的自我复制能力。然而法制不显，民主政体难建是中国几千年尤其是近代的极大缺憾。这说明中国文化系统中始终缺乏一种客观化、法制化、规范化、程序化的硬组织结构和网络。因而引进西方文化中的有益因素，促使中国文化格局的变动与再构，是现代文化建构的重要手段。

其三，中国现代文化的建构意味着民族灵魂的重铸。从严复提出开民智，梁启超的新民说到鲁迅的国民性批判，都是试图再造民族灵魂。铸造新的民族灵魂，建构民族灵魂的现代和未来的凭借，是现代文化建构的重要内容。民族灵魂的重铸也意味着文化的创造者和载体——人的现代化，没有人的现代化，现代文化的建构是空中楼阁。

第三章：当代新儒家对中国现代文化的建构及其建构方式

新儒家是以儒家文化为主体，通过汲取西方文化乃至印度文化，促使儒学转变为现代形态的文化思潮。这一文化思潮经过近百年的发展演变，已经过了康有为、梁启超的尝试期，梁漱溟、熊十力的形成期和牟宗三、唐君毅等人的深化期。这里所说的当代新儒家主要是指1949年以后，以牟宗三、唐君毅为代表的在港台形成的儒家新学派。

当代新儒家是儒家人文主义与西方科学实证主义在近现代发展的新综合，他们对中国现代文化的建构实质上是这种综合的产物。康有为所处的时代是儒家思想占统治地位的时代，一方面他借助于儒家权威，宣扬西方的自由、平等、博爱等思想，另一方面他又利用西方的思想试图把儒学改造成一种新形态。当然，康有为认为儒学仍然是以家国天下同构为特征的制度化儒学，他的努力无非是把儒学由封建的制度化改造到资本主义的制度化而已。这样的新儒学无法斩断它同君主专制主义的情结，从而潜伏了未来失败的内在根据。新文化运动彻底击碎了康有为式儒学改良主义的企图，梁漱溟、熊十力等把儒学由家国天下同构的形态中离析出来，直接就儒家道德的形上学、人生哲学说话，重点颂扬儒家理论对人们日常生活行为的规范意义和对人的内在精神追求的超越企向，使儒学成了脱离了具体时代特征、具有普遍和永恒意义的超越的精神实体。

1949年以后，梁漱溟、熊十力等人的弟子远走海外，他们在港台等地继续从事儒家的复兴和再建工作。他们既肯定儒学是一超越的精神实体，具有超越的意义，又利用西方的民主与科学，试图开出现代新"外王"，建立了"儒家式的人文主义"的思想体系。这一思想体系实际上是近现代儒学发展的新综合，因而，对他们的这一思想体系及其建构方式加以研究，颇有意义。

一、敬意与同情的态度

当代新儒家坚决反对新文化运动以来盛行的唯学主义，反对纯客观地研究中国文化乃至世界一切文化，主张怀有"同情"尤其是"敬意"的态度对中国文化乃至一切人类文化加以研究。他们认为用科学的方法研究历史文化，就会把文化视为外在的材料，当作已死的东西，当作化石，进行考证；当作尸体，进行分析和解剖，从而忘记了它"自始即是人类之客观精神生命之表现"。忘记它是"无数代的人，以其生命心血，一页一页地写成的"。忘记了"这中间有血、有汗、有泪、有笑"。总之，不承认"中国文化之活的生命之存在"。当代新儒家怀着极大的义愤，严厉批评了历史文化研究中的科学沙文主义，认为这是"对人类历史文化的最不客观的态度"；是"研究者之最大的自私"，甚至是"道德上的罪孽"①。他们强调历史文化的特殊性，反对以研究自然科学的方法研究人文文化，有合理之处，因它纠正了科学沙文主义将人文科学混同于自然科学的偏颇，审明了人文科学自身的尊严和价值。但是，他们只见人文科学的特殊性，以至于试图将它划出广义的科学界外的做法同样是不可取的。

---

① 牟宗三、徐复观、张君劢、唐君毅：《为中国文化敬告世界人士宣言——我们对中国学术研究及中国文化与世界文化前途之共同认识》（以下简称《宣言》），1958年1月在《再生》和《民主评论》上同时刊出，后以《中国文化与世界——我们对中国学术研究及中国文化与世界文化前途之共同认识》为名编入其他文集和《唐君毅全集》中。

第三章：当代新儒家对中国现代文化的建构及其建构方式

当代新儒家认为研究历史文化应"把文化收进来，落于生命上，落于生活上。看历史文化是圣贤豪杰精神之表现，是他们的精神之所贯注；看圣贤豪杰是当作一个道德智慧的精神人格来看"。这样"历史文化可以保住而复其真实性，孔子、耶稣可以不死而在我们当下生命中起作用"。① 这里历史文化不再是外在于我们生命、与我们生命无关的死物，而是内化为我们生命和生活的组成部分。从而主体——研究者的生命和客体——历史文化的生命相互沟通和交融，造成研究者不断地与历史人物对话和交流。在这种对话中，当代新儒家十分强调研究者对历史文化的"同情"，尤其是"敬意"，他们认为这是获取真实认识的前提。《宣言》写道："对一切人间的事物，若是根本没有同情与敬意，即根本无真实的了解。"而"敬意向前伸展增加一分，智慧的运用，亦随之增加一分，了解亦随之增加一分。敬意之伸展在什么地方停止，则智慧之运用，亦即呆滞不前"。"此敬意是一导引我们之智慧的光辉，去照察了解其他生命心灵之内部之一引线"。这是说有同情和敬意，就能对中国文化有透彻的了解和深刻的把握，否则就会对研究对象发生误解。事实上，任何历史文化的研究，都注定要受到研究者的情感、认知结构等因素的影响，然而历史的事实一再表明：任何偏颇的情感宣泄都不利于对历史文化本来面目的考察。西化派也好，本位文化派也好，都不能以理智克制感情，而是以感情扭曲理性，使感情与理性严重脱节，在对历史文化的愤激与怀恋中，双方不是冷静、理智地摆事实、讲道理，以理服人，反而陷入了意气之争，无法超越对立的两极。怀着愤激的情绪看几千年的历史文化，"究竟都是使我们抬不起头来的文物制度"② 而在同情和敬意的笼罩下看历史文化，"中国有著五千年传统不断的历史与文化，这

---

① 牟宗三：《道德的理想主义》，台湾学生书局，1992年，第227~228页。
② 胡适：《信心与反省》，《独立评论》1934年第103期。

真是举世莫匹，中国人堪以自傲的"①。在前一心态下看孔子，则"坐着简陋的车子，颠颠簸簸"，在鲁国到处奔忙，"颇有滑稽之感"。② 相反带着敬意的眼光看，孔子"通体是文化生命，满腔是文化理想，转而为通体是德慧"。③ 可见，在历史文化的研究中，感情愈浓，而理智愈薄，见道愈难。超越情感冲突的两极，才能客观地公正评价历史文化和历史人物。

"同情"和"敬意"的认识态度和主客交融的研究方法是当代新儒家审视中西文化、建构文化理想的出发点。了解这一点，是把握其文化理想的关键。

二、中西文化之评估

如果"同情"和"敬意"的认识态度是当代新儒家建构文化理想的出发点的话，那么可以说对中西文化的评判是这种建构的基础和前提条件，毋庸讳言，当代新儒家对中西文化的了解确有偏颇之处，但也不乏真知灼见。

他们认为：中国文化的本质特征是"一本性"或"一元性"，哲学是它的骨干，道德是它的精神生命，心性之学是这种精神生命的核心和根据。人文主义的高度弘扬是它的优势，而近代民主政体难建，以科学、数学、逻辑等为结果的学统不出是其缺憾。这就是当代新儒家对中国文化最基本的了解。

---

① 钱穆：《五十年来中国之时代病》，《历史与文化论丛》，台湾联经出版事业公司，1998年，第241页。
② 鲁迅：《在现代中国的孔夫子》，《鲁迅全集》第六卷，人民文学出版社，2005年，第306页。
③ 牟宗三：《道德的理想主义》，第229页。

唐君毅认为："中国文化之形成，几可谓为一元"。① 中国文化"根本只是一个文化统系一脉相传"（《宣言》）。也就是"道统之相续"。牟宗三认为，儒学远比基督教高级和高明，因为基督教的耶稣是"隔离的宗教精神"，是"偏至的精神"，而孔子以文自任，"是综和的、圆盈的精神"②。这种精神源于尧舜禹汤的"正德""利用""厚生"。"正德""利用""厚生"是修己以安百姓，即内圣外王之学。这种内圣外王之学经孔子圣智合一，以仁统智的规定，再到孟子的"尽心""尽性"和荀子的"尽伦""尽制"，而成为"综和的尽理之精神"。后由周、程、张、朱、陆、王等一再传承，成了几千年来绵延不绝的道统。孔子是不是教主、儒学是不是宗教，还是不难辨明的。儒家兴起的时候，正是神的地位动摇，人的地位上升的春秋战国时期。孔子明确表示"未知生，焉知死"，不言怪力乱神。可见他关心的是人的现实生活，而不是人死后的彼岸世界。事实说明，孔子并没有试图创立一种宗教，当一位教主，虽然历代帝王、学者对他百般粉饰，但与法力无边的如来佛和全知全能的上帝还是有本质区别的。人们不会忘记，20世纪初康有为试图把儒学改造成宗教，结果遭到了有识之士的痛击，最终声名狼藉，这一沉痛的历史教训应当成为当代新儒家一种清醒剂。

在道统中，当代新儒家尤为重视陆王心性之学。认为由孔孟所开辟，为陆王所发扬的心性之学是中国学术的根据，是儒学的正宗或正统。他们认为："此心性之学，正为中国学术思想之核心，亦是中国思想中之所以有天人合德之说之真正理由所在。"亦是中国文化重人之"内在之精神生活，及宗教性、形上性的超越感情"的根据所在。（参

---

① 唐君毅：《中国文化之精神价值》，《唐君毅全集》第九卷，九州出版社，2016年，第1页。

② 牟宗三：《道德的理想主义》，第230页。

见《宣言》）当代新儒家在这一问题上恰恰犯了文化简约主义的错误。他们将中国文化简约为儒学，又将儒学简约为道统，进而将道统简约为心性之学。简约得愈精，学术愈纯，其胸怀就愈隘，见识就愈短，生命力也就愈萎缩。如果当代新儒家没有截断众流、融汇百川的胸怀，其种种文化设计都是主观空想！

当代新儒家认为：道统或人文主义是中国文化定常的骨干，是中国文化的生命，是我们文化的优势，应当永远承续不绝。但与中国文化本应展开的理想相比，中国文化也有缺乏近代民主和科学的不足。当代新儒家认为，在18世纪以前，中国人在科技器物方面远远高于西方。但近代为什么落后了呢？中国为什么没有出现独立的"知性形态"即学统呢？他们认为是因中国缺少西方的科学精神，即西方人"为求知而求知的态度"。他们指出，由道统、经科学精神，进入实用技术领域是学术的正常途径。但中国由于过分强调道德，即由"正德"，直接过渡到"利用""厚生"，中间少了理论科学这一媒介，闭塞了道德主体向外通的门径，外通不成功，只好向内（道德理性）收缩，从而影响了利用、厚生。他们对中国近代未出现科学的分析确有独到之处。但也有两点应当指出：其一，把未出现近代科学的原因归结为缺乏科学精神，给人的信息量等于零。其二，只在精神范围内考察这种原因，而不考察政治、经济等诸因素对科学的影响，其结论至多是一偏之见。

当代新儒家认为"缺乏西方近代民主制度之建立"是中国文化的另一不足。为什么在近代中国未出现民主制度呢？牟宗三认为："从现实因缘方面说，是因为无阶级对立，从文化生命方面说，是因为道德价值作观念的领导。"[①] 然而，由于新儒家对中国文化怀有同情，尤其

---

① 牟宗三等：《中国文化的危机与展望——文化传统的重建》，台湾时报出版公司，1982年，第25页。

是敬意，所以在承认了中国文化的不足之后又马上为这种不足进行辩解。他们认为近代中国虽无西方的民主和科学，但在中国文化中并不缺乏民主与科学的种子，更不能说民主与科学不是中国文化的内在要求，甚至儒家的"人皆可以为尧舜"的平等精神，"亦正是一切民主精神之最后唯一根据"。再者，中国文化的缺点"是理想伸展为更高更大之理想时，才反照出来的"（《宣言》）。也就是说中国文化的不足是由使用的参照系的不同而形成的，与其未来应展开的理想相比，它有不足；与过去相比，它非常伟大；在现实中它亦圆满自足。所以，当代新儒家对中国文化的缺点，表层承认，深层否认。

当代新儒家认为：中国文化之所长，恰为西方文化之所短；中国文化之所短，恰为西方文化之所长。在他们看来，中国文化为一元，而西方文化则为多元；中国文化是人本，而西方文化为物本，这就是说人文主义在中国被高度显扬，在西方则时隐时显，始终未成为西方文化生命之主流。但他们承认在民主政体和科学技术方面西方文化确实获得了突飞猛进的发展，"使世界一切古老文化，皆望尘莫及"（《宣言》）。然而由于西方文化"名数之学虽昌大（赅摄自然科学），而见道不真。民族国家虽早日成立，而文化背景不实"从而使西方的"近代精神，乃步步下降，日趋堕落"，"而不知其大苦痛即将来临也"。① 如由西方文化所引起的宗教战争、民族冲突、两次世界大战，尤其是核武器的出现，终使人类感到"惶惶不可终日"（《宣言》）。他们认为西方文化要想"永远存在于人间世界"，并进一步发展，必须虚心向东方文化学习如下五点：（一）"当下即是"之精神与"一切放下"之襟抱。（二）一种圆而神的智慧。（三）一种温润而恻怛或悲悯之情。（四）如何使文化悠久的智慧。（五）天下一家之情怀。（《宣言》）而这五点的核心是儒家的道统，说到底这是梁漱溟、熊十力等东

---

① 牟宗三：《道德的理想主义》，第4页。

方文化救世论的老调重弹！

当代新儒家在对中西文化的优劣得失系统审视之后，得出了中国文化应向西方学习民主与科学，而西方文化必须向中国学习道统的结论。由此出发，他们为中国文化乃至人类文化设计了美好的蓝图，构起宏伟的文化理想——儒家式的人文主义。

三、儒家式人文主义之彻底透出

当代新儒家认为：儒家式的人文主义主要包含三个方面的内容，即道统的肯定、政统的建立、学统的开出。牟宗三将这一思想系统地概括为"三统之说"。

（一）"道统之肯定，此即肯定道德宗教之价值，护住孔孟所开辟之人生宇宙之本源"①

牟宗三等当代新儒家认为，道统是比科学知识更具纲维性、笼罩性的圣贤之学。"人性之尊严，人格之尊严，俱由此立。人间的理想与光明俱由此发"。它"使人成为一真正的人"。"人一旦忘了这里，这里就成了荒凉之地，则人们日趋卑俗凡庸，而毫无高贵之念，价值之感。人生亦日趋于萎缩苟偷，而无天行昂扬之德"。同时道统还是一种文制，即人人"皆不能不有日常生活"的常轨。若没有它社会将陷于混乱，人类势必归于淘汰，也就是说道统是人之所以为人的根据，是人不被物化的保证，是人人都应遵循的道德准则。可见当代新儒家对道德至上的信仰丝毫不亚于传统儒者。但在这里他们与传统儒者也有两点不同，其一，他们崇信道德，但不唯道德；其二，在当代新儒家的道德范畴中已注入了"人性的觉醒，人道的觉醒、反物化、反僵化"

---

① 牟宗三：《道德的理想主义·序言》，第6页。

的现代内容。①

(二)"政统之继续，此即由认识政体之发展而肯定民主政治为必然"②

政统就是建立起近代化国家政治、法律制度，转出政治生活的文制或常轨，以解决中国"有治道而无政道"的不足，克服中国历史上历两千年不得解决的治乱循环、宫廷残杀、士人政治无法超越君主限制的三大困局。他们认为政统的建立对道统而言十分重要。当代新儒家心目中的内圣和外王是统一的，外王只不过是内圣的外化、客观化或延伸，是内圣主宰下的外王。应当指出，当代新儒家敏锐地看到了中国政治结构的症结。的确，中国那套突出人治、强调德化的政治形态早已百弊丛生了，因而将中国政治制度客观化、程序化和规范化就显得尤为重要。但当代新儒家倡导以外王去涵摄近代化的国家政治法律之建立是不切合实际的，这样做不但无法完成民主政体的建构，而且还有可能阻碍中国社会固有政治形态向近代化的转型。

(三)学统之开出，"此即转出'知性主体'以融纳希腊传统，开出学术之独立性"③

当代新儒家认为传统儒家以前所确立的是"仁智合一"，以仁统智，智隶属于仁的文化模型，"智始终是停在圣贤人格中的直觉形态上"，智随德走，只在道德范围内用事，从而没有独立的知性形态，没有独立的智的系统。牟宗三指出："智，必须暂时冷静下来，脱离仁，成为纯粹的'知性'，才有其自身独立的发展，因而有其自身之成果，这就是逻辑、数学与科学。"④ 他们认为学统在儒家式的人文主义的体

---

① 参见牟宗三：《道德的理想主义》，第152~154页。
② 牟宗三：《道德的理想主义·序言》，第6页。
③ 同上书，第6页。
④ 牟宗三：《道德的理想主义》，第153页。

系中占有特殊的地位。作为道统和政统都是"实践的",前者是个人的实践,成就圣贤人格,后者是集团的实践,形成客观组织,只有学统,才是"观解的"。牟宗三说:学统"是整个实践过程中的一个通孔。这一通孔缺少了,实践即成为封闭的。照一个人的实践说,一个文化生命里,如果学统出不来,则在此长期道德宗教的文化生命中,圣贤人格的实践很可能胶固窒塞而转为非道德的,而其道德理性亦很可能限于主观内而广被不出来,而成为道德理性之窒死。照集团的实践说,如果这个通孔缺少了,则真正的外王是很难实现的"①。就是说,学统是道统和政统得以实现的桥梁,道统统率学统,学统也成就道统。道统、政统、学统是互相依赖、互相制约,不可分离的。牟宗三说:"道统、政统、学统是一事。道统指内圣言,政统指外王言,学统则即是此内圣外王之学,而内圣外王是一事。"② 不过三者在同一文化体系中所处的地位是不相同的。道统是主宰、是立国之本,是"文化创造之原",政统是道统的客观实现或内圣的外化,而学统则是道统和政统得以实现的通道和途径。三统之间作用不同,而功能互补。

当代新儒家认为:道统的肯定、政统的建立、学统的开出,就是儒家式的人文主义的彻底透出,也是中西文化的自然融摄,也就是第三期儒学之发扬(秦汉为第一期,宋明为第二期)。在他们看来,三统学说不仅解决了中国文化的出路和前途,而且还富有深远的世界意义。牟宗三指出:"然则西方文化之特质,融于中国文化之极高明中,而显其美,则儒学第三期之发扬,岂徒创造自己而已哉?亦所以救西方文化之自毁也。故吾人之融摄,其作用与价值,必将为世界性,而为人类提示一新方向。"③ 当代新儒家认为:"三统之说"既弥补了中国文

---

① 牟宗三:《道德的理想主义》,第 157 页。
② 同上书,第 260 页。
③ 同上书,第 4 页。

化的不足，又克服了西方文化的缺陷，既发扬了中国文化的长处，又融汇了西方文化的特质，是"希腊文化中之重理智、理性之精神，由希腊之自由观念至罗马法中之平等观念发展出之近代西方文化中民主政治的精神，希伯来之宗教精神，与东方文化中之天人合德之宗教道德智慧，成圣成贤心性之学义理之学，与圆而神之智慧，悠久无疆之历史意识，天下一家之情怀之真正的会通"（《宣言》）。然而，这种会通是由儒家新信徒来完成的，明显地表现出对儒学的厚爱。实质上就是用儒家的道统统率、网罗整个人类的精神生命，进而将道统世界化。而在新融会的人类文化体系中，儒学是道、是体，西方文化是器、是用，实际上，三统说是中体西用文化模式的精致品。

中国传统文化如何走向现代化？中学和西学如何会通或衔接？这是百年来困惑国人的历史课题。当代新儒家认为中国文化是连续的、有机的生命形态，它自身就有走向现代化、融摄西方文化特质的潜力和要求，而现代化的实现和西学的接纳都是传统文化内部机制自我转换和更新的历史过程，而不是随意地加减拼凑。虽然他们同样没有解决上述历史课题，但透过他们试图解决这一历史课题的方案和文化理想的理论，我们也可以看到其中有不少深刻的洞见和慧识。然而，由于他们对传统文化，尤其是儒家文化怀有同情和敬意，严重妨碍了他们对传统文化、儒家文化阻力和惰性的考察和认识，致使其文化理想存有难以克服的先天不足。因而，科学地总结当代新儒家文化建构中的经验教训，客观地评价其在当代文化中的地位，对于我们建设现代化文化是大有助益的。

第四章：当代新儒家的"儒"的意义与"新"的特征

一、泛化与界域——当代新儒家的标识与范围

自20世纪80年代以来，当代新儒家（又称现代新儒家）的研究成为学术界的热点之一。随着这一研究的展开，出现了两种值得注意的倾向：一是对当代新儒家的泛化，一是对当代新儒家的简化。泛化是指模糊新儒家的界域，任意扩张新儒家的谱系，以致将一些与新儒家关系不大或者自己都不承认是新儒家的人物强行纳入新儒家的研究序列；简化是指对新儒家谱系作简单化处理，如有的学者将当代新儒家等同于熊十力学派。所以，清理当代新儒家的谱系，划定其界域，仍具有重要意义。

（一）"新儒家"研究诸问题

有学者概括了海内外"新儒家"研究中对"新儒家"这一概念的三种不同的用法：第一种用法，主要在大陆流行，其含义也最宽泛，几乎在20世纪中，凡是对儒学不存偏见并认真加以研究者，都可以被看成是"新儒家"。第二种用法比较具体，即以哲学为取舍标准，认为只有在哲学上对儒学有新的阐释和发展的人，才有资格取得新儒家称号，而取得这一称号的人也只有熊十力、梁漱溟、冯友兰、牟宗三四人而已。第三种用法流行于海外，即熊十力学派的人才是真正的"新儒家"。可以说，第一种用法是对新儒家的泛化，第二种、第三种用法是简化，无论是将新儒学等同于儒家的新哲学，还是将其等同于熊十力学派都是对当代新儒家极其狭隘的解读。常识说明，儒学自古至今就不限于哲学一门，它过去不是，现在也不是，将来仍然不是某一学派的专称，当代新儒学是儒学在当代中国演进的客观标志。

泛化当代新儒家，使之突破了自身的界域，以致扩张、膨胀到没有意义乃至没有存在必要的地步，固然令人难安；而简化当代新儒家，无论是以哲学为名对当代新儒家作简单化处理，还是以某种特殊的学术私见对当代新儒家作简单化处理，都使当代新儒家之名难以安顿。我们既不主张泛化，也不赞同简化，当然更不是要在泛化与简化之间取以中道或取一数学上的平均值，也就是说，我们所讨论的不是当代新儒家队伍的人数多少问题，而是一客观标准问题。如果"当代新儒家"这一概念能够自足其性，圆满成立，那么就必有其赖以成立的理由，这个理由就是当代新儒家之所以为当代新儒家原因之所在；同理"当代新儒学"这一概念如能成立，也应有其赖以成立的理由，这个理由就是当代新儒学之所以为当代新儒学的原因之所在。如以这个理由进行衡断，千万人尽合这个标准，那么千万人是新儒家不为多；如果只有一人合乎这个标准，那么就这一人是新儒家也不为少。这一客观标准究竟是什么呢？

学术界早已意识到这个问题。1982年10月，台北《中国论坛》发表韦政通先生《当代新儒家的心态》一文，对当代新儒家的共同特征作了初步说明，共七项：（1）以儒家为中国文化的正统和主干，在儒家传统里又特重其心性之学；（2）以中国历史文化为一精神实体，历史文化之流程即此精神实体之展现；（3）肯定道统，以道统为立国之本、文化创造之源；（4）强调对历史文化的了解应有敬意和同情；（5）富有根源感，因此强调中国文化的独创性或一本性；（6）有很深的文化危机意识，但认为危机的造成主要在国人丧失自信；（7）富有宗教情绪，对复兴中国文化有使命感。在韦先生看来，当代新儒家主要包括梁漱溟、张君劢、熊十力、钱穆、牟宗三、唐君毅、徐复观七人。他自认为这七项举例既不是全面的概括，也不能避免出现例外，而且在我们看来还有重叠之处，如（1）、（3）甚至与（5）表达意义基本相近。故韦先生的这种例举虽有开创意义，但对我们今天讨论当代新儒家的界域问题已没有启发意义了。1985年12月，成中英教授在台北《哲学与文化》杂志上发表《当代新儒家的界定与评价》一文，他对如何界定新儒家和具备什么条件才能成为新儒家谈了个人的看法。不过，他的看法是哲学的而非历史的，是应然的而非实然的，虽然他敏锐地意识到这一问题，但由于新儒家的界定在今天已是历史的、事实的问题，非哲学的、应然的问题，所以他的看法在今天已没有什么价值了，这里不再引述。

自20世纪80年代后期，大陆学者开始注意此问题，方克立教授的观点代表了大陆相当流行的看法。他广义地理解"现代新儒家"或"当代新儒家"这一概念。在他看来，"在现代条件下重新肯定儒家的价值系统，力图恢复儒家传统的本体和主导地位，并以此为基础来吸纳、融合、会通西学，以谋求中国文化和中国社会的现实出路的那些学者都看作是现代的新儒家"①。由此他于1987年9月安徽宣州"现代新儒家思潮研究"学术讨论会上选取梁漱溟、熊十力、马一浮、张君劢、钱穆、冯友兰、方东美、贺麟、唐君毅、徐复观、牟宗三十一位学者作为现代新儒家的代表，这就是他与李锦全主编《现代新儒家学案》的基本人选，后来在编《现代新儒学辑要丛书》时，又加上了杜维明、成中英、刘述先等四位。在方教授的标准下，共有十五位学者进入新儒家研究序列。

方克立教授也注意到了新儒家"新"之所在，他指出："现代新儒学与宋明理学（新儒学）之同一个'新'字，一是指它们皆非简单地

---

① 方克立：《现代新儒学辑要丛书·总序》，中国广播电视出版社，1992年，第3页。

复归先秦儒学，而是表现了能够融合佛道以至会通西学的开放性，二是指它们都特重儒家'内圣'之学，不离'内圣'为体、'外王'为用的思想格局。"① 现代新儒家除了"返本"之外，还要"开新"，开新就是适应现代化社会的需要，开出科学与民主。方先生对何谓现代新儒家有着自己的说明，对哪些可以进入新儒家谱系也有自己的取舍标准，如他在定义中强调"在现代条件下重新肯定儒家的价值系统，力图恢复儒家传统的本体和主导地位"等就很有说服力，如果进一步追问，何谓儒家即儒家的本质为何？换言之，即怎样才算坚持了儒家的本体或主导地位，方先生并未深究，而这恰恰是问题的实质所在。

我们认为，当代新儒家的界定只有从两个方面进行考察：一是看他是否坚持了儒家的主位立场即他本人是不是儒者，二是在这一立场下他对儒学的现代发展做出了什么贡献，或贡献到什么程度。前者可称为"儒"的标识，后者可叫作"新"的趋向，二者有机配合才能称得上是当代新儒家。

（二）当代新儒家"儒"的标识与"新"的趋向

儒者的规定性是什么？学术界有不少讨论。章太炎在《国故论衡》一书中对"儒"一词所做的类型分析仍有方法论意义，他认为儒之一名，可有达、类、私三种用法。他说："达名为儒，儒者，术士也。""类名为儒，儒者，知礼乐射御书数。""私名为儒。《七略》曰：'儒家者流，盖出于司徒之官，助人君顺阴阳明教化者也。游文于六经之中，留意于仁义之际，祖述尧舜，宪章文武，宗师仲尼，以重其言，于道为最高。'"② 达、类、私源于墨辩，达名相当于逻辑学上的全称概念，类名相当于特称概念，私名相当于单称概念。达名为儒，类名

---

① 方克立：《关于现代新儒家研究的几个问题》，《天津社会科学》1988年第4期。
② 参见章太炎：《国故论衡校定本》，《章太炎全集》，上海人民出版社，2014年，第108~110页。

为儒已非孔子以后儒的真意，而私名为儒才是孔子以后儒的真意，才是我们今天意义上所说的儒。由是从《汉书·艺文志》的界定看儒至少有三个特征：

1. 儒者应该坚持道德优先原则，这就是"留意于仁义之际"。正像不同的学派、不同的教相系统各有其本质特征或理论的基点一样，儒家的基点是道德。在所有评判中，道德评判是儒家的第一评判，道德是儒家解决一切宇宙、社会、人生问题的根本出发点。在哲学上，它从道德入手，渗透至天道，建立起道德的形上学；就人生言，儒家认为道德是人的本质，是人别于万物，高于万物的根本点；就政治言，儒家主张德治主义，坚持以德为主、以刑为辅的治世方针。

2. 儒者同情地理解儒家经典，以教授儒家经典为自己的本分，这就是"游文于六经之中"。这里所谓的六经并不限于原始意义上的儒家的六部经典，而是全部儒家原典的象征，马一浮称之为六艺教，即诗教、书教、礼教、乐教、易教、春秋教。只有对古圣往贤的经典有同情的了解者才能当儒者之号。而主张将中国的线装书统统扔到茅厕里去的人和那些只是将儒家经典视为国故加以整理归档的人，都不能称为儒者。

3. 宗师孔子。这就是"祖述尧舜，宪章文武，宗师仲尼"。在几千年的中国社会中尤其是儒家知识分子那里，孔子是民族精神的导师，是中国文化的象征。祖述尧舜，宪章文武，在儒家落实为宗师仲尼。儒者心目中的孔子早已由具象转化为抽象即由具体的、历史的孔子转化为超时空的抽象的孔子，是"道冠古今，德配天地"的至圣，是人格的典型象征。

道德优先性是儒者的内在理据，而同情地了解儒家经典和宗师孔子是儒者的外在规定，三者配合才称儒者之号。没有不是儒者的儒家，同理也不会有不是儒者的当代儒家和当代新儒家。这就是说当代儒家、当代新儒家首先应是具备以上三个条件的儒者。当然这三个条件只是当代新儒家的必要条件,并不是充分必要条件,就是说不具备这三个条件绝不是当代新儒家,而具备这三个条件也未必是当代新儒家。除这三个条件以外,当代新儒家还应具有"新"的意义。

当代新儒家究竟"新"在哪里?我们认为当代新儒家之新并不等同于时代之新即不因时代之新而为新,时代之新只是造成新儒家之新的历史缘由,并非本质缘由。没有时代之新当然就没有新儒家之新,但有了时代之新也不必然就会有新儒家之新。辜鸿铭、杜亚泉等人同样生活于新时代,同样坚守儒家主位立场,但未必是新儒家。时代之新是成就新儒家之新的必要条件,而不是充分必要条件。

当代新儒家之新也不仅以杂糅西学或曰会通西学为新,会通西学只是儒家自新的手段,不是新之本身。在当代社会,不善于吸收、消化、会通西学,绝不能成为当代新儒家,也不成就当代新儒学,但当代新儒学的新应当是会通西学或曰消化西学后儒家学说自身所呈现出的形态、气象或内容之新。由此我们认为,当代新儒家所呈现出的形态、气象或内容之新从外在来看,至少有如下两点:

其一,与传统儒者相比,当代新儒家具有清醒的自我批判意识。传统儒家虽然也不乏自我批判意识,但他们或者是立足于儒学内部不同学派之争,或者是以解释角度的转换隐约地传达自我批判的功能,或是情绪化的宣泄,他们不可能从整体上考量儒学乃至整个中国文化的不足。现代新儒家在现代视野下,以西方文化为参照,对传统儒学的不足从整体上予以反省。梁漱溟、熊十力、张君劢、方东美、唐君毅、牟宗三、徐复观等对此都有建树。

其二,传统儒者没有对儒家思想系统作层位化处理,现代新儒家在现代学术视野的观照下,受西方学科分殊的影响,对儒学系统作出层位化区分。他们将政治化儒学或曰将制度化儒学与学术化儒学区分开来,将儒学的时代意义与恒常意义区分开来,以发现儒学的内在本质和真实意义。

不过，这两点新是外在的新，它之所以是外在的新，在于它无关乎儒学义理生长之本身即不是儒家义理自身成长起来的新。本人在拙著《当代新儒学引论》曾指出："遥契古圣往贤的义理慧命并进而开出之，才是当代新儒家新之为新的真正意义。"① 这种"新"主要体现在如下四个方面：

其一，面对西方文化的挑战，顺应儒学的内在精神，重新调整儒家内圣外王的义理结构，即本内圣之学以解决新外王。当代新儒家的中心问题就是如何本儒家精神，回应西方文化的挑战，以实现中国文化自身的现代化问题。当代新儒家在自我反省中，意识到传统儒学内圣强而外王弱这一不足，并且认为克服这一不足正是中国文化进一步伸展的理想境域。重新调整儒家由内圣"直通"外王的义理结构，以"曲通"的方式来融摄来自西方的民主与科学，实现中国文化道统、政统（民主政体）和学统（科学）的并建，是当代新儒家对传统儒学的新发展。对此，梁漱溟、熊十力、张君劢、唐君毅、牟宗三、徐复观等人皆有贡献，尤以梁漱溟、张君劢、牟宗三、徐复观的贡献为著。

其二，在思维方式上，当代新儒家之所以新，在于它由儒家的"圆而神"的智慧始，通过融摄西方文化"方以智"的智慧，重新达到新的"圆而神"，这就是说他们将西方文化概念性、逻辑性思维的智慧内化为儒家的智慧。这一方面以熊十力、方东美、唐君毅、牟宗三的贡献为大。

其三，当代新儒家将传统儒家的心性之学或曰义理之学进而提升为"道德的形上学"，使儒家哲学实现了专业化和学科化的转向。

其四，当代新儒家在传统儒家以仁为主、仁智合一的文化模型中，开出智的独立意义，力图建立起新的学统即科学知识之统。

当代新儒家既要符合儒的本质，又要具有新的意义，失去任何一

---

① 颜炳罡：《当代新儒学引论》，北京图书馆出版社，1995年，第53页。

方，都不能称之为新儒家。有了这两个标准我们就能判断谁是新儒家，也可以克服对新儒家的泛化或简化。

(三) 谁是当代新儒家

在考察谁是当代新儒家之前，有必要对儒者、当代儒者、当代儒家、当代新儒家作一区分。儒者的范围最宽泛，它可以指古往今来乃至未来一切坚持道德优先，宗师孔子，同情地了解儒家经典的人物；当代儒者与儒者没有本质区别，唯一不同的是他们生活的时空的转换；当代儒家是指受过当代文化洗礼，对诠释、阐发儒家思想卓有成就的儒者；当代新儒家是指那些能遥契古圣往贤的义理慧命，从儒家的理念出发，通过消化、吸收西方文化，进而开出儒学新形态的人。当代儒者与当代儒家的区别显而易见，而当代新儒家与当代儒家并没有本质的区别，因为他们有着共同的文化理想与目标，又都生活于当代，所以二者极易混同。两者的区别仅仅在于，当代新儒家重开新，主张在返本与开新两重张力下自觉地促使儒学走向新生，而当代儒家重守成，主张守先待后。梁漱溟、熊十力、张君劢、方东美、唐君毅、徐复观、牟宗三是当代新儒家，马一浮、钱穆等是当代儒家。

梁漱溟、熊十力、唐君毅、徐复观、牟宗三是当代新儒家，学术界并无太多争议。至于张君劢，有人以他不是哲学家而摒他于当代新儒家之外，理由并不充分。张之所以是当代新儒家并不仅仅因为他是1958年元旦《为中国文化敬告世界人士宣言》（以下简称《宣言》）的主要倡导者和四位联署者之一，更重要的是他自20世纪20年代发起科学与玄学论战以来，一生志于儒行，期于民主。他提倡新宋学，主张修正的民主政治，他对玄学的贡献虽不能与熊十力相比，但有着自己的理论系统。在当代新儒家谱系中，他承康有为、梁启超而来，对民主、法制的讨论最多且贡献最大，足以配当代新儒家之名。

方东美，是位富有诗人气质的哲学家。梁漱溟、熊十力、张君劢是他的同辈，唐君毅是他的早期弟子，而刘述先、成中英又是他中年时期的学生，他与当代新儒家有着某种关联。在学术归趋上，他不像唐、牟、徐那样十分注重道统，而和熊十力一样对大易生生之理情有独钟。从早期到晚年，他都倡言孔、老、墨三家会通，然而会通并非无宗主，他认为儒家是中华民族文化的"宗主共命慧"。他以大易哲学为本体，融摄西方生命哲学，建立起以"生生之德"为精义、情理合一的生命本体论，使大易哲学在他那里生长出新样态。方东美对当代新儒学的贡献在于他融古希腊的契理文化和欧洲近代以来的尚能文化于中国文化的伦理文化和妙性文化之中，使中国文化由"融贯型"经"分离型"再进入新的融贯形态（理想文化）。由是我们说他既有儒的归宗，又有新的意义，所以他是当代新儒家的人物。

至于贺麟，一生主要致力于西方哲学研究。1949年以前，他也从事过儒学现代化的努力，如他认为儒学是诗教、礼教、理学三者的和谐体，因而主张以西洋之哲学发展儒家之理学，以西洋基督教之精华充实儒家的礼教，以西洋艺术发扬儒家之诗教，并倡扬"新心学"，但由于时代的变故，他的许多设想化为永远的梦想而沉睡不起了。他对儒学的创造既无法与同时代的梁漱溟相比，也不能与熊十力同日而语，从历史长河的角度来审视他的儒学现代化努力似乎只可待后人挖掘了。他由黑格尔的信徒到马克思的学生，皈依孔子不过是他生命长河中所翻卷起的一个浪花，转瞬而逝了，所以他不是新儒家。

判别冯友兰是不是新儒家远比贺麟复杂，冯先生由新实在论者到创造"新理学"体系，再归宗马克思，最后破除儒、道分际，泯除中西界限，成为纯正的中国哲人，与贺麟有着大致相同的经历。然而，贺麟是否新儒家，学术界似乎没有太多的人关心，而涉及冯先生，学术界争议就大了，这足以显示出冯在中国学术界的影响。认为冯先生是新儒家的大有人在，而否认他是新儒家者也为数不少，当然，新中国成立后的冯不是新儒家是没有问题的，而新中国成立前冯先生所精心构造的新理学体系是不是"接着程朱讲"的"新理学"呢？这才是全部问题的关键所在。冯先生认为他的"新理学"不是"照着",而是"接着"宋明道学中理学一派讲的,这说明冯先生主观上是新儒家。问题是,冯先生接了理学的什么?显然,冯先生只接了宋明理学的名言,没有或者说甚少接续其内容。首先,他的哲学入路是柏拉图式的,而非程朱式的。他认为哲学有三个入路,一是柏拉图的本体论入路,一是康德的认识论入路,一是宋明理学的伦理学入路。他自认为新理学是围绕共相与殊相这一本体论问题而展开的,这说明他的哲学入路不是程朱伦理学入路,而是柏拉图的本体论入路。其次,从方法上讲他的新理学是新实在论的。他认为新理学的工作就是经过维也纳学派的经验主义,利用现代逻辑对形上学的批评重建"不着实际"的形上学,而这个"不着实际"的形上学在中国的代表是道家、玄学、禅宗。再次,冯先生论人的本质是西方式的,非儒家的。儒家认为人与动物的根本区别是道德,而冯先生认为是觉解,觉是自觉,解是了解。觉是心理活动,解是依概念进行的个别活动,是认知。冯先生认为他的新理学是"旧瓶装新酒",这个"旧瓶"就是理学家所使用的名言或曰概念,如道、理、气、太极等,而"新酒"是柏拉图、新实在论、道家、玄学、禅宗、唯物史观。我们知道一个东西的实质不是由它的包装决定的,而是由其内容决定的,就是说不是由"瓶子"决定"酒",而是"酒"本身决定其自身。冯先生不是新儒家,不是说他的哲学创造力不够,而是说他解决问题的方式不是建立在儒家的基点上。即使是在20世纪三四十年代,他也不是本着道德优先的思路来解决中国的现代化问题,而是本着唯物史观的思路来解决中国的现代化问题。我们这样判释他,并不抹杀他20世纪三四十年代所创造的"新理学"的独特意义以及他对中国哲学史研究的贡献,不过只想告诉人们他的这种贡献应放到中国哲学史上讲,而不必放到儒学史上讲而已。

马一浮、钱穆是当代儒家,他们秉持儒家传统,阐述儒家义理,皆卓然成一家之言。不过至少二人主观上没有定然开新之意,也没有必造儒学新形态之心。梁漱溟曾称马一浮为"千年国粹，一代儒宗"，评价可谓高矣。马一浮本身就是中国20世纪的国粹，他精通理学、佛学、道学，还擅长书法、篆刻、古诗，有人称他代表"中国传统文化的仅存硕果"（贺麟语），也有人说他是20世纪颜回式的人物，这些说法都很精彩。但作为20世纪的理学大师，他守成有余，开新不足。马先生之学就是六艺学，在他看来，六艺是中国一切学术之源，六艺广大精微，无所不备。六艺统摄诸子，统摄中国一切学术乃至统摄天下一切学术。自然科学统于《易》，社会科学统于《春秋》，文学、艺术统于《诗》《乐》，政治统于《书》《礼》。六艺就是真善美的体现，《易》《春秋》至真，《诗》《书》至善，《礼》《乐》至美，凡西方文化所言真善美者都不出六艺范围。马氏对传统弘扬有力，批判无功，在他身上处处散发着传统文化的芳香，却难嗅到新思想的气息，没有清醒的自我批判意识，不能对儒学进行一番自我清算，就难有开新之心。所以，马一浮是当代儒家，不是当代新儒家。

钱穆，这位"一生为故国招魂"的现代朱夫子，坚守儒家理想，坚持德性为本为始，知识为末为终的价值理念，其学术归宗于儒家并无问题。问题是他本人不愿接受"新儒家"的荣衔。钱去世后，他的学生出面再三向学术界表示，钱先生不是"新儒家"。钱及其门人之所以不接受新儒家这一称谓，绝不仅仅因新儒家具有特殊含义这么简单，其中还包括观点、心态等方面的分歧。1958年元旦，牟宗三、张君劢、徐复观、唐君毅联署发表《宣言》，该《宣言》的倡议者张君劢曾联络钱穆签署，然而被钱拒绝。依张君劢的解释，钱的拒签是因为"观点微异"。而钱自我解释"穆向不喜此等作法，恐在学术界引起无谓之壁垒"。张的解释是观点的，而钱的解释是心态的。"微异"者，何也？以研究钱穆思想著称的罗义俊教授为此曾当面征询过当事人之一的牟宗三，认为《宣言》坚持中国传统政治为君主专制，此观点为钱先生一向所不喜。这点微异恰恰反映了当代儒家与当代新儒家的不同，即有没有对中国传统尤其是儒家传统的自我批判意识。就心态说，当代新儒家主张"返本开新"，对开新持积极进取的态度，而钱先生主张守先待后，以为"守旧即以开新，开新亦即以守旧"①，所以钱先生拒签既是心态的，又是观点的。当代新儒家们要积极开新，要本内圣之学以开出儒学的新形态，联署发表《宣言》只是其中的一项活动而已，有何不可？钱先生与他们心态不同，观念又异，自然不能共同举事，这说明当代新儒家与当代儒家既可以结为"联盟"（如共同创办新亚书院）又不能完全化解分歧。总之，当代新儒家与当代儒家是所异不胜所同，而不是相反。视钱先生为当代儒家，大概钱先生不会有异议，而余先生也不会再谦让了吧。

总之，当代新儒家既不是某一学派的专称，也不是某一学科的专名，它是当代中国一批特立独行的知识分子文化生命和学术归趋的标志。坚持道德优先、宗师孔子、同情地了解儒家经典是他们的共同本质，本儒家理想以解决中国的现代化问题是他们的共同追求。梁漱溟、熊十力、张君劢、方东美、唐君毅、徐复观、牟宗三是当代新儒家的代表。马一浮、钱穆是当代儒家，贺麟的儒学贡献不足以成"家"，冯友兰主观上欲成就新儒家，然而其理论基点不在儒家。当然当代新儒家是一开放系统，它仍然在发展、演化中，一些学者正值学术盛年，这里暂不置评。

二、当代新儒家之定性与定位

一种学说的最大悲哀不在于它遭到了怎么样的批评甚至误解，而在于它无人理会。因为批评可以反批评，误解可以澄清，而无人理会则无法弥补。一时无人理会可以说是生不逢时，甚至曲高和寡，长期

---

① 钱穆：《晚学盲言》，台湾东大图书公司，1987年，第737页。

无人理会则有绝续之虞，而永远无人理会就是不亡而亡。当代新儒家思潮虽说历尽坎坷，几经沉浮，但吉人自有天相，经唐君毅、牟宗三、徐复观诸先生的努力，在海外成为一有影响的学派，并在 20 世纪 80 年代初传入大陆，引起海内外人士的关注。很多年前，普通学生包括一些学者对当代新儒家的有无还抱怀疑的态度或者说当代新儒家还是一十分陌生的词汇，更不知唐君毅、牟宗三是何许人物，而今天许多青年学生他们可以随时提出一些有关当代新儒家的问题与你讨论。我在山东大学教书，就有不少学生和研究生向我请教一些有当代新儒家的问题。曾几何时，中国一度是中西各种思潮竞胜的战场，放眼望去，多少曾喧骂一时的哲学文化思潮已成为过眼烟云，而当代新儒家思潮能顽强地生存下来并不断发展壮大，可谓中国当代学术之幸事！

当代新儒家的研究虽说取得了长足的进展，但由于研究者所处的社会环境不同，观照问题方法的差异，因而在许多方面存有重大的分歧。例如当代新儒家究竟是美名，还是臭名？究竟哪些人物是当代新儒家？冯友兰是不是新儒家？判定一个学者是不是新儒家的标准是什么？新儒家究竟新在哪里？不一而足。本人既无意也无力去平息这些学术纷争，只是想就这些纷争谈点个人的看法，以就教于海内外方家时贤。

（一）当代新儒家是一批学者文化生命和学术追求的一种标识

儒之一名，在孔子以前就出现了。所以孔子教诲他的弟子子夏："女为君子儒，无为小人儒"（《论语·雍也》）。儒在其源头处就是一中性词，它只是对一批职业化术士的称谓。故许慎说："儒，柔也，术士之称。"（《说文解字·人部》）郑玄也说："儒之言优也，柔也，能安人，能服人。又，儒者，濡也，以先王之道，能濡其身。"（《礼记·儒行·疏》）扬雄认为："通天地人曰儒"。（《法言·君子》）近人胡适先生考证：儒是殷民族的教士。由此可见，儒在前孔子时代就已经存在，它是从事某种与文化和习俗有关的特殊行业的一批术士。孔子所创立的儒家学派是从这批术士中分离出来的具有文化意识和道德理性的学术流派。

在孔子时代，君子儒与小人儒并行于世。在当时，儒之一名，并非桂冠，没有人争着戴它。就连后孔子出现，曾"学儒者之业，受孔子之术"的墨子也非儒。应当指出孔子之前和孔子之后，儒发生根本的变革，孔子以前，儒是作为一个掌握知识、懂礼重乐的社会阶层而出现的，孔子以后，严格地说孔子创立的儒家学派之后，儒家学派是作为一个有文化意识和道德节操的社会团体而出现的。孔子没后，儒分为八，儒家内部随即出现了学术纷争。

荀子时代，儒学已成为世之显学，正因它是显学，儒者也就难免一时鱼龙混杂，故而荀子认为"有俗儒者，有雅儒者，有大儒者"，甚至认为有徒具形式的而丧失儒家精神的"贱儒"（《荀子·非十二子》）。当然荀子过分强调了儒的外王层面的规定，而相对忽视了对儒内圣层面的要求。所谓"儒者在本朝则美政，在下位则美俗"（《荀子·儒效》），东汉末年应劭仍然将儒者划分为"通儒"和"俗儒"。我们可以说自先秦至两汉，儒只是有知识、懂礼乐的知识分子其文化归宿和精神格调的一种标识，同时它也是一个相当复杂的知识群体，依据他们的精神格调分为君子儒、小人儒、俗儒、雅儒、大儒、贱儒、通儒等。孔子以前，对儒并没有精神要求，所以也没有这些特殊的称谓。孔子的一大贡献就是开创了儒的生命方向与精神格调，使儒有了规范意义。

在"别黑白而定一尊"的秦朝，焚《诗》《书》，坑术士，以法为教，以吏为师，儒就是一政治上的黑帽。汉高祖刘邦之轻贱儒生，奚落儒生更是到了令人发指的程度。"沛公不好儒，诸客冠儒冠来者，沛公辄解其冠，溲溺其中"（《史记·郦生陆贾列传》）。郦食其以"状貌类大儒"不见，复报以高阳酒徒则见之。自汉武帝至东汉末，儒学颇受当政者的褒扬，然而曲学阿世的公孙弘之辈，欺世惑众、沽名钓誉的赵宣之流，都打着儒家的旗号，败坏儒者的声誉，儒之一名遭到了玷污。紧接着曹魏政权、司马氏政权打着礼法、名教的幌子，干着破坏礼法、名教的勾当，儒之名在假冒伪劣的冲击下，声誉一落千丈。

唐朝以后，儒之一名虽不是桂冠，但儒学却与桂冠联系在一起，儒家经典成为知识分子进身的阶梯。宋明时期道学兴起，儒学在中国历史上称盛数百年。由于道学在当时颇受人们的尊重，假道学也应运而生了。假道学的出现致使道学的威望一跌再跌。近世以来，袁世凯、张勋、黎元洪之流假儒学之名，行倒行逆施之实，许多激进的知识分子对政治的不满情绪全发泄到儒学的头上，儒学成了一切保守的、旧的、封建的代名词。儒之一名自然成了时代的黑帽。

可见儒之一名在历史上有广、狭之分，广义的儒泛指一切有文化修养的人。如秦始皇焚《诗》《书》，坑术士，世人称之为焚书坑儒。人们往往将那种不只是"只识弯弓射大雕"，而有点文化意识的将军，称为"儒将"，将那种有点文化意识从事商业活动的人称为儒商，如前些时候有部电视剧名字就叫《儒商》，人们也丝毫不觉得奇怪。狭义的儒是指"游文于六经之中，留意于仁义之际，祖述尧舜，宪章文武，宗师仲尼，以重其言，于道最为高"（《汉书·艺文志》）。自汉以后，广义的儒与儒几乎不相干，对于今天来讲，所谓的儒将，所谓的儒商，与儒已经没有任何联系。这里所说的儒主要是狭义的儒，而广义的儒在下文中忽略不计了。

狭义的儒是由孔子所开创的儒家学派，胡适先生认为孔子的一大贡献："把殷商民族的部落性的儒扩大到'仁以为己任'的儒。""把柔懦的儒改变到刚毅进取的儒。"[①] 胡适先生所指出的孔子的这两点贡献都是事实，但有一点胡适先生没有意识到，而且这一点还最为重要。这就是孔子为儒者规定了生活格调与精神企向，使儒有了所以为儒的

---

① 《胡适全集》第 4 卷，安徽教育出版社，2003 年，第 1 页。

标准。孔子以前儒是无颜色的，孔子以后儒是有颜色的。有颜色是说它有特殊的品格。

纵观历史，我们不难发现儒之一名随着当政者的好恶而上下浮沉，但由孔子所规定的儒者的品格和生命路向则是不朽的。谁打着儒家的名号而干背离这一品格的勾当就只会被斥责为"小人儒""贱儒"。

俱往矣，儒名之升降沉浮！在今天儒名再也不是政治的黑帽，同样它也不是桂冠，历史演进到今天，到了儒学得以客观理解的时候了。在现阶段，我们称某人是儒者、是儒家乃至新儒家，固然不是对他的褒扬，而认为某人不是儒者、不是儒家乃至不是新儒家同样也无意贬损他，更不是降低了他的学术地位。所谓当代新儒家只是某些学者其文化生命归宿和学术理想的一种标识。本人在此处谈论新儒家只是描述说明，不是价值判断。我们应当承认在近代以降有些人不是儒家的人物，乃至反对儒家的人物同样应受到尊重，讲某些学者不是儒家或不是当代新儒家根本无妨他作为一位哲学家、学问家。本文谈论当代新儒家的问题时自然会涉及对某些学者是不是当代新儒家的鉴别，这里的鉴别当如是观。在此特作郑重声明，以免引起不必要的误会。

（二）儒者、当代儒者、当代儒家、当代新儒家之分疏

儒在孔子以前就已存在了，许多学者指出孔子不是"儒"这一阶层的创始者，但他是儒家学派的开创者。在孔子以前，儒只是作为"量"的存在，而不是作为"质"的存在。所谓儒只是量的存在是说它只是一种职业，最多不过是文化的传播者；孔子以后，儒者发生划时代的变化，儒者不再仅仅是一种职业，而是一有着独特的生命格调和文化企向的知识群体，规定了君子儒的型范。符合这个型范就是儒，否则就不是儒。《礼记·儒行》对儒的特质作了系统的说明：

> 儒有席上之珍以待聘，夙夜强学以待问，怀忠信以待举，力行以待取。其自立有如此者。

儒有衣冠中，动作慎，其大让如慢，小让如伪；大则如威，小则如愧；其难进而易退也，粥粥若无能也。其容貌有如此者。

儒有居处齐难，其坐起恭敬；言必先信，行必中正；道涂不争险易之利，冬夏不争阴阳之和；爱其死以有待也，养其身以有为也。其备豫有如此者。

儒有不宝金玉，而忠信以为宝；不祈土地，立义以为土地；不祈多积，多文以为富。……非时不见，不亦难得乎？非义不合，不亦难畜乎？先劳而后禄，不亦易禄乎？其近人有如此者。

……

儒有可亲而不可劫也，可近而不可迫也，可杀而不可辱也。……其刚毅有如此者。

儒有忠信以为甲胄，礼义以为干橹；戴仁而行，抱义而处；虽有暴政，不更其所。其自立有如此者。

儒有一亩之官，环堵之室，筚门圭窬，蓬户瓮牖，易衣而出，并日而食。上答之，不敢以疑；上不答，不敢以谄。其仕有如此者。

儒有今人与居，古人与稽；今世行之，后世以为楷。……身可危也，而志不可夺也；虽危起居，竟信其志，犹将不忘百姓之病也。其忧思有如此者。

儒有博学而不穷，笃行而不倦，幽居而不淫，上通而不困；礼之以和为贵，忠信之美，优游之法；慕贤而容众，毁方以瓦合。其宽裕有如此者。

儒有内称不辟亲，外举不辟怨，程功积事，推贤而进达之，不望其报，君得其志，苟利国家，不求富贵。其举贤援能有如此者。（《礼记·儒行》）

《礼记·儒行》为孔子与鲁哀公的对话。这篇对话中孔子对儒者的行为作了十七条说明，这十七条表现了儒者居家行事的原则立场和对待人生的基本态度，与《论语》的思想大致相合。这十七条虽然相当繁多，但从中我们可以窥见贯穿始终的主旨，这就是德性优先，以德驭行。可以说德性优先、以德驭行是儒者的基本特征，是儒者文化生命的命根，是儒家文化理想的核心，是判别儒与非儒的内在根据。

《汉书·艺文志》认为："儒家者流，盖出于司徒之官，助人君、顺阴阳、明教化者也。游文于六经之中，留意于仁义之际，祖述尧舜，宪章文武，宗师仲尼，以重其言，于道最为高。"这是汉代学者以后对儒家的基本看法。它指出了儒者的社会责任，即"助人君、顺阴阳、明教化"，儒者的基本典籍即"六经"，儒者的文化品格即肯定"仁义"，儒者的精神归依即孔子。可以说这些都是儒者之所以成为儒者的基本条件，不认同"六经"，甚至主张将"六经"扔到茅厕里去的人绝不是儒者，同样不能肯认仁义的正向价值也不是儒者，而宗师孔子，还是菲薄孔子同样是判别一个学者是不是儒者的不可或缺的条件。

这样我们可以将儒者与非儒者判别标准总括如下：

1. 承认不承认德性优先，以德驭行。

2. 是否肯定《六经》乃至一切儒家经典的正面价值，在当代则表现为能否同情地了解儒家的典籍。

3. 是否以孔子为宗师。

第一条是从内在理据方面说的，而后两条则是从外在条件方面说的。这三条失去了任何一条就很难说他是一个完全意义上的儒者，第一条尤为重要，这一条是儒家之所以为儒家的内在本质。

这三个标准不仅适合判别古代儒者与非儒者，同样也适合近代与当代。基于这样一个标准，我们不妨对儒者、当代儒者、当代儒家、当代新儒家作出界定：

所谓儒者即儒家学者的简称，是指宗师孔子，研习古圣往贤经典且承认德行优先，以德统行的一切学者。

所谓当代儒者，是指生活于当代并接受过当代文化洗礼仍宗师孔子、同情地了解儒家经典，且承认德行优先，以德统行的一切学者。

所谓当代儒家，是指生活于当代并接受过当代文化的洗礼，宗师孔子，对儒家义理的研究、注解、阐释成就卓著且承认德行优先，以德统行的一切学者。

所谓当代新儒家，是指生活于当代并遥契了古圣往贤的哲学慧命，自觉地以儒家的义理作主宰，通过吸收、消化、融合西方文化乃至人类一切文化借以开出儒学新形态的一切学者。宗师孔子、承认德行的优先性等判别标准同样适合于他们。

根据上述判别可以得出如下结论：即儒者包括自孔子以后古往今来的一切儒者，儒家作为一个文化流派，它在不同时代会有不同的表现形态，但儒之所以为儒的基本特质是超时代的，是不能改变的。这就是说判别儒者的三个标准不仅适合于古代，而且也适合于当代。这里所说的当代是一个弹性概念，它不限于1949年以后，新文化运动以来都可以称当代，甚至可以再往上溯但不能跨越1840年。把当代称为现代可，称为近代也无不可。因为当代是一个动态的概念，同时它又是一个时代总特征的标志。从某种意义上说自1840年以来的一切文化问题都延续到了今天，而今天人们所从事的文化工作正是做前人未竟的事业。当代儒者首先是儒者，它包含于儒者之中；当代儒家应首先是当代儒者，当代儒家又包含于当代儒者之中；当代新儒家应首先是当代儒家，当代新儒家又包含于当代儒家之中。

（三）新儒家新之所以为新的意义

儒学就其本质言无所谓新与旧，因为只要是儒学它就有自身的客观规定性，这种客观规定性是儒学之所以为儒学的本质原因。背离了这一本质，儒学就不成其为儒学了。所以没有不讲道德理想主义的儒学，没有不宗师孔子的儒学，没有不研习儒家典籍的儒学。为什么人们又将宋明儒学称为新儒学，将宋明儒家称为新儒家？将20世纪以来梁漱溟、熊十力等人开创的儒学称为当代或现代新儒学呢？其实这里所谓的新并不是儒学终极本质的新，而是儒学终极本质展现形态的新。应当说，儒学既是一种常道，又是一因时推移、与时俱化、生生不息的思想流派。儒学常中有变，以常御变，但这种常又只能从变中见之，离开了变，常亦不可见，即以变见常，离变无常。

儒学无时不在日新之途，它只有苟日新，又日新，日日新，才有生命力，否则其生命力就会枯竭。不过这种每日都在积聚的新只有量的意义，而并没有质的意义。这是说这种日新没有形成儒学展现方式或表现形态的本质变革。宋明儒学和当代新儒学之所以为新在于他们造就了儒学展现方式或表现形态的革命。宋明儒者在佛学挑战的刺激下，顺《易》《庸》《大学》穷理尽性、天道性命、三纲八目之理路建立起心性义理之学，不仅深化了儒家的理论思维，而且还拓展了先秦儒家的思想范围，将先秦儒学提升到一个新境地。那么当代新儒学的"新"究竟表现在哪里呢？

方克立先生认为，当（现）代新儒家与宋明儒学同一个新字，一是指他们皆非简单复归先秦儒家，而是表现了能够融合佛道以至会通西学的开放精神，二是指它们都特重儒家"内"之学，不离"内圣"为体，"外王"为用的思想格局。① 李泽厚先生则认为，"现代新儒学之所以与宋明理学同一个'新'字，在于它自觉地以'内圣之学'为主导以至为全体"②。两位先生敏锐地发现了这一问题是值得肯定的，但似乎都语焉不详。本人曾著文就这一问题进行过较为详细的论述③，该文认为当代新儒家之新不是因时代之新而为新。当然当代新儒家之

---

① 方克立、李锦全主编：《现代新儒学研究论集》（二），中国社会科学出版社，1991年，第260页。

② 李泽厚：《略论现代新儒家》，《中国现代思想史论》，东方出版社，1987年，第309页。

③ 颜炳罡：《现代新儒家研究的省察与展望》，《文史哲》1994年第4期。

新不可能脱离时代之新，但时代之新并不是其新的本质。其一，依然固我的文化保守主义者乃至"国粹派"同样可以生活于新时代，但他们并没有什么新可言；其二，时代的新与理论上是否新并无必然关系。当代新儒家如因时代之新而为新，那是对新的一种泛化。这种泛化之新并没有实质意义。当代儒家是因时代之新而为新，而当代新儒家不仅仅因时代之新而为新，它的新是一种义理上的新，内在的新。

当代新儒家之新同样不能因其杂糅西学而为新。当然当代新儒家学者无视西学或不善于吸收、消化西学固然不能成其为新，但消纳西学并不是当代新儒家新之所以为新的本质原因。或者说消纳西学只是当代新儒家新之所以为新的必要条件，而不是充分必要条件。本人认为当代新儒家新之所以为新首先表现在如下两个方面：

1. 当代新儒家具备一种自我批判意识。当然当代新儒家仍然是一种文化保守主义思潮，但由于儒学在当代面临西方文化的挑战，有绝续之虞，故而使他们能正视传统儒学的不足。像当代新儒家的代表人物如梁漱溟、熊十力、牟宗三、徐复观等对传统儒学的不足或多或少或轻或重都有所指陈。

2. 当代新儒家学者明确将学术的儒学与制度的儒学区别开来，将儒学的普遍意义和时代意义区别开来，克服了传统儒学将二者混为一谈的缺陷。

这两点新虽说具有价值意义，但它仍然是外在价值的新。它的外在性一方面表现在它与儒家义理的生长本身无关，另一方面是说这两点新本应为一切儒学所共涵，但传统儒学毕竟未涵，故而它是新的。通过这两点我们就能将传统儒学与当代新儒学区别开来，因而这两点新又是有意义、有价值的新。

以上两点固然是新，但它还不是当代新儒家对儒家义理开出的新。遥契古圣往贤的义理慧命并进而开出之，才是当代新儒家新之为新的真正意义。这种新主要表现在如下四个方面：

1. 面对西方文化的挑战，顺应儒学的内在精神，重新调整儒家内圣外王的义理结构，即本内圣之学开出新外王。当代新儒学的中心问题是如何本儒家精神回应西方文化的挑战，以实现中国文化自身的现代化问题。当代新儒学在自我反省中意识到了传统儒学在外王方面的不足，克服这种不足正是中国文化进一步伸展的理想境域。所以重新调整儒家文化内圣外王的义理结构，融摄来自西方的民主与科学，实现道统、政统、学统的三统并建是当代新儒学对传统儒学的新发展。在这一方面梁漱溟、熊十力、张君劢、唐君毅、牟宗三、徐复观等人均有建树，尤以牟宗三、徐复观两先生为典型。

2. 在思维方式上，当代新儒学新之所以为新在于由儒家"圆而神"的智慧始，经过融摄西方文化"方以智"的智慧，重新达到新的"圆而神"。这表明西方文化是客位，中国文化是主位，吸收西学的目的是升进儒学使儒学百尺竿头更进一步。无视西方文化概念性、逻辑性的思维方式固然不能成其为新儒家，然而不能将西方文化概念性、逻辑性思维的能力内化为儒家的智慧，就不是当代新儒家。这一问题熊十力先生已经意识到了，并已经开始了这一方面的探索，但他未能完成这一探索。方东美、唐君毅、牟宗三等先生为之而起，完成了这一探索。在这一方面的贡献尤以牟宗三先生为最。

3. 无论是原始儒家，还是宋明儒家，都只言心性之学，并未明言道德的形上学，只言修道之教或成德之教，当代新儒家则明言之。唐君毅、牟宗三两先生对此论证颇详。

4. 传统儒学是一仁智合一，以仁统智的文化系统。传统儒学所讲的智只是一种知是非之智，智在中国文化中没有独立意义。宋明儒者讲"见闻之知"，然而"见闻之知"只是"德性之知"的附庸，也没独立意义。当代新儒家则主张开出"见闻之知"的独立形态，即知性之独立形态。

上述4点与前述两点是区分儒学新旧的标准。前述两点是外在价值上的新，而后四点是内在义理上的新。前两点新标志着当代儒家学者心态的转换和学术路向的调整，没有这种转换和调整，儒学就不可能有内在义理的发展，没有儒学内在的义理发展，儒学也就不可能有新形态的出现。不过前两点新对传统儒学向现代儒学转换也只有形式意义，而没有实质意义。后四点新是顺应传统儒家精神使其在义理上进一步发展，这一发展才是当代新儒家新之所以为新的真正原因。当代新儒家与当代儒家区别就在这里，应当说当代儒家与当代新儒家都生活于当代，但当代儒家只有时代意义上的新，而没有义理上的新。而当代新儒家不仅仅因时代之新而为新，而是因义理之新而为新。从某种意义上说，当代儒家是儒的新，而当代新儒家是新的儒。儒的新是说由于时代进步，当代儒家将一些时代精神也贯注于儒学之中，从而使儒学思想体系有了新的因素。新的儒是说由于当代新儒家对儒家义理的发展，改变了儒学的面貌，造就了儒学展现方式和表现形态的变革，使儒本身具有了新形象。

（四）当代新儒家入群之标准

当代新儒家研究中争议最热闹的问题当首推当代新儒家包括哪些人的问题。有人认为当代新儒家只有三四位，有人认为当代新儒家已经历四代或四期，有十五六位之多，分歧不可谓不大。正是"这个新儒家"谱系"也可看成一'家族类似'，有人立于核心，有人处于边缘。选取之范围，依作者标准的宽严而定"①。现在的问题不仅仅是选取范围的宽严问题，而是选取者在选取之前有没有选取标准的问题。如果说有标准，这个标准也是极其笼统、极其模糊的。这样一来就会出现十五六位不为多，三四位不为少的局面。如有人认为只有梁漱溟、熊十力、冯友兰、牟宗三四位堪称现（当）代新儒家，其实这四位被海内外学者公认的只有三位而已，冯友兰入选当代新儒家几乎为所有

---

① 陈少明：《儒学的现代转折》，辽宁大学出版社，1992年，第18页。

海外学者否定，有的人在选取了梁漱溟、熊十力、张君劢、马一浮、冯友兰、贺麟、方东美、钱穆、牟宗三、唐君毅、徐复观等作为新儒家之外，又选取了成中英、杜维明、蔡仁厚、刘述先等为新儒家。按照这个入选标准，其实这个名单仍不完备，与成、杜、蔡、刘等人年相若，学术成就也难分伯仲的王邦雄、吴森、曾昭旭、唐端正、戴琏璋等人算不算新儒家？老一辈中如陈荣捷、程兆熊等人又算不算？所以必须确立当代新儒家标准以及入选办法，否则不是弄到几乎没有当代新儒家，就是到处都是当代新儒家的地步。这是关涉到当代新儒家研究中的大问题，必须予以重视。

唐亦男先生敏锐地发现了这一问题，并发表个人高见。唐说："我们要判定谁才是当代新儒家，必先立一个共同鉴别的标准。""对儒家的学问内容，对孔子的生命智慧，如果不是真正有信心爱好，不具备同情和敬意，只是把它当作学术去研究，则不会有理想与精神贯注其间，更不会有承先启后的担当与使命感，当然不成真儒，不能算是当代新儒家。"自由主义的胡适可以研究儒学，马克思主义的郭沫若同样可以研究儒学，国外的汉学家们也可研究儒学，只是把儒学当作一门学问去研究的不是真儒，更不是当代新儒家。那么怎样才是当代新儒家呢？唐先生为我们划定一个标准："而想要接上孔子的生命与智慧，必须本身是一真生命真智慧，就主观言必须是真人，真实的性情学问；就客观言必须具有强烈而丰富的文化意识。"[①] 在唐先生看来，当代新儒家只有少数特定的人物。这几个特定的人物即熊十力、梁漱溟、马一浮、唐君毅、牟宗三、徐复观等。对唐先生所开列的当代新儒家的名单我们暂时不想讨论，这里只想就唐先生所说的共同鉴别标准发表一点看法。如果本人没有误解唐先生的话，我想唐先生所说的真人实

---

① 唐亦男：《当代新儒家论衡——新儒家之定性》，《当代新儒学论集·总论篇》，台湾文津出版社，1991年，第96~98页。

质是"真儒",文化意识是指历史文化的统绪意识。其实真人与真儒两个概念在外延上并不完全等同,真儒全是真人,但真人并非全是真儒。有没有文化意识同样不能说明谁是当代新儒家,也就是说当代新儒家中的人物都是有着强烈文化意识的人物,但有强烈文化意识的人物并非都是当代新儒家。站在唐先生的立场,也许这些不成问题,但作为界外人往往会产生误解。不过唐先生提出这一问题是十分有价值的,我们可以顺其思路继续探讨。

其实看一个学者是不是当代新儒家主要有两条:一是看其是不是一位真正的儒者,二是看其是否对儒家义理在当代的进一步伸展做出了自己的贡献。前者是儒的方面,后者是新的方面,前者是本质,后者是这一本质的具体展现。这两方面缺少了任何一面都不能算是当代新儒家。这两方面本文已在前面作出了显浅的说明,下面将结合这种说明,提出当代新儒家的入选人名单。

当代新儒家应首先是儒者,不是儒者的人不是当代新儒家,儒者应合乎儒者的格与调。如上所述,作为一位儒者应宗师孔子,同情地了解儒家的经典和承认德行优先、以德统行。在当代中国,儒门冷落,然而从中国的乡村到一般都市,坚持这一原则的仍然可观。像黄艮庸、乌以风、刘公纯、高碉庄、韩裕文等早年追随熊十力、梁漱溟、马一浮等先生的弟子不能说他们不是儒者。这些人不仅是儒者,而且是当代儒者。其实在中国的广大乡村,在20世纪三四十年代,仍然有一大批由儒家思想培育出来的学者。众所周知,中国1905年正式废科举,而新式学堂在中国乡村的设立大都在民国之后,一些山高皇帝远的地方开化更晚,新式学堂的设立也就更晚,许多旧私塾出身的知识分子,在20世纪三四十年仍然十分活跃,到20世纪五六十年代,这些知识分子才随着他们的死亡最后退出历史舞台。这些知识分子虽然在理论上没有什么创见,但他们宗师孔子,恪守儒家的原则,成为乡村正义和公正的裁判者和乡村礼俗的活字典,在乡村上了年纪的人对中国最后这批儒者仍有记忆。但他们不是儒家,也不是当代儒家。当代新儒家与他们有共同之处,即他们同是儒者。但前者是为了追随儒学历史的陈述,而当代新儒家则代表了儒家活的精神。

当代新儒家应是当代儒家,但当代儒家不是当代新儒家。本章的第二部分曾指出,当代儒家是指生活于当代并接受过当代文化的洗礼,对儒家典籍及思想注解与阐发卓有成绩且宗师孔子,承认德行优先,以德统行的一切学者。当代儒家涵盖当代新儒家,当代新儒家是当代儒家的组成部分,不过是特殊部分罢了。当代新儒家与当代儒家是大同而小异,二者极易混同。他们的区别不在外在价值的新上,而在内在义理的新上,也就是当代儒家与当代新儒家同样有自我批判意识,能把制度化的儒学与学术化的儒家区别开来,但当代儒家重守成,重义理的普及与转化,而当代新儒家重创造,重义理的开发与转进;当代儒家重儒家义理的精纯圆融,而当代新儒家则重儒家义理的综合创新。他们的区别不在"儒"字上,而在"新"字上。

当代新儒学是一独特的文化流派,究竟谁是当代新儒家并不取决于研究者的主观感情和主观愿望,而是取决于研究对象的生命格调和文化趋向。作为当代新儒家,首先他应是一位真儒,切实契合古圣往贤的生命智慧,视儒学为自己文化生命的归宿;其次在儒学面临生死考验的当代,能够继往开来,在儒学向现代形态的转进中做出独特的贡献。熊十力、梁漱溟、张君劢、唐君毅、方东美、徐复观、牟宗三七人堪称当代新儒家。熊十力、方东美复活了儒家内圣学并将它推展到一个新阶段,梁漱溟、张君劢、徐复观为儒家"新外王"的实现奋斗了一生,唐君毅的贡献表现在道德理想与人文精神的重建上,牟宗三是当代新儒家的集大成者,由他才真正完成了儒学向现代形态的转进,他是当代新儒家型范。大陆不少学者把马一浮、冯友兰、贺麟、成中英、杜维明、刘述先、蔡仁厚等视为当(现)代新儒家,贺麟对当代儒学确有贡献,但称他是当代新儒家似乎还不十分够分量,贺的贡献主要不在儒学方面，而是在对西学的翻译和介绍方面，如果称贺是当代新儒家，也许谢幼伟、吴经熊比他更符合标准；至于成、杜、刘、蔡诸人，其思想仍然在发展中，至于对儒家义理开展会做出什么样的贡献有待于时间作出回答，这里暂时不将他们列入当代新儒家名单。而马一浮先生、冯友兰先生最为复杂，马被海内外学者公推为当代新儒家，与梁、熊并称为现代儒者三圣，冯的学术归向则极具戏剧性，他在当代学术史上是富有争议的人物之一，因而有必要辟专章对他们作出说明。

(五) 马一浮：守先待后的代表

马一浮是当代新儒家，海内外众口一词，看法惊人的一致。但本人认为马是中国20世纪真正的大儒，是当代中国传统儒家的活化石，他是当代儒家守先待后的代表，但他不是当代新儒家。

梁漱溟先生称马先生为"千年国粹，一代儒宗"。这可以说是对马先生的最高评价。马先生的确是千年国粹，他是当代中国最精通国学的人物之一。他精通理学、佛学、道学，对书法、篆刻、古诗亦造诣极深，为行家所首肯，而且他还能写出音韵铿锵，优美典雅的四六骈文，这些当时人不可企及，恐怕再过上几百年也难有人敢望其项背。现代社会的发展，迫使人的才能向专业化的方向发展，似乎是越专才越容易出成绩。马一浮先生是通才式人物，他不仅是通，而且通到样样精通，这何止是空前，可谓绝后。有人说他"兼有中国正统儒者所应具备之诗教、礼教、理学三种学养，可谓为代表传统中国文化的仅存的硕果"[①]。梁先生称他为"一代儒宗"也是从正统儒家的方面说的。总之马先生守成有余，而创新不足。

我们知道马先生在思想领域特别重视"六艺"，六艺论构成了他思想的基本内容。他所说的六艺就是由《诗》《书》《礼》《乐》《易》

[①] 贺麟：《五十年来的中国哲学》，上海人民出版社，2019年，第28页。

《春秋》所引发的诗教、书教、礼教、乐教、易教、春秋教。在他看来六艺统摄诸子，统摄中国一切学术，乃至统摄天下一切学术。六艺是中国两千年来一切学术之源，它"广大精微，无所不备"①。儒家是六艺之学的真正继承者，而道、墨、名、法诸家"皆六艺之支与流裔"②。马先生对六艺的称颂并没有到此止步，他进而指出人类的全部学术都统摄于六艺之内。他说："自然科学可统于《易》，社会科学（或人文科学）可统于《春秋》。因《易》明天道，凡研究自然界一切现象者皆属之；《春秋》明人事，凡研究人类社会一切组织形态者皆属之。……文学、艺术统于《诗》《乐》，政治、法律、经济统于《书》《礼》，此最易知。宗教虽信仰不同，亦统于《礼》，……哲学思想派别虽殊，浅深小大亦皆各有所见。大抵本体论近于《易》，认识论近于《乐》，……凡言宇宙观者皆有《易》之意，言人生观者皆有《春秋》之意。"③ 上述语言，无论怎样作善意的理解，都难以使人相信这是新文化运动之后学者的声音。我们可以发现马先生在论及中国传统文化的时候，无论是儒，是道，是佛，皆信手拈来，圆融会通，卓有识度。而一触及所谓西方的新东西，他就不那么精透圆融了。作为一位现代儒者，在他身上散发着浓厚的传统文化的芳香，却难以嗅到新思想的气息。所以说他是代表"传统中国文化的仅存硕果"（贺麟语），是"传统之儒之最后典型"（曾昭旭语），是"现代的颜回式的人物"④ 皆十分谛当。说他是生活在20世纪的宋明人物也不过分。

马先生学宗六艺，其实他对六艺是弘扬有力，批判无功。他心目

---

① 马一浮：《泰和会语》，《马一浮全集》第一册，浙江古籍出版社，2013年，第9页。
② 马一浮：《复性书院讲录》，《马一浮全集》第一册，第130页。
③ 马一浮：《泰和会语》，《马一浮全集》第一册，第17~18页
④ 王凤贤、滕复：《现代新儒学的典范——评马一浮的学术地位与学术思想》，《中国当代理学大师马一浮》，上海人民出版社，1992年，第37页。

中，六艺就是真善美的体现，《诗》《书》是至善，《礼》《乐》是至美，《易》《春秋》是至真，他甚至断言，西方文化所讲的真善美都包含于六艺之中。用今日的眼光衡之，六艺的确有真善美的一面，也不能否认它有不真不美不善的一面。当代许多新儒家正是看到了传统儒学包括六艺的不足，所以才要对中国文化进行荡腥涤臭，以期开出中国文化健康发展的途径。马先生对六艺只有颂扬，没有批判，这说明他的心态不是当代新儒家的心态，而是传统儒家的心态。

马先生的人生态度和处世态度也告诉我们，他比当代任何新儒家更富有中国传统士大夫的色彩。据王凤贤、滕复先生介绍，马先生"自 1904 年起，一直到 1938 年出来讲学为止，三十余年不为世俗所动"，"一直在西湖隐居读书"。① 蔡元培先生出任教育部部长，礼聘他为教育部秘书长，在如何对待儒家经典上他与蔡发生了冲突，蔡主张废经，而马认为经不可废。马先生因此到任不足半月，即以"我不会做官，只会读书，不如让我回西湖去"而辞职。后蔡出任北京大学校长，又函邀马出来讲学，马又以"古闻来学，未闻往教"八字回绝。这足以证明他讲学的热情不高！熊十力、梁漱溟二先生有感于儒学的道丧学绝的危机，力图挽狂澜于已倒，出与力争。马先生同样面对这种危机，但他是以独善其身的方式来证明道未绝，学未丧。因为他认为他就是道，道就是他，他一身担天下之道，他的存在就是道的存在，因而他不愿同世俗合作。马先生一生最大的壮举是他创办复性书院。而书院从形式到内容都容易使人想起宋明的书院，甚至比宋明书院还古典、庄重。书院于 1939 年 9 月 13 日举行开学典礼，请看马镜泉先生对这次开学典礼的记述：

---

① 王凤贤、滕复：《现代新儒家的典范——评马一浮的学术地位与学术思想》，《中国当代理学大师马一浮》，第 37、36 页。

是日辰刻，院中诸执事黎明即起，盥洗毕，先集学生于户外，由都讲乌以风迎主讲马浮至讲舍。（乌尤寺之旷怡亭）先入，讲友、都讲、执事及学生以次入。马浮斋庄盛服，立前正中位，讲友、都讲及诸执事分立左右。学生一列在后依序立。由引赞王静伯唱先行谒圣礼，师生向先师位北面三礼，焚香读祝复三礼，谒圣礼毕。次行相见礼：一、宾主相见礼，马浮右立，讲友、都讲及诸执事左立，相向一礼；二、师生相见礼，学生北面，马浮南面，学生向马浮三礼，马浮答礼；三、学生相见礼，左右相向一礼。①

试想当年，马先生斋庄盛服，立正中位，讲友，都讲，执事分立左右，学生依次在后，先师孔子牌位的前面香烟环绕上升，师生以礼互答，庄严、肃穆、祥和，令人起敬。在这种庄严、祥和的气氛中，似乎前方战士的呐喊厮杀、炮火硝烟都得到了片刻的宁静。马先生对讲学看得非常神圣，故而对开讲的礼仪布置十分庄敬。庄敬是庄敬，但这除了显示出马先生是一位对礼仪特别热衷的学者之外，更多的是显示了马先生的恋古情绪。这番礼仪孔子当年讲学于杏坛是否如此，不敢妄断，不过在他周游列国的旅途之中，绝对没有马先生那样从容。

马先生不仅十分重视复性书院的礼仪规章，而且他也非常重视讲学内容。但马先生在复性书院讲学其实只关心学生的德行。众所周知，孔门有四科，德行、政事、言语、文学，"而马一浮的课程只有德行。他教导学生的原则是，'一问单词碎义无关宏旨者不答，一问僻书杂学无益身心者不答，一问时政得失不答，一问时人臧否者不答'"②。德

---

① 马镜泉：《马一浮传略》，《中国当代理学大师马一浮》，第176页。
② 陈锐：《马一浮与复性书院》，《杭州师范学院学报（社会科学版）》1993年第1期。

行在本人看来是儒之所以为儒的本质，保持了德行的优先性，也就守住了儒家的本位。然而他守成有余而开新不足，沿马先生的义理方向开不出当代新儒家来。

与梁漱溟、熊十力相比，马先生的名士气太重而客观悲愿不足。说他客观悲愿不足并不是说他没有客观悲愿，如果没有客观悲愿，他就不是儒者。事实上马先生目睹日寇的入侵，人民流离失所，也曾吟下了："妖寇今见侵，天地为改色。""海陆尚有际，不仁于此极！""吉凶同民患，安得殊欣戚。"对日寇暴行的痛恨、愤忾，对困难同胞的同情、忧患跃然纸上。然而这些与目睹时艰，就离开北大教席，大呼："吾曹不出，如苍生何！"抗战军兴，又奔走国事的梁漱溟相比，形成了一定的反差。与熊十力由立功转向立言，寄意讲坛，阐发大易刚健、生生之德，以激励国人，亦不相同。牟宗三批评他："只能作文章，作高人雅士，不能讲学问。"又说他的"文化意识并不如熊先生强，他自己也认为悲愿不够"。① 悲愿的不足也影响了他义理的开发。总之马一浮先生的传统色彩特显，而开新不足，与其说是当代新儒家，不如说他是中国当代儒家。事实上，当代儒家与当代新儒家并不是价值判断，只是描述判断，也就是说这里并没轻视马先生之处。马先生不仅是儒家，而且还是当代儒家的典范，是当代儒家的楷模。

（六）冯友兰：与时偕行的典型

当代新儒家研究中争论最激烈的问题是关于冯友兰是不是当代新儒家的问题。认为冯不是当代新儒家的主要集中在海外，而认为他是当代新儒家的人则主要集中在大陆。认为冯不是当代新儒家的学者可分为两类：一类是冯先生的好友或学生，一类是长期居于海外与冯没有多少瓜葛的学者。前者从个人感情上是出于对冯的关怀，从学理上

---

① 牟宗三：《客观的了解与中国文化之再造》，《当代新儒学论集·总论篇》，第9页。

认为冯的哲学体系是中西哲学结合的产物，冯友兰对中西文化是择其善者而从之，其思想体系里面既有程朱的成分，也有西方柏拉图和新实在论的因素，还有唯物主义的内容，因而不能简单地称冯为当（现）代新儒家。更何况 1949 年以后，冯已经自觉地接受了马克思主义，对自己的旧哲学进行了自我批判，所以称他为新儒家就更不妥了。① 港台学者也认为冯不是当代新儒家，但理由与此完全不同，他们认为，研究新儒家的目的不是要去追寻一个时期的历史陈迹，而是要去把握一个现在还有活力的思想潮流。冯的思想与现在还有活力的当代新儒家思潮根本拉不上关系，所以他不是新儒家。②

要搞清冯友兰是不是新儒家，必须把两个问题抛开，第一，判定一个人是不是儒家与其人格无关，这样就可以将冯友兰"文革"中既批孔又批尊孔的事实搁置起来；第二，判断一个人是不是新儒家与其思想的前后变化无关，这样我们就可以斩头去尾，专论冯某一时期的思想。其实这两点搁置是荒唐的，但不做这种搁置，冯友兰先生是不是当代新儒家的问题就不存在。抛开了这两个问题，我们就可以专就冯先生 20 世纪三四十年代的"新理学"思想加以研究，看一看冯友兰究竟是哪一家？

我们上面关于断定一个人是不是新儒家的标准同样适合冯先生。我们看一下冯先生自己是怎样说的，他在《新理学·绪论》中开宗明义地指出："我们现在所讲之系统，大体上是承接宋明道学中之理学一派。我们说'大体上'，因为在许多点，我们亦有与宋明以来底理学，大不相同之处。我们说'承接'，因为我们是'接着'宋明以来底理学讲底，而不是'照着'宋明以来底理学讲底。"③ 当然看一个哲学家

---

① 张岱年：《中国传统哲学的批判继承》，《理论月刊》1987 年第 1 期。
② 刘述先：《平心论冯友兰》，《当代》1989 年第 35 期。
③ 冯友兰：《三松堂全集》第五卷，中华书局，2014 年，第 11 页。

的理论归趋究竟如何，主要不是看哲学家本人是如何标榜的，而是看他思想的实质内容。不过冯先生上面的道白并非没有意义。既然冯先生主观上认为其思想是承接宋明道学一派而来，那么没有不是儒家的程朱，因而冯先生在主观是儒家，同时冯先生又认为他的思想并非是宋明理学的复本，而是接着宋明理学讲的，因而冯先生的思想无疑富有新意，由此而认为冯是属于"理性主义的新儒家"（陈荣捷语）不无道理。

但问题并非如此简单。照着讲，虽不能有所创造，但也不至于偏离原学说的本质，接着讲，就会出现两个问题：一是能否接上的问题，一是以什么接什么，也就是说以什么为母本，欲实现什么目的的问题。我们知道，南瓜的母本上可以嫁接西瓜，然而生长出来的就不再是南瓜而是西瓜了，其他嫁接也是如此。我们先看冯先生是否接上了宋明理学。

我们认为能否接上宋明理学应首先看其思想的入路与宋明理学是否相同，冯先生的思想入路显然不是宋明理学的入路。冯先生认为哲学有三种入路：一是本体论的入路，一是认识论的入路，一是伦理学的入路。本体论的路子以柏拉图为代表，认识论的路子以康德为代表，伦理学的路子以宋明道学家或理学家为代表。所谓本体论的路子就是以共相与殊相或一般与特殊为入路所展开的哲学说明，冯先生认为柏拉图从数学中得到了启发，提出理念论。"几何学为具体的圆的东西下了一个圆的定义，可是那些具体的圆的东西，没有一个是完全合乎这个定义，都不是完全地圆。……定义所说的，是客观的圆的标准……有了这个标准，人们才可以说某一个具体的圆的东西，不是完全地圆……柏拉图认为那个标准就是理念，是圆的原本；具体的圆的东西只是摹本。摹本永远不能和原本完全一样。"[①] 由摹本与原本的差异就

---

① 冯友兰：《宋明道学通论》，《哲学研究》1983年第2期。

出现了两个世界即理世界与器世界，前者又叫实际，后者又叫真际。可以说冯先生哲学的入路不是伦理学的入路，而是本体论的入路，他所精心编制的"新理学"的哲学体系一开始就是围绕共相与殊相的关系而展开的。冯先生认为宋明理学家所讲的"理"与"气"的关系就是共相与殊相的关系。这是他站在柏拉图的立场来理解宋明理学，是对宋明理学的误解。从冯先生的入路来看，他更像一位柏拉图主义者，而不是程朱。

从冯先生的"新理学"体系建立过程上看，冯先生的思想体系更符合西方哲学的标准。他说："新理学的工作，是要经过维也纳学派的经验主义而重新建立形上学。""是用这种方法建立底，所以也是合乎真正底形上学的标准底。"① 这个新的形上学或者说标准的形上学"须是'不着实际'底……须是对于实际无所肯定底"。他认为在西洋哲学传统里没有这种形上学，而在中国哲学传统里"先秦的道家，魏晋的玄学，唐代的禅宗，恰好造成了这一种传统。新理学就是受这种传统的启示，利用现代新逻辑学对于形上学底批评，以成立一个完全'不着实际'底形上学"②。冯先生所使用的方法是西方现代逻辑学，而其结局又是受到了道家、玄学、禅宗的影响或说是接受了道家、玄学、禅宗的传统，那么理学在这一过程中的作用就不突出了。也许哲学方法是天下之公器，人人可得而用之，不能作为衡量一个哲学体系归宿的标准。可是哲学体系的归宿本身冯先生又明白无误地告诉我们他的哲学之统是道家和禅宗，足见冯先生的新理学只有理学之名，而无理学之实了。

许多学人十分欣赏冯先生的人生境界说，认为那是对宋明理学的新发展。本人也曾以此判定冯先生在这一点上像当代新儒家，但经认

---

① 冯友兰：《三松堂全集》第五卷，第996页。
② 同上书，第913~914页。

真研究，觉得这里面也有问题。其一是冯先生对人的本质的探讨是独特的，与儒家尤其是宋明理学有联系，但区别是主要的。他认为人与动物的根本区别是觉解，所谓的觉是自觉，解是了解，"人做某事，了解某事是怎样一回事，此是了解，此是解；他于做某事时，自觉其是做某事，此是自觉，此是觉"①。冯先生认为了解是一种依概念的活动，而自觉是一种心理状态，觉解是人异于禽兽之处。这是冯先生人生四种境界说的立足点，从其立足点上来看冯先生是以西方认知的思路来理解人的。在这种思路看来，人了解的范围愈广，其境界就愈高，反之就愈低。不过对于不可思议的"大全"是无法通过了解来把握的，冯先生也许认识到了这一点，故而他又抛出了"觉"这一心理状态。以本人之见，冯先生是以西方人的心态来了解儒家的人生哲学，而不是就儒家而言儒家。众所周知，儒家认为人的境界的提升并非是人向外认识范围的扩大，而是反求诸己，向内下功夫，因而冯先生的人生境界说就其立足点而言不是儒家的。

冯先生曾引证朱子的一段话来说明他与朱子的同异，由此我们可以进而看出冯先生的精神企向。"熹窃谓：'天地生万物，本乎一源。人与禽兽草木之生，莫不具有此理。……惟人得其正，故能知其本具此理而存之，而见其为仁；物得其偏，故虽具此理，而不自知，而无以见其为仁。然则仁之为仁，人与物不得不同；知人（疑当作仁）之为人（疑当作仁）而存之，人与物不得不异。……而先生（李延平，引者注）以为全在知字上着力，恐是此意也。'"冯先生在引完这段话以后说："朱子此说，不尽与我们相合，但其注意于知，则与我们完全相同。"② 大概冯先生与朱子的不同在于是知仁还是知利、知社会、知天地之不同。朱子所谓的知，仍然是道德上的知，是见仁之知，而冯

---

① 冯友兰：《三松堂全集》第五卷，第570页。
② 同上书，第572页。

先生的知是客观之知，也可以说冯先生的知是经验之知，而朱子之知是德性之知。朱子之知主要是道德之知，而冯先生的知主要是依概念而进行的知解之知，由此可见，同样是讲知，朱子是儒家，而冯先生并非是儒家。

冯先生在谈及其思想的来源时曾说："懂得了柏拉图以后，我对于朱熹的了解也深入了，再加上当时我在哥伦比亚大学所听到的一些新实在论的议论，在我的思想中逐渐形成了一些看法，这些看法就是'新理学'的基础。"① 可以说柏拉图、朱子、新实在论是他思想的三个来源，但并不是三个东西的"揉合"或"拼盘"，而是加入了他个人的许多创见。其实三个东西在他的思想中的地位并不一样，柏拉图是主脑，是入路，是其终生解读的东西，也是他认为最哲学的东西。程朱理学是形式，新实在论是方法。冯先生称他的哲学是"旧瓶装新酒"，程朱理学是"旧瓶"，而柏拉图的思想与新实在论的理论才是"新酒"，衡量一个货物主要不是看它的包装，而是看它的内容，看一个哲学家的思想趋向也主要不是看其使用了什么词汇，而是看其对这些词汇的理解。一句话，不是瓶子决定酒，而是酒决定酒本身，由冯先生20世纪30年代末到40年代末创造的新理学体系的基本趋向，我们说他不是当代新儒家。冯友兰先生一生追求进步与成长，一生与时偕行，他是与时偕行的哲学家、哲学史专家的典型，不是新儒家的代表。

当然我们说冯先生不是新儒家并非是对他的不恭，而是使他真正复位，恢复到他本来的名分上去。称他为当代新儒家抬高不了他，因为儒家在今天并非是桂冠，说他不是新儒家，也无损于他作为一个哲学史专家、哲学家的地位。

当代新儒家是当代中国一批特立独行的知识分子其文化生命和学

---

① 冯友兰：《三松堂自序》，生活·读书·新知三联书店，1984年，第276页。

术路向的一种标志，承认德行的优先性和以德统行是这一学派的本质特征，宗师孔子，同情地了解儒家经典是这一学派的具体规定。不符合这些规定的人就不是儒者，没有不是儒者的儒家，也没有不是儒者的新儒家。当代儒者、当代儒家、当代新儒家有联系，但并不完全相同，生活于当代，只是认同于上述原则，对儒家经典的注解和义理的阐发成就不显而不足以成一家之言者是当代儒者。认同上述原则，对儒家的经典注释和义理的阐发成就卓著且足以成一家之言是当代儒家。当代儒家与当代新儒家对于儒学在当代复活与发展都做出了可贵的贡献，二者是同中有异，异中见同。他们的区别仅仅在于当代儒家重义理阐述和会通，而当代新儒家则重儒家义理进一步的开展与创造。马一浮、钱穆、陈立夫等可称当代儒家之名号，其中马一浮最为标准。所有当代新儒家都是当代儒家，但由于我们称他们为当代新儒家，故而不再称他们为当代儒家。梁漱溟、熊十力、张君劢、方东美、唐君毅、徐复观、牟宗三可称当代新儒家之名号。牟先生是当代新儒学集大成者，当代新儒家以牟先生为典型。当代儒家与当代新儒家有差别，当代儒家之间，当代新儒家之间也有不同，这种不同一方面是说他们对于儒家义理的理解并不完全一致，另一方面是说他们对儒学义理阐释和发展的贡献各有侧重。本人不认为当代新儒家就一定高于当代儒家，因为新与不新在这里只有相对意义。而且在当代儒家人物中也有人不可企及的地方，像马一浮先生那样精纯圆融的儒家在当代并不多见。本人也不赞成泛化当代新儒家的做法，也不认为只要受过西方文化的训练，认同儒家，写过几本有关儒家义理的书的学者就是当代新儒家。因为写书与能否在义理的开出上成就一家之言并不完全相等。在当代中国成为一名儒者不易，而成为儒家更不易，欲成就新儒家尤难。当然本人也不认为新儒家是个别人的专利，相反本人认为只要能相应于儒家的生命方向，的确为儒家义理的当代转活与开发做出了独特的贡献，都可以用当代新儒家之名称之。

第五章：当代新儒家的基本特征

　　新儒学是以儒家文化为主体，通过汲取西方文化和印度文化的合理因素，促使儒学走向现代、走向世界的文化思潮。这股思潮的渊源可以上溯到19世纪末康有为大胆倡导的儒学革新运动。不过，新儒学的真正崛起是在20世纪二三十年代，梁漱溟、熊十力等是其真正的奠基人。经他们大力弘扬，新儒学在20世纪三四十年代已成为一种颇具影响的文化流派。1949年以后，这个学派的活动空间迁移到香港和台湾等地。1958年元旦，唐君毅、牟宗三、张君劢、徐复观联名发表了《为中国文化敬告世界人士宣言》（以下简称《宣言》），标志着海外新儒学学派的正式形成，由此开始新儒学走向了新的发展阶段。30多年过去了，新儒学在海外各种思潮中呼声渐高，影响日著。20世纪80年代，伴随着大陆的改革开放及文化问题的讨论，这股思潮也引起大陆学人的普遍关注。因而，对这股思潮的来龙去脉、前途命运、学术思想等展开全面、深入的研究是颇有意义的。这里不想对新儒学展开全面的论述，而仅就新儒学的基本特征谈点粗浅的认识。

一、儒家主位主义的特征

　　与传统儒学相比，新儒学具有传统儒学根本不具备的现代特征，故而为"新"，与现代并行于世的各种思潮如马克思主义思潮、自由主义思潮、中山主义等相比，它又有它们不具备的"儒"的特征，故而为"儒家"。所以我们称这股思潮为新儒家或新儒学。新儒家们或公开为儒学的近代悲剧性命运抱打不平，或公开揭扬儒家的旗帜，或公开主张走孔家的路,或宣扬以儒家学说拯救中国、拯救人类,或数者兼而有之。总之,以现代儒者自居,以中国文化主流——儒学的继承者的面目出现是他们的共同特征。表现在学术上就是宣扬儒家主位主义。

梁漱溟认为:孔子是中国文化的中枢,"孔子以前的中国文化差不多都收在孔子手里,孔子以后的中国文化又差不多都由孔子那里出来"①。在他看来,西方的物质文化是低级形态的文化,中国的精神文化是高级形态的文化。因而现在是西洋文化的时代,下去便是中国文化复兴为世界文化的时代。中国文化的复兴就是孔子学说的复兴,就是儒学的复兴。他所说的"复兴"就是领导、主导之意。也就是说,现在是西洋文化得势,处于领导、支配世界的地位,下一步西洋文化就由现在的这种领导地位变为被领导地位,而中国由现在这种节节败退反转为主动、领导地位。孔家的人生态度也就成了全人类共取的态度,孔家的路也就成了全世界所追求的道路。儒学复兴是梁漱溟、熊十力乃至于牟宗三、徐复观、唐君毅等终生为之奋斗的目标和学术指向。

与复兴说相印证,当代新儒家还提出了儒学救世论。熊十力说:"今日人类渐入自毁之途,此为科学文明一意向外追逐、不知反本求己、不知自适天性所必有之结果。吾意欲救人类,非昌明东方学术不可。"②"人类如终不自毁,其必率由吾六艺之教焉无疑也。"③ 牟宗三、徐复观、张君劢、唐君毅在其《宣言》中指出,西方文化在近二百年来,取得了突飞猛进的发展,使世界一切古老文化皆望尘莫及,但在这种发展中亦表现出了种种问题、种种冲突,如宗教战争、民族战争,劳资对立,乃至"今日科学已发展至核子武器,足以毁灭人类之时期,

---

① 梁漱溟:《梁漱溟全集》第一卷,山东人民出版社,1989年,第472页。
② 熊十力:《十力语要》,上海书店出版社,2007年,第196页。
③ 同上书,第252页。

人类之前途乃惶惶不可终日"①。他们认为这些都是西方文化自身不可克服的缺陷带来的，因而，西方文化欲保其自身"永远存在于人间世界"，而不致没落，必须向东方文化学习"'当下当是'的精神"、"'与一切放下'之襟抱"、"圆而神的智慧"、"温润而恻怛或悲悯之情"、"如何使文化悠久的智慧"、"天下一家的情怀"。这种思想是熊十力思想的具体化，它曲折地反映了儒家文化救世的宏愿。如果说，复兴说是从正面阐明儒家救世论，那么救世说则从反面为复兴说公开张目，二者形如双璧，相互辉映。牟宗三曾明确指出：儒学第三期之发展不仅为了救中国，而且是为了救世界。他说："故对吾人之文化言，则名数之学与民族国家正显其充实架构之作用，而自西方文化言则实日趋于自毁。然则西方文化之特质，融于中国文化之极高明中，而显其美，则儒学第三期之发扬，岂徒创造自己而已哉？亦所以救西方之自毁也。故吾人之融摄，其作用与价值，必将为世界性，而为人类提示一新方向。"②

儒学复兴说和救世论虽已隐含着儒家主位主义的思想，但明确提出这一问题并进行系统发挥和阐述的是牟宗三等。

牟宗三认为：未来的中国文化乃至世界文化必然是各民族文化相互交流、取长补短的产物。因而未来的中国文化必然摄纳西方文化之特质，尤其是西方文化的民主与科学。但他认为在这一经交融而形成的新的文化形态中，中国文化即儒家文化是主，而西洋文化是宾。中国文化决定未来文化的精神方向和生命形态，否则中国文化失去了本来的意义。他说："儒家是中国文化的主流，中国文化是以儒家作主的一个生命方向与形态，假如这个文化动源的主位性保持不住，则其他那些民主、科学等都是假的，即使现代化，此中亦无中国文化，亦只

---

① 唐君毅：《唐君毅全集》第九卷，九州出版社，2016年，第41~42页。
② 牟宗三：《道德的理想主义》，台湾学生书局，1978年，第4页。

不过是个'殖民地'的身份。"① 其门人蔡仁厚也说：必须先保住中国文化的主位性才行。"如果这个主位性保不住，则中国文化便失去了原动力，失去了生命的方向。在这种情形之下，即使有了民主与科学，也已经不是'中国'的身分，而已沦为一个殖民地的身分了。"② 这就是说民主与科学的背后尚需更深层的东西支配和作用。他们认为这就是儒学，儒学在中国是民主与科学的灵魂、主宰、决定者。它决定了文化中国的存在与否，失去了儒学做中心观念的民主与科学就失去了文化中国。儒家主位主义实质就是以儒家文化的立场和标准去评判西方文化乃至世界上任何一种文化、决定对外来文化的取舍和吸收，确立儒学在文化中的支配和领导地位。儒学复兴归根到底就是这种主位性的复兴。

儒学复兴说已包含了儒学主位主义的意蕴，而儒学主位主义，又是儒学复兴说的具体化。事实上，儒学主位主义既是新儒家的基本特征，又是判别新儒家的重要标志。相反，如果不认为儒学在现代文化中具有主位性，甚至把儒学视为从属的学说就很难说他是一位现代儒者。方东美先生虽然反对在新儒家学派中普遍接受的"道统"，强调具有包容性无排异性的学统，认为未来文化是原始儒家、原始道家、原始墨家，乃至希腊文化、印度文化、希伯来文化、近代西洋文化，平等对话，交流和融合的结晶。但他讲的包容仍然是儒家的包容，他讲的融合是服务于儒家的融合。也就是说他评判文化的标准和尺度仍然是儒家的。这说明他是一位企图超越而未能超越的儒家主位主义者。儒家文化能否在未来文化中取得主位，这是一实践问题，而非理论问题。儒家文化能否在中国乃至世界取得支配地位需要历史作出回答。而历史的种种迹象表明：儒学主位主义不但在世界，即使在中国至今

---

① 牟宗三：《政道与治道·新版序》，台湾学生书局，1991年，第29页。
② 蔡仁厚：《新儒家的精神方向》，台湾学生书局，1984年，第10~11页。

仍是一种主观的愿望。

二、道德的中心主义的特征

儒家哲学实质上是一道德哲学，现代新儒家对儒学的这一特征可以说是深有体悟，且多有发挥。梁漱溟认为西方文化是以宗教如基督教为中心，中国文化是以非宗教的周孔之教为中心，周孔之学就是躬身修己之学，周孔之教也就是伦理教化之教。因而中国文化的复兴也就是这种道德教化的复兴。所以，他反对把新文化运动视为中国文化的复兴，他认为文化的复兴是人生态度的复兴，实质上是道德中心主义的再度张扬。

梁虽认为儒家的道德教化有宗教之用，能代替宗教，却认为它并不是宗教。牟宗三、唐君毅、张君劢、徐复观在《宣言》中指出："中国民族之宗教性的超越感情，及宗教精神，因与其所重之伦理道德，同来源于一本文化，而与其伦理道德之精神，遂合一而不可分。"蔡仁厚指出："儒家的性格，是亦哲学、亦道德、亦宗教的，唯其如此，所以儒家的礼乐伦常，可以成为人民生活的轨道，而儒家这个天人合德之'教'，乃能安顿中华民族的生命。"① 当代新儒家认为：这种天人合德之"教"就是"立人极"的学说，是人类活动的价值之源。牟宗三说："人的一切活动，一切实践，皆不能离此道德的实践之仁心而别有其本。离开此本，没有一事是值得称赞的。公然否定此本，没有一事不是罪恶的。"② 道德之仁心是判断人类一切活动的根据、价值尺度和标准。

牟宗三认为"(道德宗教)是'人道之尊'之总根源，价值所从出之总根源。人性之尊严、人格之尊严，俱由此立，人间的理想与光

---

① 蔡仁厚：《新儒家的精神方向》，第55页。
② 牟宗三：《道德的理想主义》，第15页。

明俱由此发。……是以道德也不是外在的干枯条文之拘束,而是内在的向上之情,人之所以为人的'绝对主体'之透露,使人成为一真正的人,从为感觉的、形限之私的奴隶之中解放出来;乃是人格之大开展,心灵之大开扩。人一旦忘了这里,这里成了荒凉之地,则人们日趋于卑俗凡庸,而毫无高贵之念、价值之感。人生亦日趋于萎缩苟偷,而无天行昂扬之德,因而任何有价值的事业制度亦创造不出来"①。如此一来,道德不仅是人之活动之本,而且还是人之所以为人之本,是完善自我的必由之路。

道德不仅能向上提升人之精神境界,而且还能向下开出人们日常生活的轨道,即规范人们的日常生活。牟宗三认为:"科学家、政治家、智、愚、贤、不肖,皆不能不有日常生活。依是,就不能不有日常生活的常轨(文制)。"② 一旦社会崩解,道揆法守皆归绝丧,人亦无日常生活的常轨,人欲横溢,泛滥决裂,人人生命都失去了保障,"再茫然决裂下去,人类势必归于淘汰"。所以突出道德,建立文制,又是"为生民立命"。我们认为,道德的确有提升人的精神境界,维系人际关系之和谐,稳定社会安宁的功能。因而牟宗三等当代新儒家对道德功能的显扬确有不容抹杀之处。但是道德有用并不等于道德万能。一旦把道德的功能膨胀到了超越道德的界域就要成泛道德主义了。再者,任何道德都具有鲜明的时代性,永恒的、一成不变的道德信条和戒律是不存在的。儒家的伦理道德是在过去的时代形成并发生作用的道德,如果不加选择地、一味地宣扬儒家道德,也不符合儒家的"时中""权变""变通"精神。

道德中心主义另一层含义是说道德在整个文化体系中具有中心、主导地位。当代新儒家认为:儒家的道德过去是未来仍然是中国文化

---

① 牟宗三:《道德的理想主义》,第153页。
② 同上注。

的主导、中心。因为与科学知识相比,道德是一种比科学知识更具网维性、笼罩性的圣贤之学。在牟宗三等人看来,离开了道德做中心,科学知识最终会百弊丛生。他说:"西方名数之学虽昌大(赅摄自然科学),而见道不真。民族国家虽早日成立,而文化背景不实。""然见道不真,文化背景不实,则不足以持永久,终见其弊",以至近代精神,步步下降,日趋堕落。所以"人不能建其本,则科学之利正不能见其必多于其弊也。而飞扬跋扈所以震炫世人耳目者,亦正人类自娱于精神之播弄,阳焰迷鹿,麻醉一己而已"①。唐君毅也说:"人之科学的理智,若无仁心以主之,而真任其往而不返,则推类至尽,必落入怀疑主义、虚无主义,而科学知识技术之应用,亦可有价值,亦可无价值。由此而知中国文化中仁教之可贵。"② 他说:"我们之主张发展中国之科学,便完全是从中国文化中之仁教自身上立根,决非出自流俗之向外欣羡之情,或追赶世界潮流之意。"③ 新儒家们认为道德是本,科学是末,道德是体,科学知识是用,道德是文化的生命和价值之源,代表了文化的发展方向,而科学知识是为完善和发展"仁教"服务的。这是一种典型的道德中心主义。

由 20 世纪 20 年代梁漱溟提倡周孔人生态度到张君劢力辩科学与人生观之异,至牟宗三、唐君毅,道德中心主义思想逐步发展和日臻完善,成为当代新儒家的主要特征之一。而这一特征又与儒家主位主义联系在一起,甚至可以说,道德中心主义是儒家主位主义的具体化。

三、内在的生命主义的特征

新儒学的另一特征是把西方的柏格森、叔本华的生命哲学与易学

---

① 参看牟宗三:《道德的理想主义》,第 4 页。
② 唐君毅:《中国人文精神之发展》,《唐君毅全集》第十一卷,第 128 页。
③ 同上书,第 126 页。

之生生观念融为一体，构造了以生命为本质的哲学体系。

梁漱溟认为：宇宙的本质就是生命。他说："宇宙为一大生命。生命进化与人类社会之进化，同为此大生命之开展表现，抑且后者固沿自前者之势而来。"(《勉仁斋读书录》)"宇宙是一大生命，了解生命就了解宇宙。"(《杜威教育学之根本观念》) 梁又把生命、生活，意欲等同，认为生命就是生活，生活就是没尽的意欲满足与不满足。因而，宇宙本体就是生命、生活、意欲。梁的哲学本质上是一种生命哲学。

熊十力强调生命本体的意义毫不逊色于梁，而且多抒新意。熊认为，宇宙本体、实体绝非单纯的物质或精神，而是物质与精神同时俱存。在他看来，在无机物阶段，并非没有生命、心灵，而只是生命、心灵潜而未发，幽而未显而已。生命、心灵由无机物到植物、动物、人，一步步冲破物质之闭塞而显露出来，而人之本心就是宇宙生命的最高体现。他说："宇宙大变，肇始万物。试究大变所由成，决不是独立或一性之所为。……其必实体内部含藏互相反之两性，交相推动，以成变化，乾坤形焉。……此乃两性之相反故动，而卒成乎合一也。……乾阳心灵，斡运乎坤阴物质。……坤阴物质，含载乎乾阳心灵。心物本来非两体。"[1] 心物本非两体，心物合一，而心主物，裁别物、改造物，心主物即以心为主体。他说："实体即是吾之本心，此非外在，更不容向外穷索，要在反求自证。"[2] 反求自证即是体证到吾身与宇宙万物同具的本体就是我之本心。在熊十力那里，生命、心灵是一回事，也可以说心灵是生命的最高展现。因而它的心本论归根到底是生命本体论。

梁、熊的继承者牟宗三、唐君毅等进一步完善了他们的生命本体

---

[1] 蔡尚思主编：《十家论易》，岳麓书社，1992年，第827页。
[2] 熊十力：《新唯识论》，《熊十力全集》第三卷，湖北教育出版社，2001年，第535页。

论，牟宗三认为熊十力的本心就是仁心，而仁心就是宇宙的本质。他说："由真诚恻怛之仁心之感通，或良知明觉之感应，而与天地万物为一体。""就事言，良知明觉是吾实践德行之根据；就物言，良知明觉是天地万物之存有论的根据。故主观地说，是由仁心之感通而为一体，而客观地说，则此一体之仁心顿时即是天地万物之生化之理。仁心如此，良知明觉亦如此。"① 牟宗三以王阳明的心外无事、心外无理为依据，证明了物我合一、天人一体，我之仁心即宇宙生化之理、宇宙生命之本质体现。牟宗三不再论证无机物是否有生命的问题，而是从体用一源、天人合德入手，证明我之心即宇宙之生命、宇宙之本体，进一步深化了梁、熊的生命学说。

牟宗三、唐君毅等人还进一步完善了梁、熊的文化生命论。牟宗三、唐君毅、张君劢、徐复观在《宣言》中恳切要求："中国与世界人士研究中国学术文化者，须肯定承认中国文化之活的生命之存在。"他们认为历史文化与自然物不同，因为历史文化是一代代学者以其生命心血灌注而成的，这中间有血、有汗、有泪、有笑，总之它是一"客观的精神生命之表现"。历史文化为什么是一个不同于自然物的生命体，《宣言》的回答是极其简单的，而且其回答问题的方式也是不能令人满意的。牟宗三在《道德的理想主义》一书中对这一问题的回答则饶有风趣，显示了他独特的哲学器识和哲学慧见。他以孔子、孟子、宋明儒学为例论证了历史文化是一相继相续、延绵不绝的生命展开过程。且看他对孔子的论述。他说：

> 孔子通体是文化生命，满腔是文化理想，而由他的夷夏之变，人禽之辩，就顿时看出他的文化生命是一客观化的生命。他的生

---

① 牟宗三：《从陆象山到刘蕺山》，吉林出版集团有限责任公司，2010 年，第 153 页。

命已顿时通过历史文化的大流而客观化于其中,他的生命就是尧舜禹汤文武这些历史文化的创造者的人物的生命之周流贯注。他通过此"客观化于文统的生命"印证天道,而浑同于天,而与天地合德(生德),与日月合明,知是他的生命乃普遍而绝对,但不同于耶稣之印证绝对。①

牟宗三详尽地论述了由普遍、客观化的文化生命如何转化为个体的文化生命,个体文化生命又如何转化为普遍、客观的历史文化生命的过程。就是说历史文化的生命贯注、哺育了个体生命,而作为历史文化生命的承担者又创造、发展了历史文化生命。历史文化的生命是由个体的、有文化的有生命的人创造和传承的,当无数代人将其文化生命客观化、融于历史文化生命之流时,又构成了创新不已、生生不息的文化生命长河。

当然,新儒家的生命是一哲学范畴,而不是自然科学范畴,因而不能用生物学意义上的"生命"定义来界定它。新儒家认为有真实生命和自然生命之分,真实生命就是经仁心润泽过的生命形态,即道德生命,自然生命就是经验范围中的"活者"。在他们看来,只有具有真实生命的人才能反求自证到我与天地万物同具一体,才能纳入宇宙大化流行、生生不息的宇宙长河。弄清新儒家生命范畴的意蕴是十分重要的。

新儒家所理解的生命与柏格森、叔本华等西方哲学家所理解的生命也有所区别。他们所用的"生命冲动""绵延"实质上是一种自然生命,不赋于道德意义,而且他们是把生命及其外部呈现物质完全对立起来,而新儒家从天人合德、心物合一出发,认为二者并无冲突,而是和谐一致的。实质上新儒家接受了西方生命哲学视生命为宇宙本

---

① 牟宗三:《道德的理想主义》,第 231 页。

体的思想,但又拒斥西方两极对立的思维方式,也可以说新儒家是站在传统儒学的立场上去理解和领悟生命。总之,新儒家的内在的生命主义是西方生命哲学和易之生生之理相结合的产物。

四、即理性超理性的特征

过去笔者曾认为新儒学是一股非理性主义思潮①,但经过思考和研究,觉得称它为超理性主义更切近原旨。因为非理性主义具有反理性、否定理性的色彩,而新儒家并不否定理性,更不反理性,而是既肯定理性又不满足理性。因而他们是在肯定理性同时又要求超越理性,故而我们称它为超理性主义。

梁漱溟称理性为理智、比量(在他那里理智与理性有区别,理性另有含义,这里暂且不讨论)。他认为理智是"我们心理方面去构成知识的一种作用"。它是排除了主观好恶的客观的"物理之理"。"物理,则不离主观好恶即无从认识。"② 它通过分析、计算、假设、推理……无穷的手段,从而构成"概念""共相"及其科学知识。梁认为,"现量"只能形成感觉,把握部分,"理智""比量"虽然形成了高级认识,但由于它采用了分析、计算等手段把世界分割开来,使人们无法把握到宇宙本体。因而,他认为现量、比量都有不足,而介于现量和比量之间的"非量"即直觉则克服了二者的不足,从而能认识和把握宇宙之本体。梁认为直觉就是孔子所说的仁,孟子所讲的良知良能。"此敏锐的直觉,就是孔子所谓仁"。"仁就是本能、情感、直觉"。③ 只有这种直觉才能认识和把握宇宙本体,实现心、物、天、人合一。

---

① 参见颜炳罡《五四·新儒家·现代文化建构》,《文史哲》1989 年第 3 期。
② 梁漱溟:《梁漱溟全集》第三卷,山东人民出版社,2005 年,第 128 页。
③ 梁漱溟:《梁漱溟全集》第一卷,第 453~455 页。

他说:"要认识本体非感觉理智所能办,必方生活的直觉才行,直觉时即生活时,浑融为一个,没有主客观的,可以称绝对"。① 这说明在感觉、直觉、理智的具体区分上梁并不认为直觉高于理智,但在论述理智与直觉的功能时又认为直觉的功能高于理智。总之,梁并没有否定理性在认识过程中的作用,因而不能说他是一位反理性主义者,但他认为理智又有不足,这说明他试图超越理性。

熊十力与梁漱溟在认识领域大体一致,但熊对理智的分析远比梁深刻和细腻。熊认为量智就是理智,相应于量智而超越量智的是"性智"。他说:"量智,是思量和推度,或明辨事物之理则,及于所行所历,简择得失等等的作用故,故说名量智。"这说明熊氏在经验领域不但没有否认量智的作用,而且对量智的作用给予了充分的肯定,但他认为量智并不是万能的最高级的思维形式,也就是说量智的作用也同样具有局限性。熊十力认为:"量智是缘一切日常经验而发展,其行相恒是外弛。"量智虽然是性智之发用,但性智的发用又需借助感官之用而实现,所以"官能得假之以自用",遂迷以逐物,妄见有外,妄生是非。这就是说量智来源于性智而又背叛了性智。

熊十力所言的性智与梁漱溟的直觉有所区别,熊讲的"性智"就是"本心"之"明觉",这种明觉"无知而无不知……备万理而无妄,具众德而恒如,是故万化以之行,百物以之成"。它"虚灵无碍,圆满无缺,虽寂寞无形,而秩然众理已毕具,能为一切知识底根源的"②。因而明觉又是"真的自己觉悟"。即觉悟到我之本心是我与天地万物同具的本体。熊认为量智是经验范围的事情,它构成科学知识,性智是哲学范畴,它向内求认识宇宙本体。在他看来,以理智去把握宇宙本体是南辕北辙,用力愈久,离本体愈远。这说明他在经验的范围内肯

---

① 梁漱溟:《梁漱溟全集》第一卷,第406页。
② 以上具见《熊十力全集》第三卷,第16~18页。

定了理性，在哲学层面上又否定了理性。总之，他不满意于理性而想超越理性，于是用性智。

牟宗三沿着梁漱溟、熊十力的理论方向继续拓展，完善了当代新儒家即理性而超越理性的理论构造。牟一方面指出中国文化存在着有道统而无学统的严重不足，另一方面又坚决反对科学沙文主义，尤其是理智一元论，两方面的有机结合就是牟氏的即理性而超理性的思想学说。

"有道统而无学统"就是说中国文化重视道德理性而缺乏逻辑理性或思辨理性，也可以说中国文化突显了德性之知而轻视了见闻之知。牟认为中国文化是仁智合一，以仁通智的文化模式，因而在仁的笼罩下，智随德走，智只在道德范围内用事，从而缺乏独立的"智之知性形态"。这一系统的缺少造成了中国未能产生西方的科学、逻辑、哲学认识论。中国文化要开出科学、数学、逻辑系统，就需要良知经过自我坎陷，自我否定，转出智之知性即理智，开出主客体对列（对偶）之局，使物成为知性之对象，从而究知物之曲折之相。在牟看来，只有实现了良知的这一自我坎陷，才能开出独立的智之知性形态，开出科学及名数之学。这样才能在最终意义上实现儒家所意想的"外王"幸福，实现儒家的道德理性。可见，牟不但不否认理性的作用，而且给这种作用以相当的重视。

但牟反对科学沙文主义，反对理智一元论。他说："科学的研究是要用'理智'。……理智所分析综和的对象是自然的物质现象，客观的具体事实。……但是它只知平铺的事实，只以平铺事实为对象，这其中并没有'意义'与'价值'"。这就显出了科学的限度与范围。"他认为"意义世界"和"价值世界"不是科学研究的对象，不能用理智来分析父慈子孝等伦理问题。他主张把事实世界和价值世界分开，认为二者的混同导致了科学沙文主义和理智一元论。他指出："经过这三十年来的浸润发展，由情感的'科学唯一'转到理智的'科学唯一'，遂把科学的'理智分析性'与科学的'事实一层性'从科学本身冒出来泛滥而为言论行事的普遍态度、笼罩态度，这就成为科学一层论、理智一元论（人心主体不只理智这一面），泛科学、泛事实、泛理智的态度。这个态度，其后果之坏无以复加。"① 既然人心主体不只理智一面，而理智、科学不具有广泛的普遍性，那么理智以外是什么？他认为是"智的无限心"，或曰："智的直觉。"

"智的直觉"是"本心""良知""仁体"所独具的明觉。这种明觉与物之如其自己一体呈现，只有它才能把握"物自身"，物之自相。智的直觉所意识到的物是无物之物，意是无意之意，知是无知之知，觉是无觉之觉，就是物无物相，意无意相，知无知相，觉无觉相，皆是自在相。"只是知体明觉之具体地不容已地流行……知体明觉与行为物一体呈现"。② 在这种呈现中，良知明觉不是主体，亦是主体，不是客体，亦是客体，一切都是主体，亦是客体，主体与客体合而为一，浑沦不分。"心外无事，心外亦无物。一切盖皆在吾良知明觉之贯彻与涵润中。"③ 而与天体万物为一体。也就是说只有智的直觉才能最终体悟到宇宙之本体，体悟到我与天地万物为一。

牟宗三的"智的直觉"实质上是梁漱溟的"直觉"和熊十力"性智"的综合。熊十力想完成而最终未能如愿的《量论》被牟宗三完成了。

牟宗三对思辨理性的研究达到了相当精湛的境地，使他成为新儒家中最富有思辨色彩和最具有独创性的哲学家。长期以来，他出入于康德、罗素等哲学宝库之中，锲而不舍，终于构造起独具特色的哲学认识论。不过，他在完善理智的同时，并没有忘记其前辈熊十力等人

---

① 牟宗三：《道德的理想主义》，第 254~255 页。
② 牟宗三：《现象与物自身》，台湾学生书局，1996 年，第 439 页。
③ 牟宗三：《从陆象山到刘蕺山》，台湾学生书局，1979 年，第 240 页。

的教诲——量智有能亦有限。故而他严格区分思辨理性与道德理性，认为二者各具有不同的意义世界。即思辨理性只能认识现象，道德理性或曰智的直觉则能认识宇宙本体。这无疑表明智的直觉高于理智，道德理性高于思辨理性。所以牟是一位典型的超理性主义者。

一般说来，当代新儒学是一股与科学主义相对应的人文主义思潮。"忧患意识"是这股思潮的理论出发点，"返本开新"是其建构文化理论体系的方式和手段，再度发扬儒学是他们的目标。"儒家主位主义""道德中心主义""内在生命主义""超理性主义"是这一文化学派的总特征。但是，由于新儒家人数众多，其学各有极致。因而这些特征表现在不同人那里不尽相同。这就需要我们深入、细致地研究他们的学术著作，既要找到他们之间的"异中之同"，又要发现他们的"同中之异"，从而对他们作出恰当的、客观的评价。

第六章：当代新儒学的逻辑演进

这里所说的新儒学，是相对于帝制时代的儒学而言的。它是指鸦片战争以后，以儒家文化为主体，通过吸取其他外来文化，逐步形成的一股儒学思潮。这股思潮的演变至今已经历了三个时期：从 1840 年至 1919 年是其发生期；从 1919 年至 1949 年是其形成期；从 1949 年至今是其深化期。第一时期的代表人物是康有为、梁启超。他们试图借助于今文经学的形式，通过旧儒学自身的整合功能将其转换成资产阶级的新儒学，把儒学推向现代化。在一定意义上，我们可以称它为今文经学的复兴。第二时期的代表人物是梁漱溟、熊十力、冯友兰、贺麟、张君劢、钱穆等。他们是在儒学宫殿被新文化运动推倒之后，试图再度将儒学的大厦建筑起来，重新肯定儒学的价值。他们的思想或来自陆王，或来自程朱，因而我们称之为宋明理学心性之学的复兴。第三时期的代表人物是牟宗三、唐君毅、徐复观等，他们试图把儒家的传统发扬光大，使其走出亚洲、走向世界。从某种意义上说，这一时期是顾、黄、王哲学的复兴。下面就新儒学的演变作以下概述。

一、当代新儒学的发生

中国由封建社会向新的社会形态的转变是在异民族的压迫下进行的。假若没有鸦片战争及其以后一系列的失败，中国社会或许在原有机制的基础上再度自我复制近百年或更长的一段时间。因而，中国的资产阶级是在帝国主义助产婆的催生下诞生的。由于特殊的历史原因，这个阶级在政治、经济、思想等各方面尚远未成熟就粉墨登场了。因而，它不可能斩断从封建母体带来的脐带，反而把这种脐带视为至宝和命根。所以资产阶级改良主义者，根本不愿彻底否定传统儒学，不愿根本否定封建主义，而是试图调和资产阶级与封建阶级的矛盾，抹杀新学和旧学、中学与西学的差别，创立一种"不中不西""即中即西"的新学派。

中国特殊的历史条件也为儒家安排好了特殊的历史命运。近代中国，既要向外国学习，又要抵抗外国的侵略；既要批判封建主义，完成民主革命，又要维护维系整个民族生存的向心力和凝聚力，以共同对付异民族的入侵，实现民族独立。因而传统文化尤其是传统儒学就成了精华与糟粕、财富与包袱、动力与阻力的复合体。中国人对它处于既留恋又痛恨的复杂感情之中。而维新人士正是利用这一心理，把西方资产阶级的思想和儒学的某些因素相比附，以调和中西之差，抹杀古今之别，从而把封建儒学直接转换成资产阶级的儒学。首先起来从事这项工程的是康有为、梁启超等人。

首先，康氏利用西方近代自然科学的成果，改造儒家的哲学学说，使传统哲学中的"元气"和"变易"思想具有了新的含义。他说："积气而成天，摩砺之久，热重之力生矣，光电生矣，原质变化而成焉。于是生日，日生地，地生万物。"（《康子内外篇·理气篇》）他认为"积气"就是康德、拉普拉斯所说的"星云"。这说明他的"元气"说有了自然科学的内容。同样，他对儒家的"变易"思想亦多有发挥。他认为变是世界不可抗拒的自然规律，要"善变以应天"，不要"不变而逆天"。中国只有"全变""尽变"，才有出路，才能富强。"全变"和"尽变"必然逻辑地导出本末、体用、道器都变。这就冲破了长期以来束缚人们头脑的"天不变，道亦不变"的思维方式，从而与"中学为体、西学为用"的洋务派区别开来。

其次，康氏把儒学创始人孔子打扮成为近代的学者。他认为，孔子是"托古改制"的教主、"与时更化"的圣王。这种"圣王""生当乱世之时，则行拨乱小康之义；若生平世之时，则行太平大同之义"。（《论语注》卷一）故而"圣人之治，如大医然，但因病而发药耳，病无穷而方亦无穷"（《〈礼运注〉叙》）。这无非是向人们表明，"因势推迁""与时更化"是孔子的真精神，即使孔子生于当世也会实行资产阶级变法。不仅如此，他还进一步指出孔子本来就主张君主立宪、民主共和。他说："可知六经中之尧舜文王，皆孔子民主君主之所寄托，所谓尽君道，尽臣道，事君治民，止孝止慈，以为轨则，不必其为尧舜文王事实也。"① "《春秋》、《诗》皆言君主，惟《尧典》特发民主义。……故《尧典》孔子之微言，素王之巨制，莫过于此。"② 这样，康氏就把孔子直接近代化、资产阶级化了。应当指出，早期儒家学说中，确实存有原始民主、平等、人道的因素，但康氏抓住这点进行无限夸大，把它同资产阶级的东西等量齐观是不科学的。况且早期儒学中仅有的那一点民主、平等、人道的因素，早已为历代统治者所扭曲而发生变形。他不加分析地将其直接转换成资产阶级的东西，将其直接近代化，这种努力只能是徒劳的。

最后，康氏利用西方的进化论改造儒学"三统""三世"说和大同、小康理论，使其具有全新的内容和意义。他说："孔子之道，有三统三世，此盖籍三统以明三世，因推三世而及百世也。""人类进化，皆有定位。自族制而为部落，而成国家，由国家而成大统，由独人而渐立酋长，由酋长而渐正君臣，由立宪而渐为共和；由独人而渐为夫妇，由夫妇而渐定父子，由父子而兼锡尔类，由锡尔类而渐为大同，于是复为独人。盖自据乱世进为升平世，升平进为太平，进化有渐，因革有由，验之万国，莫不同风。"（《论语注》卷二）在他看来，人类社会有其固有的发展规律，从族制→部落→国家→大统，由独人→

---

① 康有为：《孔子改制考》，中国人民大学出版社，2010年，第285页。
② 同上书，第288页。

酋长→君臣→立宪→共和，由据乱世→升平世→太平世，是人类社会发展共有的轨迹。他认为"据乱世"是封建社会，"升平世"是资本主义社会，"太平世"是大同社会。几千年的中国封建社会不过小康而已，中国只有变封建社会为资本主义社会并进一步向大同社会迈进，才不至为无情的历史所淘汰。在他所设想的大同社会里，国家、私有财产、家庭、阶级等种种差别和由此而产生的种种痛苦都不存在了，是一"至平""至公""至仁"的社会。因而他的大同理想，不再是对原始社会的追忆，而是一幅令人神往的高度文明、高度福利化的社会蓝图，是根据资产阶级的需要对原始大同思想的创造性改造。

当然，康氏对儒学的改造是不彻底的。这种改造本身就充满了自我矛盾。他既提倡民主，又抱住忠君的观念不放；他既力主"全变""尽变"，又鼓吹渐进。在处理这些矛盾时，他不是让忠君观念服从民主思想，而是以忠君限制民主的内容，最终堕落为保皇派。同样他也不是利用进化之手段以达"全变""尽变"之目的，而是以"渐进"来束缚"全变"和"尽变"。这表现为他先树起大同社会的高妙设想，然后把人类社会分为三世，而每一世又分为三世，以至无穷。这种渐进只能是不进。因而他的一切宏伟计划也只能是一种可望不可即的彼岸世界。

康氏设计了改造儒学的方案，又自我毁灭了这一方案，使其儒学改造工程流产了。但他对儒学的现代化毕竟做出了一定的贡献：

他将西方的"星云"、"以太"、声光电化等一系列自然科学知识充实于儒学，使儒学中的"气""变易""日新""相反相成"等范畴具有了近代意义。

他把资产阶级民主、人权等贴上孔家的标签，又将儒学中原始民主、平等因素吹胀为资产阶级的东西，试图构造"不中不西""即中即西"的新儒学，为其维新变法张目。

他将大工业和资本主义乌托邦的幻想注入大同思想，将博爱、人道的因素纳入"仁"的范畴，充实了儒学的人文思想。

他神化孔子，认为孔子比耶稣和释迦还高明，并创立了世界性的孔教会。从儒学发展的角度看，这一创举则具有儒学世界化的意义。

他论述了儒学的"常""变"关系。他认为儒学原则适应于一切时代，但儒学具体内容是"与时推迁""因势推移"的。这种"常""变"说是新儒学存在和发展的理论依据。

康有为是资产阶级儒学的开拓者和尝试者。我们不能因其后来的保守而抹杀他早期的理论贡献。谭嗣同等称其为孔教之路德，是有一定道理的。

二、当代新儒学的形成

康有为改造儒学的失败，表明儒学无法通过自身的整合走向现代化。它是近代保守主义的工具，很难成为新思想形成和生长的温床。这一严峻的现实激起了一批锐意革新的知识分子对儒学的反感。由陈独秀、李大钊、胡适、鲁迅等唤起的新文化运动矛头直指孔子。孔子由原来的至圣先师变成了被任意贬斥的对象，儒学的名教纲常由原来审判一切的尺度变成了被审判的对象。在举国仇孔的时候，梁漱溟先生独行其道，以复兴儒学为己任，打出了走孔家路的旗帜。

梁先生从文化哲学、心理学、人生哲学入手，通过比较中西印三大文化系统的优劣得失，分析人们的心理需要和人生基向，证明儒学具有光明的前途。从其1921年出版的《东西文化及其哲学》到1984年出版的《人心与人生》，都旨在说明世界文化最近的未来是中国文化的复兴，也就是儒学的复兴。

他认为文化就是一个"民族的生活样法"。而"生活就是没尽的意欲（Will）"及这种意欲的"不断的满足与不满足罢了"①。然后，他

---

① 梁漱溟：《梁漱溟全集》第一卷，山东人民出版社，1989年，第352页。

又以这种意欲为轴心，比较中西印三大文化的特征。他说：

> 西方化是以意欲向前要求为根本精神的。……中国文化是以意欲自为、调和、持中为其根本精神的。……印度文化是以意欲反身向后要求为其根本精神的。①

西方人向着意欲轴心的前方走，印度人向轴心的后方走，中国人则徘徊于轴心之间。西方人走的是第一条路向，中国人走的是第二条路向，印度人走的是第三条路向。西方人由于意欲向前要求，所以对自然持征服的态度。由此而产生了"灿烂的物质文明"和"锐利迈往的科学方法"。中国人由于意欲调和持中，所以对自然抱"融洽游乐"的态度，而"印度人既不象西方人的要求幸福，也不象中国人的安遇知足，他是努力于解脱这个生活的"。② 因而他持的是禁欲主义的生活态度，追求的是一种"神秘"和"超绝"的出世理想。也就是说西方文化解决的是人与自然的关系问题，中国文化解决的是人与人的关系问题，印度文化解决的是人神关系问题。他以为这三个问题有先后序次之分，程度高低不同。因而它们代表了人类社会发展的三个阶段。第一个问题是人类首先遇到的问题。第二个问题是人类社会发展到一定阶段才遇到的问题。第三个问题是人类社会发展到最高阶段所要解决的问题。中国人和印度人都是第一条路向尚未走完就折向了第二条路向和第三条路向。因而它们是人类文化的一种早熟。

梁氏是典型的"意欲"中心论者。他认为人类求生的本能——意欲，可以决定一切，范围一切，衡量一切。但是人类生活的本质是实践，意欲不是人类生活的全部内容，它最多不过是人们实践系统中的

---

① 梁漱溟：《梁漱溟全集》第一卷，第383页。
② 同上书，第394页。

目的因。而且这种目的因还是由人们的实践决定的。梁氏把人类生活限定为"意欲"的不断追求，实质把人降低到了生物本能的水平，用这种本能说明文化，就是典型的本能文化论。

我们再来看看梁氏给人类文化所规定的三个问题。只要稍留神一下人类生活的历史事实，就不难发现任何一个民族都同时面临着这三个问题。第一个问题是一个民族赖以存在的前提，第二个问题不解决，任何一个民族也难以延续下去，第三个问题可以说或多或少存在于一切民族以往生活之中。三个问题，同时并行，交织存在。梁氏一厢情愿地把它们分配给三个不同的地区，是一种强物就我的做法。

梁氏对中西印三大文化系统进行分析和比较之后，对世界文化的现状和未来作了说明。在他看来，西方文化的路向已经走到了尽头，其征服自然的态度所产生的物质文明和科学方法已走向了反面，不仅不能再给人类带来福利，而且还给人类带来了无穷的灾难。西洋人由过去的物质上的不满足转为今日精神上的不安宁。这就迫使西洋人不得不由第一条路向转向第二条路向，即孔家的路向。他说："世界未来文化就是中国文化的复兴，有似希腊文化在近世的复兴那样。"[1] 这一预言距今已六十多年了，"目前儒家在中国文化环境和五四时代相较也许更悲惨、更凄凉"[2]（杜维明语）。至少现在还可以说梁氏的预言仍是一种自我迷恋。

这一时期的另一位儒学大师是熊十力。熊氏是位富有思辨气质的哲学家。他从哲学本体论的角度入手，通过一系列的逻辑分析，论证儒学在现代社会和未来社会复兴的可能性和必要性。他认为哲学是在万殊中证会本体的学问。"本体是万理之原，万德之端，万化之始"。[3]

---

[1] 梁漱溟：《梁漱溟全集》第一卷，第525页。
[2] 牟宗三等：《中国文化的危机与展望——文化传统的重建》，台湾时报文化出版事业有限公司，1982年，第378页。
[3] 熊十力：《熊十力全集》第七卷，湖北教育出版社，2001年，第14页。

也就是本体是一切存在的始基和根据。在他看来，本体的性质是复杂的，它既有物质性，也有精神性；既有刚健、生生、升进、照明等性，或称之为辟、为乾，也有摄聚、柔顺、迷暗等性，或称之为翕、为坤。因而唯物论者认为本体只有单一的物质性和唯心论者认为本体只有单一的精神性都是错误的。由于本体内部两种势力的相互作用，从而产生了宇宙万物。在无机物阶段，生命、心灵、精神并非不存在，只是隐而未显罢了。物质与心灵浑然一片，物质藏乎生命、心灵、精神，生命、心灵、精神主导物质、了别物质、裁成物质和改造物质。在宇宙由无机物向有机物、生物、人类社会演变的过程中，生命一步步冲破物质的束缚而显露出来。一部宇宙演化史被熊十力描绘成了精神、心灵的奋斗史。这无非是说物质是被动的，心灵、生命是能动的，不是物质决定生命、心灵，而是生命、心灵决定和主宰物质。这具有明显的唯心论倾向。

当然，熊氏的本体不二的逻辑论证不是无聊的文字游戏，而是有其独特用心的。他试图从本源出发，证明儒家心性之学的合理性和正确性。本体内部有物有心，实则大谬，却貌似公允。然而不是物主心，而是心主物，意在向心学接近。最后他毅然把物质从本体中清理出去，认为心即本体。他说："今造此论，为欲悟诸究玄学者，令知一切物的本体，非是离自心外的境界，及非知识所行境界，唯是反求实证相应故。"① 也就是说，本体不是离开心而独立存在的，因而欲寻本体，"求诸己而已矣"。"求诸己者，反之于心即是"。他又说："中国哲学思想，归于《易》所云穷理尽性至命。……《新论》所谈本体，即此理也，性也，命也，名三而实一也。"② 他的哲学思辨并不是用理性来判定儒学之是非，而是把哲学思辨为预设的目的服务。实质上，他的

---

① 熊十力:《熊十力全集》第三卷，第13页。
② 熊十力:《十力语要》，上海书店出版社，2007年，第240页。

哲学成了陆王哲学的现代辩词。

熊先生的本体说是纵的方面论证儒学的合理性，而其"体用不二"的思想则是从横的方面对儒学现代意义加以肯定。所谓体即本体，用即功用。功用"即心物万象之目"。他认为体和用是相互依存的，"有体而无用，则体便空洞"；"有用而无体，则用乃无原而凭空突现，如木无根而生"。在他看来，实体变成生生不息之无量功用，这无量功用即是实体自身，即体即用，即用即体。他的体用观是试图说明宇宙本质和千姿百态的宇宙现象之间的关系。他认识到二者不可分割地联系在一起，应当说是相当深刻的。但他夸大个别与一般、现象与本质的同一，抹杀二者区别，以便证明我之心即宇宙之心，"上下与天地同流"，"与天地浑然一体"。他说："吾人实证到此，便无物我、内外可分，此乃即物而超物，即人而天。"① 他的体用观同样是对陆王心性之学的现代论证。

梁漱溟与熊十力同属一个时代的儒学巨擘。两人同援佛入儒，同宗孔孟陆王，共倡新儒学。但一个从文化入手，一个从哲学入手，一个综合比较，一个分析演绎，一唱一和，遥相呼应，可谓配合默契。二人的新儒学观可以简单地归纳如下：

1. 儒学与西洋文化并不冲突。梁漱溟认定中国与西方走的是不同的文化路向。但他又认为民主在中国古已有之，只是与西方的形式不同而已。他说："平等精神民主精神，在中国却不感生疏。此其证据甚多！……大约在古代，则孟子所发挥最明澈不过。……有人说：中国社会中国政治未尝反民主或不民主，只不过是民主之另一方式，……有识者大致都觉察到。"② 熊十力也认为："象山兄弟确有民治思想。"③

---

① 熊十力：《十力语要》，第 240~241 页
② 梁漱溟：《中国文化要义》，上海人民出版社，2011 年，第 21~22 页。
③ 熊十力：《十力语要》，第 152 页。

并认为明儒陈白沙所言天自信天、地自信地、吾自信吾就是独立,孔子的"我欲仁,斯仁至矣",就是自由最精义,而孔子的"当仁不让于师"和孟子的"人皆可以为尧舜",就是平等之义。他们都厌恶康有为,但又重蹈康氏之覆辙。我们知道,孟子的"民贵君轻"理论是从人民在社会治乱中的作用的角度出发,告诫统治者不能视民为草芥,要以民为本,而民主是国家的政权形式,二者差别是明显的。至于独立与自信,应当说独立包括自信,但不能归结为自信。孔子的"我欲仁,斯仁至矣"最多不过是人实现道德价值的自由,而根本不是人民在社会生活中所应享受的权利。"人皆可以为尧舜",只是人们追求道德理想的一种人格上的平等,而不是政治、经济的平等。令人不解的是梁氏在《东西文化及其哲学》中,大篇幅地论证由于中西文化路向的不同,中国不会产生民主与科学,而在《中国文化要义》里又谈民主古已有之;熊氏一面鄙视别人将孟子的民贵理论附会为民治思想,而自己又将孔孟的只言片语附会为自由、平等,如此矛盾,令人吃惊。

2. 儒家文化可以治西方之症。梁漱溟和熊十力都认为,西方文化只知向外追逐,而不懂向内要求,而中国的心性文明正可以救西方一味追求物质享受所出现的弊端。熊十力说:"今日人类渐入自毁之途,此为科学文明一意向外追逐、不知反本求己,不知自适天性所必有之结果。吾意欲救人类,非昌明东方学术不可。"① 这并不是什么民族自尊心。试想一个最拥有这种文化的民族尚未自救而又欲救人,谁能相信呢?

3. 儒学的复兴是人类的前途。梁氏指出:"孔子学说的价值,最后必有一天,一定为人类所发现,为人类所公认,重光于世界。"② 熊十力说:"孔子为大地人类前途……预拟太平之原则。略举以四:一

---

① 熊十力:《熊十力全集》第四卷,第294页。
② 梁漱溟:《孔子学说的重光》,《乡村建设》旬刊第4卷第5期,1934年。

曰，天下之人人皆有士君子之行；……二曰，天下为公；三曰，天下一家；……四曰，群龙无首。……今后大地人群将实现孔子之四项原则，尔时国界、种界都消灭，野心家之利用国界、种界以造人类自毁之罪恶者当亦随同消灭，科学可不向武器发展，将有余裕以从事于宇宙真理之探索……"① 历史已经表明，任何一个民族的文化都有自己的特色，有自己的价值和存在的根据。因而不可能有一种包医百病、无条件地适用于一切民族的文化。我们吸收外来文化，无疑是根据本民族的需要进行再创造。孔子学说如果对世界其他民族真有价值的话，他们也会根据自己的需要进行有鉴别的吸取。所以试图以孔孟之学说征服世界之人心，是古已有之而应消除的想法。

与梁、熊同时的新儒家还有张君劢、钱穆、冯友兰、贺麟等。20世纪 50 年代后，张、钱生活于海外，思想还很活跃，待后论及。冯、贺生活于大陆，其思想已有所转变。限于本文的篇幅和议题，这里就存而不论了。

三、当代新儒学的发展和深化

1949 年以后，分散在海外的新儒家们开始了儒学第三期发扬工作。他们主要是张君劢、钱穆、牟宗三、唐君毅、徐复观、杜维明、蔡仁厚等人，以牟、唐为中心，在海外逐渐形成了一个相当活跃的学派。这里仅就他们对新文化运动的反省、对传统文化的肯定和检讨以及儒学的现代化等问题作一概述。

（一）对新文化运动的反省

新儒家认为这场运动使中国人丧失了自信心。牟宗三指出，新文化运动的倡导者们认为"中国文化是封建的、过时的、全当否定。而

---

① 熊十力：《熊十力全集》第七卷，第 231~232 页。

且以为要吸收这个新的，必须去掉老的，视中国文化与科学及民主为不相容的对立。……西洋人并不敢说打败我们的文化。……所以打败我们的文化是我们自己代人行事，起来自己否定的。这就叫做自失信心，自丧灵魂，此之谓'自败'"①。说新文化运动导致了民族自信心的丧失，并不符合事实。如果说我们民族因之而失去了自信心，那只是失去了对儒学的信心；如果说有的中国人因之而失去了自信心的话，也是那些除孔孟外无所归依的儒者。从另一角度讲，恰恰是新文化运动使马克思主义得以在中国广泛传播，使中国人看见了希望，增强了我们民族的自信心。

他们还认为新文化运动是一场消极的、破坏性的、片面的运动。牟宗三说："新文化运动之内容是消极的、负面的、破坏的、不正常之反动的、怨天尤人的。"因此，对它"便不能不再来一个否定而归于拨乱反正之正面的健康的思想内容"②。牟宗三对新文化运动的看法是片面的。新文化运动的意义在于破坏旧意识对现代社会的束缚，为新思想的传播开辟道路，这本身就是积极的，就是一种建设。如果因新文化运动彻底否定了儒家，再来一次对新文化运动的彻底否定，回到儒家去，则是错误的。

不过，继牟、唐稍后而起的新儒家，如杜维明、刘述先等人，对新文化运动的看法就与上述观点有所不同了。杜维明说：新文化运动中"智识分子的反对儒家不无澄清整治的功劳"③。刘述先说，新文化运动"提出的德先生和赛先生的口号，眼光一点也没有错"，错的是"把传统说得一无是处"。④ 新一代儒者更加冷静和客观，这说明新儒家也在变化中。

---

① 牟宗三：《道德的理想主义》，台湾学生书局，1978年，第252~253页。
② 牟宗三：《生命的学问》，台湾三民书局，1970年，第142页。
③ 牟宗三等：《中国文化的危机与展望——文化传统的重建》，第377页。
④ 同上书，第334页。

当然，新儒家的看法对于纠正全盘西化派的偏执，激励民族的自主和自觉精神，还是具有一定意义的。

(二) 对传统文化的肯定和检讨

1. "同情"和"敬意"的主观研究法

传统文化是一内容浩繁的文化系统，千百年来，由于研究者们所使用的方法不同，而仁智互见。应当说，西方科学方法引入中国文化研究是其科学化的重要一步，而马克思主义进入中国，则使传统文化的研究真正步入了科学化的道路。牟宗三认为，用科学方法研究文化，"是把文化推出生命以外视为外在的材料"，"这样一来，则历史文化毁矣，孔子耶稣死矣"。① 他主张研究历史文化，应"把文化收进来，落于生命上，落于生活上。看历史文化是圣贤豪杰精神之表现，是他们精神之所贯注；看圣贤豪杰是当作一个道德智慧的精神人格来看"②。在他看来，这样就能保持精神文化的真实性。所以他们要求人们要抱着"同情"和"敬意"的态度研究历史文化。在牟、唐、徐、张联名发表的《为中国文化敬告世界人士宣言》中，他们一再呼吁研究中国文化的世界人士，不要抱着客观冷静的态度去研究，而要抱着"同情"尤其是"敬意"的态度去研究。他们认为，"敬意"增加一分，而智慧的运用就会增长一分，而了解就会增加一分。在这种"同情""敬意"的思想支配下，对历史文化的研究当然是易见其利，难见其弊；喜见其长，恶见其短。我们认为，对本民族的文化带任何情感色彩的研究，不是导致一个民族的自我迷恋，就会导致一个民族的自暴自弃，难使一个民族正确地衡量和估价自己。

2. 孔子和道统

在"同情""敬意"思想的指导下看孔子，孔子当然是至善至美

---

① 牟宗三：《道德的理想主义》，第 227 页。
② 同上书，第 227~228 页。

的圣人。牟宗三认为:"孔子整个是一文化生命在荡漾,通体是一精诚恻怛之心在流露。而从他的文化生命,精诚恻怛之心里,就涌现出全幅的文化理想。"① 唐君毅更是盛赞孔子是圣中之圣。种种颂词,不一而足。这些颂词与历代统治者的颂词相比,有过之而无不及。孔子不仅是圣人、师表,而且比任何圣人都伟大、崇高。这一思想正是康有为思想的继承和发挥。

牟宗三还指出:儒家是人文教。他说:"儒家为人文教,中国的文化生命为人文教的生命。"当儒家在中国兴起的时候,正是神的地位动摇、人的地位上升的春秋战国时期。孔子不言怪、力、乱、神,明确表示"未知生,焉知死","未能事人,焉能事鬼"。可见,他关心的是人的问题,而不是神的问题,是人的现实生活,而不是人死后的彼岸世界。在理想人格的塑造和培养上,孔子注重的是个人的德慧自觉,而不是神悟。所谓"为仁由己""我欲仁,斯仁至矣",因而我们说孔子并没有试图创立一种宗教,当一位教主。虽然历代帝王、学者对他百般粉饰,但他与法力无边的如来佛和全知全能的上帝还是有本质区别的。在这一问题上,梁漱溟反倒比其后学者客观些。他否认儒家是宗教,他也指出在未来的社会中,儒家虽能代替宗教的作用,但不像宗教那样"神秘"和"超绝"。

蔡仁厚认为,这种儒家的道统是民族生命中的"定常的骨干","是国脉民命之所系,应该永远承续不绝,并不断求其充实与开展"。② 牟氏认为,这种道统原发于尧舜禹汤的"正德""利用""厚生"。"正德""利用""厚生"就是修己以安百姓,就是内圣外王之学。这种内圣外王之学,通过孔子圣智合一、以仁统智的规定,再到孟子的"尽心""尽性"和荀子的"尽伦""尽制",而成为"综和的尽理之精

---

① 牟宗三:《道德的理想主义》,第230页。
② 蔡仁厚:《孔孟荀哲学·自序》,台湾学生书局,1984年,第3页。

神"。与此相比,西方则为"分解的尽理之精神"。他认为"中国思想大传统的中心落在主体性的重视",亦可称之为"心性之学"。这种"心性之学"是中国思想的核心。在他看来,孔孟陆王是心性之学的正宗,宋明儒中的周、程、张、朱等是顺《易传》《中庸》一路而来,是心性之学的另一路向,亦可称为正宗。离开了这两者,都是心性之学的旁支了。告子、荀子、董仲舒、王充、刘劭固然是旁支,而扬雄、刘向、韩愈等人则是旁支之旁支。① 新儒家们对传统文化的研究是卓有成就的,但一定要判儒学为中国文化的正宗,而心性之学中又判正宗和旁支就是门户之见了。实际上,正宗未必可贵,学术流派中的歧出之旁支,如独得新意,也许更有价值。新儒家们以为心性之学是中国最光辉的成就,是别于他文化而又优于他文化之处,实是一偏之见。

3. 两个不足

但在严峻的历史事实面前,牟、唐等新一代儒者比康有为、梁漱溟、熊十力等清醒多了。他们不仅承认了近代中国无民主、无科学的事实,而且还探讨了未出现这两种东西的原因。牟氏认为,"从现实因缘方面说,是因为无阶级对立,从文化生命方面说,是因为以道德价值观念作领导,而涌现出之尽心尽性尽伦尽制之综合的尽理之精神"②。至少中国自殷商以来就存在着阶级,是无可争辩的历史事实。至于近代中国之所以未产生民主政治,归根到底是因为未形成资本主义大工业生产,而不在道德价值观念做领导。

牟宗三认为中国文化的另一不足,是"有道统而无学统"。也就是说没有独立的智的系统。这就造成了中国文化"一方既未出现逻辑数学与科学,一方亦无西方哲学中的知识论"。他不得不承认,"此一环之缺少,实是中国文化生命发展中一大憾事"。他说:"圆智神智,在

---

① 参看牟宗三:《中国哲学的特质》,台湾学生书局,1990年,第74页。
② 牟宗三等:《中国文化的危机与展望——文化传统的重建》,第25页。

儒家随着德走，德以为主，不以智为主。"这种智"只好在道德政治范围内用事"，从而未"转出知性形态"，没有"智之独立发展"，致使"逻辑数学科学无由出现，分解的尽理之精神无由出现"，"而学统亦无由成"①。牟氏的这一分析无疑是相当精彩的。不过中国没有形成独立的逻辑、科学系统是由社会综合因素造成的，仅仅把它归结为文化上的因素，也有偏颇之处。

在新儒家们看来，中国文化有延绵不绝的道统，这是其优点；但也有学统不出、政统不建的缺憾。他们认为，承续道统，弥补不足正是第三期儒学所应做的工作。

(三) 儒学的现代化或儒学第三期之发扬

牟宗三认为，儒学的发展已经过了两个时期，第一时期是由孔、孟、荀到董仲舒，第二时期是宋明理学，而现在所要从事的是"儒学第三期之发扬"。他认为，第三期儒学就是要以"西方文化之特质之足以补吾人之短者之吸纳与融摄"②。也就是要根据儒学自身的要求，扬儒学之长，补儒学之短，促使儒学现代化。他把这一思想概括为"三统"说：

> 道统之肯定，此即肯定道德宗教之价值，护住孔孟所开辟之人生宇宙之本源。③

牟宗三认为，道统也就是民族文化之统，它是一种比科学知识更高一层，更具纲维性、笼罩性的圣贤学问。④ 蔡仁厚指出，若失去了道统，"中国文化便失去了原动力，失去了生命的方向。在这种情形之

---

① 牟宗三等：《中国文化的危机与展望——文化传统的重建》，第 20~21 页。
② 牟宗三：《道德的理想主义·序言》，第 3 页。
③ 同上书，第 6 页。
④ 同上书，第 152 页。

下，即使有了民主与科学，也已经不是'中国'的身分，而已沦为一个殖民地的身分了"①。这种观点是十足的道德决定论，泛道德主义。实际上，任何道德都是一定的历史条件下产生的道德，都受那个时代所特有的经济结构、政治结构所制约，它虽然对社会治乱起作用，但不能起决定作用。事实上，自1840年至1919年以前，中国道统的地位并未失去，但中国不照旧一步步向殖民地的深渊走去吗？

牟氏认为道统的继承和发扬是儒学第三期所做的内圣工作，而外王方面即学统的开出和政统的建立也很重要。

> 学统之开发，此即转出"知性主体"以融纳希腊传统，开出学术之独立性。②

如何开出学统，蔡仁厚设计了一种方案。他说："在中国，知识之学的开出，仍须通过良知（德性之知）。良知当然肯定知识之学的价值，因此良知亦必须能够自觉地坎陷它自己，而转为认知心。"③ 牟宗三则强调学统在"三统"中具有特殊的地位。他认为：道统和政统都是"实践的"，一是个人的实践，成就圣贤人格；一是集团的实践，形成客观组织。"唯逻辑、数学、科学方面的学统，则是'观解的'。此是整个实践过程中的一个通孔"。"如果学统出不来……圣贤人格的实践很可能胶固窒塞而转为非道德的……则真正的外王是很难实现的。"④ 这就是说仁虽统智，智亦反作用于仁，离开道统的学统会走向物化，离开学统的道统也将窒息，政统实现也很困难。应当说，牟氏看到学术、科学、政治、道德的相互作用和相互联系，有合理之处；

---

① 蔡仁厚：《新儒家的精神方向》，台湾学生书局，1984年，第10~11页。
② 牟宗三：《道德的理想主义·序言》，第3页。
③ 蔡仁厚：《新儒家的精神方向》，第27页。
④ 牟宗三：《道德的理想主义》，第157页。

认为知识、科学系统的建立要与民族文化传统衔接起来，这对我们正确处理中西文化的关系也不无启迪。问题是人的知识系统从哪里开出来？西学与我们传统文化中的哪些地方衔接起来？牟氏的回答我们是不能赞同的。

    政统之继续，此即由认识政体之发展而肯定民主政治为必然。①

  牟氏认为，秦汉以来，中国历史上，存在着历二千年不得解决的三大政治困局：一是"朝代更替"；二是"君位继承"；三是"宰相地位"。从而造成了中国历史治乱循环、宫廷残杀、士人政治无法突破限制的局面。因而消除这三大困局，把政道客观化、法制化，建立民主政治成为历史之必然。他说："近代化的国家、政治、法律不能建立起来，儒家所意想的社会幸福的'外王'（王道）即不能真正实现；而内圣方面所显的仁义（道德理性），亦不能有真实的实现、广度的实现。我们必须了解民主政治之实现就是道德理性之客观的实现。"② 他重视民主政治，落脚点仍在道德理性。可见，在牟氏心目中"三统"的地位是不一样的。"道统"是根本，是文化生命。"政统"和"学统"是为承续和发扬"道统"服务的，离开了"道统"的"政统"和"学统"就会像西方一样"步步下降、日趋堕落"。当然，离开了"政统"和"学统"，"道统"也不可能真正实现。新儒家们认为，未来的世界文化就是"道统"+民主+科学。这一文化，他们称之为"儒家的人文主义"。至此新儒家在观念的王国里大功告成了，精神的需要满足了。过去一直受西方文化的压迫那无关紧要！因为未来的文化世界是

---

① 牟宗三：《道德的理想主义·序言》，第 3 页。
② 牟宗三：《道德的理想主义》，第 155 页。

儒家的天下！新儒家们的文化顶峰意识正是上述心理的反映。牟氏的"三统"理论的内容比其先辈们的理论是充实多了，只是仍然沿用了"中体西用"的旧方法。

新儒学的演变依次经过了康梁的发生期、梁熊的形成期、牟唐的发展深化期。这三个时期分别回答了三个不同的问题。第一个时期首次提出儒学的现代化问题；第二个时期回答了儒学为什么需要现代化的问题，也就是儒学遭到社会的普遍唾弃之后，再度肯定儒学的价值；第三时期主要是综合了前两期的思想、试图解决儒学怎样现代化的问题。这三个问题既相互联系，又逻辑地展开。通过新儒家的演变史，我们看到，他们一代比一代冷静、客观、理智，而理论也在不断地向深度和广度发展，正愈来愈成为国内外一股不可忽视的学术思潮。因而，加强对他们思想的研究，既有理论意义，也有现实价值。

第七章：时代的悲情与当代新儒家的生命品格

近现代中国，反传统主义的狂涛冲决堤岸，大有快速淹没一切之势。为护住民族文化的灵根与魂脉，以梁漱溟、熊十力、牟宗三等为代表的当代新儒家毅然挺身而出，抗拒时流，一次又一次被无情的时代大潮冲刷到岸边，成为"寂寞的新儒家"甚或"花果飘零"。然而，这种悲壮的时代机遇不期然锻造了梁漱溟、熊十力、牟宗三等这一特殊群体的生命品格。

一、反反心态：情绪化反传统思潮激起保守主义者对儒家的同情

何谓反反心态？反反心态即反反传统主义的心态。新文化运动兴起，陈独秀、胡适、鲁迅等为代表的文化激进主义者，猛烈地抨击儒家文化，矛头直指孔子。他们登高一唱，四方呼应，由是开启了反传统主义的大流，并掀起了一个又一个讨孔伐儒的滔天巨浪。一部儒家经典未接触的学人，同样可以随意指控儒学封建、落后、保守等，不需任何证据，凭感觉就可以断定儒学是中国社会前进的绊脚石，总之，尊孔的就是反动的，反孔的就是革命的……天下滔滔皆是。反反心态就是反这种反中国文化的心态。这种心态也就是捍卫传统，维护传统的心态，可以说一切文化保守主义者都有这种心态，只是程度不同而已。

当代新儒家这种反反心态是反传统主义者"逼"出来的结果。没有对儒学的极不公正评判乃至情绪化反对，就不会出现为儒家争公道，

为孔子抱不平的梁漱溟。1917年，新文化运动最为高涨的时候，梁漱溟走进了新文化运动中心的北京大学，举目望去："今天的中国，西学有人提倡，佛学有人提倡，只有谈到孔子羞涩不能出口……孔子之真若非我出头倡导，可有那个出头？"① 这一出头表现了梁先生独立不倚、砥柱中流、不合流俗的大无畏的学术勇气。当然，杜亚泉、林纾等人也曾出头，但他们不能给儒学找到新出路，陈焕章、康有为、严复等人所倡导的孔教会，非但不能使儒学起死回生，反而加速了儒学的衰败。梁漱溟挺身而出，抛开了儒家一切制度、现实的牵累，直透儒家内在的本质和真实意义，开启宋明儒学复兴之门，成为当代新儒家开山。可见，当代新儒学的出现，是对新文化运动的反动，是反反的结果。熊十力同样反反，他认为中国文化之高明，如赫日丽天，有目共见，有觉共感，而"无目无感者，不见不觉，遂訾人称阳宗之显赫。今之谓中国学问不值一钱者，何以异是？"② 就时代感受言，牟宗三比梁漱溟、熊十力更为深切，其反反心态也就更强烈。

这里需要指出，由梁漱溟、熊十力到牟宗三，当代新儒家批评新文化运动，具有鲜明的"反反"价值取向，但他们并不反对新文化运动所倡导的民主与科学。梁漱溟甚至要求对西方的民主与科学全盘承受，牟宗三把民主与科学视为"新外王"的主要内容。

二、孤往精神：时代的狂飙激起真儒的大勇

何谓孤往精神？孤不是孤独的孤，而是孤往之孤。孤往即天理在胸即孤而往，明知自己与千万人不同，自己孤单无援，仍然义无反顾，

---

① 梁漱溟：《梁漱溟全集》第一卷，山东人民出版社，1989年，第544页。
② 熊十力：《十力语要》，上海书店出版社，2007年，第63页。

勇往直前。孤往精神是道德意识周流贯注下的大无畏精神。《孟子·公孙丑上》载曾子说:"吾尝闻大勇于夫子矣:自反而不缩,虽褐宽博,吾不惴焉;自反而缩,虽千万人,吾往矣!"这是说通过反省,认识到正义不在我这里,虽然对方只是个平民百姓,我也战栗惊恐;如果正义在我这里,虽与千万人战,我也毫不畏惧,勇往直前!"虽千万人,吾往矣",这就是儒家的孤往精神。当代新儒家,梁漱溟、熊十力、牟宗三等都具有孤往精神。梁漱溟曾公开为孔子辩诬,认为孔子是中国文化四五千年发展史上的关键人物,"克己复礼"不是复辟,孔孟之道不是吃人的礼教,如果吃人,数千年来中国人早被吃光了,岂能有民族生命无比绵长,民族单位无比拓大之今日。

熊十力一生高视阔步,痛斥乡愿,睥睨名流,决然抗拒流俗,径行孤往。他说:"余平生痛惜清末以来学人尚浮名而不务实修,逞游谭而不求根柢,士习坏而族类危。"[①] 他认为凡名士必不虚心,不著实,必作无量外表功夫,必会世故,善迎巧,巧屈伸,趋时尚,媚世俗,与千百万无知之徒相浮沉,心肝死尽!误导天下苍生,使船山孤往精神,扫地无遗。"凡名流皆狗也!大名狗大,小名狗小,而狗一也!"[②] 由是之故,他常发誓言,不做名流,不为报刊、杂志写文章,不应讲演之约,不受当局馈赠,不妄谒学校当局,守其孤介,无所攀援,无所争逐,兢兢业业,不敢负所学,以获罪于先圣往贤也。他要求学人贞定自己,以不顾天、不顾地,甘受世间冷落,埋头苦干之孤往精神,造福于中国学术,造福于苍生国家。

牟宗三是熊十力所倡导的孤往精神的实践者,他不慕虚名,甘受寂寞,无所攀援,不与当道合作,守其孤介,自言六十年中,只做一

---

① 熊十力:《十力语要》,第248页。
② 熊十力:《熊十力全集》第八卷,湖北教育出版社,1997年,第588页。

件事，即"反省中国之文化生命，以重开中国哲学之途径"①。由此卓然成为一代儒学宗师、哲学大家，将当代新儒学推向新高度。

三、狂者的胸襟，为传承与弘扬道统而担当使命

何谓狂者胸襟？这里的狂不是狂妄之狂，更不是疯狂之狂，而是指一种敢于担当、勇猛刚毅的人格形态。孔子曾言，"不得中行而与之，必也狂狷乎！狂者进取，狷者有所不为也"（《论语·子路》）。儒门中，以感情炽热、坦率真诚、勇于进取、敢于担当者为狂。孔子，虽中正、平实，浑然天地气象，然而"文王既没，文不在兹乎？"（《论语·子罕》）平实中显狂者风采。孟子高视阔步，傲视王侯，"夫天未欲平治天下也，如欲平治天下，当今之世，舍我其谁也？"（《孟子·公孙丑下》）可谓狂者典范。狂，是对社会恶势力的一种精神反抗，是一种自我保护的应急心态。抗战时，牟宗三在昆明，谋事不成，衣食无着，困顿已极，"我在那阶段与处境，我若无照体独立之傲骨，我直不能生存于天地间"。"我需要骄傲，骄傲是人格的防线。"② 时代的击打与锻造，成就了梁、熊、牟等人的狂者胸襟。

1917年10月，梁漱溟途经湖南，夜宿长沙，闻战争涂炭生灵，感生民之祸亟矣，真水深火热也，满怀愤激之情，惊呼：吾曹不出，如苍生何！为后来毅然放弃都市优越的教授生活，走到中国社会的最基层——乡村，为从事乡村建设运动埋下了伏笔。他说："我今日若没些狂者胸襟，则我早不在此外县野乡吃苦受累，而安居北京，享我家庭幸福矣。"③ 又说："既有'四顾无人'之概，不免有'舍我其谁'之

---

① 蔡仁厚：《牟宗三先生学思年谱》，台湾学生书局，1996年，第73页。
② 牟宗三：《生命的学问》，台湾三民书局，1970年，第145页。
③ 梁漱溟：《梁漱溟全集》第八卷，山东人民出版社，1989年，第342页。

感。像这样数千年悠久历史之下,像这样数万万广大人群之中,而'认识老中国,建设新中国'这句话,只有我一个人最亲切;责任演到这步岂是偶然?固然没有什么'天'降之命,而正有莫之为而为,莫之致而致者在。是事实如此,不是我自负。"① 强烈的历史担当感和社会责任意识,鼓起了梁漱溟狂者的悲心大愿,造就了他矫然不群,抗拒流俗的个性,这是梁漱溟之所以为梁漱溟处。熊十力是位性情中人,1911年冬,他书下"天上地下,唯我独尊",其狂者胸襟可窥端倪。牟宗三在《我与熊十力》一文中有段回忆,生动再现了熊十力的狂者胸襟:"第二天下午,我准时而到。林宰平先生、汤用彤先生、李证刚先生俱在座。不一会看见一位胡须飘飘,面带病容,头戴瓜皮帽,好像一位走方郎中,在寒气瑟缩中,刚解完小手进来,那便是熊先生。……他们在那里闲谈,我在旁边吃瓜子。也不甚注意他们谈些什么。忽然听见他老先生把桌子一拍,很严肃地叫了起来:'当今之世,讲晚周诸子,只有我熊某能讲,其余都是混扯。'在座诸位先生喝喝一笑,我当时耳目一振。"② 这里所说的是熊十力的自负,也是熊十力的狂。"当今之世,讲晚周诸子,只有我熊某能讲,其余都是混扯",一语横扫学坛,目无余人。从这种自负中,人们可以品味出熊十力内心深处的孤寂与凄凉,而孤寂与凄凉的背后却由外在的压力积聚起巨大的能量,狂者显露不过是这种能量的突然爆发而已!如果说梁漱溟的狂源于历史担当和社会责任的悲心大愿的话,那么熊十力的狂则来自对学术文化的执着!

牟宗三高狂俊逸,独步千古,其狂者胸襟亦非常人所及。言及学问深浅,他说:"圣人之学即是圣人之道,所谓'肫肫其仁,渊渊其渊,浩浩其天',其深渊渊然,故不可测,难与知。大贤以下,其学之

---

① 梁漱溟:《梁漱溟全集》第八卷,第 343~344 页。
② 牟宗三:《生命的学问》,第 133~134 页。

深浅，各有参差。而近前师友，熊先生未易言。唐先生（唐君毅——引者注）大约水深三尺。我自己不敢自满，亦无须故作谦虚，本分而言之，深可五尺。至若时贤之学，虽未便轻议，而大体以'三寸五寸水清浅'者为多矣。"① 牟先生这番"本分而言之"的评判，恰恰透显出他的狂者气象。1994 年 12 月，病危中的牟宗三写下这样一段话："我一生无少年运，无青年运，无中年运，只有一点老年运。无中年运，不能飞黄腾达，事业成功。教一辈子书，不能买一安身地。只写了一些书，却是有成，古今无两。"② 一生著述，古今无两，寥寥数语，力拔千钧，此语无人能言，也无人敢言。牟宗三高狂俊逸，超迈千古，孤峭冷峻，望之俨然，可谓儒门之狂者。

反反心态、孤往精神、狂者胸襟，三位一体，相环而生。在反传统成为时尚或主流意识的时代境遇中，作为传统的维护者，当代新儒家深感孤独无援，孤往精神就成为他们重要的精神支撑；广天漠地、芸芸众生，"举头天外望，无我这般人"，由孤往精神与历史担当感沛然而生狂者气象。毫无疑问，正是时代造就了当代新儒家，锻打了当代新儒家人物的反反心态、孤往精神和狂者胸襟的品格特征，梁、熊、牟只是其中的三位突出代表罢了。当然，在吾人看，那种趋炎附势，随波逐流，与世浮沉，献媚权势，追名逐利之徒不是儒门中之物，自然不配新儒家之称谓了。

---

① 蔡仁厚：《牟宗三先生学思年谱》，第 72~73 页。
② 同上书，第 89 页。

第八章：梁漱溟与中国式的现代化探索

一、"问题中人"与责任意识

梁漱溟先生是中国现代史上一位杰出的思想家，一位特立独行的儒门大侠，一位本着自己的思想为中华民族复兴而拼命硬干的人。20世纪上半期的中国历史上，从都市到乡村，从高等学府的三尺讲台到决策民族国家命运的庄严庙堂，从战火纷飞的抗日战场到恬然悠闲的书斋、书院，无不留下了他的身影。他以"虽千万人，吾往矣"的大无畏精神，为后世树立了矫然不群而异乎流俗的人格典范。他以20世纪的波澜壮阔的中国社会为画布，以自己的全幅生命过程为画笔，描绘出一幅绚丽多姿、丰富多彩的人生画卷，向世人诠释了以天下为己任的真儒形象。梁漱溟先生之所以能够成为梁漱溟，之所以成为中国儒林中的一面旗帜，成为海外学者眼中"最后的儒家"，在于他的问题意识、责任意识以及勇于担当的精神。

（一）问题中人

梁漱溟先生一再申明，自己不是学问中人，而是问题中人。因为有了问题就会用心思，用心思，就会有自己的主观，有了自己的主观就要用行动实现出来，行动、实践是他理论的归宿，于是他认为自己是拼命硬干的人，是位实践家。为实践而去思想，因思想而去行动，且行且知，且知且行，知行合一，是梁漱溟先生一生的真实写照。

梁先生24岁，进入北京大学哲学门任教，以《东西文化及其哲学》《中国文化要义》等著作而闻名于世，理所当然是一位学者而且是卓有成就的学者，一位哲学家、一位佛学家、一位国学大师，但梁先生认为这是人们对他的误解。他说："误认我是一个学者，甚或说是什么'哲学家'、'佛学家'、'国学家'……这真实于两面都不合适：一面固然糟蹋了学者以及国学家；一面亦埋没了我简单纯粹的本来面目。"① 他认为自己屡任大学讲席，屡有著作出版，都是误打误撞出来的，自己从来没有求为学者之一念。梁先生作为一名学者之所以不愿承认自己是一位学者，一位哲学家、佛学家等，因为那不是自己刻意经营的，也不是自己的追求，更不是自己想要过的一种生活。

诚然，任何一位历史人物都有自我定位和社会定位，二者有时一致，有时又不能完全统一，也就是说社会定位与自我定位常常不能统一，而自我定位往往更能反应自我内在期许与主观追求，更能反映自己内心世界的真实，但社会定位可能比自我定位更客观、更全面甚至更有意义。梁先生乡村建设运动以及种种社会活动乃至政治活动也许如浮云过太空，往而不返矣，然而他自己不愿承认但社会公认的确然客观存在的学者身份由他留下的多种著述成为历史的见证，这些著述会成为后人永远研读的对象。

梁先生之所以要与学者划界，不愿承认自己是一位学者，内在缘由起于父亲梁济的务实品格。在梁济看来，晚清几十年以来，中国与西洋相遇，一再受挫，蒙受国难国耻，全在于西洋人务实，而中国积弱全在于中国的读书人专讲些无用的虚文所误。"诗词文章、汉学考据，宋儒的迂腐等等已经把中国人害得太苦"，"作事要作有用的事，作人要作有用的人"成为梁济对子女的训诫和要求，"重事功而轻学问"成为梁漱溟的终身追求。他自己承认对这一倾向后来虽然有所矫

---

① 梁漱溟：《我生有涯愿无尽——梁漱溟自述文录》，上海人民出版社，2013 年，第 63 页。

正,"但依然不甘为学者而总是要行动"。①

梁先生认为自己不好学问,也没有刻意著书立说,只是说自己想要说的话。其实一位独立思想者将自己想要说的话说出来就构成了自己的学问,梁先生正是如此。独立思考伴随着梁先生一生。当他的思考直面中国前途、命运时,直面生民苦难时,他的"问题"意识产生了。

梁先生郑重宣布:"我始终不是学问中人,也不是事功中人;我想了许久,我是什么人?我大概是问题中人!"②"问题中人",既简洁明快,又卓尔不群!问题与思考一体两面,相环而生,没有思考,就不会有问题;有了问题,而没有思考,问题就永远无解。他说:"学问就是学着认识问题。没有学问的人并非肚里没有道理,脑里没有理论,而是心里没有问题。要知必先看见问题,其次乃是求解答;问题且无,解决问题更何能说到。然而非能解决问题,不算有学问。"③ 发现问题,以求解问题,这是真学问。这学问不是纸上的学问,而是实践中的学问,是社会这个大课堂中的学问。梁先生做的不是故纸堆里死的学问,而是现实生活中的活的学问,发现问题,以求解决,解决过程就是做事功,至于成功与不成功是由各种因素决定的。由是我们说,梁先生既是问题中人,也是学问中人,也是事功中人。

梁先生的问题不是个人问题,也不是一家一姓之问题,而是中华民族的前途与命运问题,同时是人类的前途与命运问题。"我总是把最大的问题摆在心上。所谓最大的问题即所谓中国问题。而我亦没有把中国问题只作中国问题看。不过,作为一个中国人要来对世界人类尽其责任,就不能不从解决中国问题入手。"④ 在他看来,20 世纪中国最

---

① 梁漱溟:《我生有涯愿无尽——梁漱溟自述文录》,第 56 页。
② 梁漱溟:《梁漱溟全集》第四卷,山东人民出版社,1991 年,第 859 页。
③ 同上书,第 855 页。
④ 梁漱溟:《梁漱溟全集》第八卷,第 343 页。

大最要紧的问题就是"认识老中国，建设新中国"问题。

(二) 生命寄于责任一念

有了"问题"就要解决问题，解决问题就是肩负起自己的责任。梁先生的问题不是个人问题，而是中国社会的问题，中华民族的前途与命运问题，用儒家话说，这是"仁以为己任"。他认为他肩负着解决中国社会问题、中华民族前途与命运问题的历史责任。

梁先生说，我这里没有旁的念头，只有一个念头，责任。"我的生命就寄于责任一念。处处皆有责任。""由于总在最大问题中追求其最要紧的事情，久而久之，我所关心的，旁人往往不如我关心；我所能作的，旁人往往不如我能作；好像责任集中于我一身。既有'四顾无人'之概，不免有'舍我其谁'之感。像这样数千年悠久历史之下，像这样数万万广大人群之中，而'认识老中国，建设新中国'这句话，只有我一个人最亲切；责任演到这步岂是偶然？固然没有什么'天'降之命，而正有其莫之为而为，莫之致而致者在。是事实如此，不是我自负。"① 梁先生认为自己一生坚持乎此，力行乎此，永不懈不怠者，就是这份对民族、对国家的责任心。1934年，他在写给自己的外甥的信中说："我只是被自家少年来一些狂志大愿鼓着向前，而一念外公在天对这民族文化之毁亡，民生之惨祸不肯瞑目之心，尤使我不能懈这口气也。"② 父亲梁济为中国文化而自杀身亡给梁漱溟留下了巨大的创痛，同时也给予他超乎寻常的精神力量，这力量强化了他的责任意识。

梁先生生于京城，长于富贵之家，而他能眼睛向下看，侧身民间，化众生之苦为己之苦，以己苦体认众苦，忧以天下，乐以天下。他说："吾居京师，京师下级社会之苦况盖不堪言。严冬寒冽，街头乞丐累累

---

① 梁漱溟：《梁漱溟全集》第八卷，第343~344页。
② 同上书，第342页。

相逐，每一触目，此心如饮苦药。"① 20世纪中国下层民间疾苦不独梁漱溟先生见之，凡有目者人人皆见之。然而高高在上、标榜清高而不食人间烟火的知识精英们，或对众生之苦状熟视无睹，或已麻木不觉，而只有像梁先生这样仁怀天下之士才会"每一触目，此心如饮苦药"，痛彻骨髓。20世纪30年代，梁先生先在河南，继在山东从事乡村建设，对中国底层民众之痛苦有了更深入的了解和体贴，决然放弃京师优越的生活，放下大学教授的矜持，与中国社会最底层的民众——农民无缝衔接，个中滋味，梁先生深有感触。1930年，他在给自己的外甥信中说："若没些狂者胸襟，则我早不在此外县野乡吃苦受累，而安居北京，享我家庭幸福矣。""回家矣，终不肯听戏"，"盖在外县地方，看见老百姓之苦，觉得我们一听戏，随便就是几块或十几块（包厢十块不止），实属太过。"② 他以范仲淹先天下之忧而忧，后天下之乐而乐的精神告诫自己，以顾炎武的不耻恶衣恶食，而耻匹夫匹妇之不被其泽勉励自己，矫然不群，异于流俗，表现出儒门狂者气象。

有无责任意识可以说是判断真儒或假儒的标准。儒家自创始起，就有着强烈的淑世情怀与责任意识，孔子以文自任，以"知其不可而为之"的进取精神决然以道易天下，与天下善士共克时艰，解生民于倒悬。曾子认为一名儒士不能不具有坚毅不屈的品格，因为任重而道远。"仁以为己任，不亦重乎！死而后已，不亦远乎！""风声雨声读书声，声声入耳，家事国事天下事，事事关心"，"铁肩担道义，辣手著文章"，几乎成为儒家群体的信仰，成为分判儒与非儒的试金石。梁先生将"生命就寄于责任一念"延续着儒家的精神血脉，印证着一位真儒不逃避历史责任、不回避时代苦难，直面问题，敢于担当的精神品格。

---

① 梁漱溟：《梁漱溟全集》第四卷，第519页。
② 梁漱溟：《梁漱溟全集》第八卷，第342页。

(三)"吾曹不出如苍生何"的使命担当

梁先生是一位真儒,一位仁人,儒之所以为儒,于自爱爱人,仁人之所以为仁人,在于以仁存心。他认为在自己心中念念在爱人,时时在爱人。他将这种爱人之心、不忍人之心、恻隐之心推而广之,念念爱天下同胞,时时爱天下同胞。面对军阀混战,生灵涂炭,民族的劫难,他没有"躲进小楼成一统",而是以人溺己溺、人饥己饥的情怀,油然而生拯救斯民于水火的责任意识与担当精神。面对晚清政府的无能、腐败,他毅然加入京津同盟会,决心以手中机关枪、手榴弹加速清王朝的灭亡。而辛亥以来,兵革迭兴,秩序破坏,生灵涂炭,大呼:"生民之祸亟矣!吾曹其安之乎?吾曹其安之乎?吾曹不出如苍生何?"① 其担当精神跃然纸面。

有了责任意识,必然要有担当精神,从某种意义上说,责任意识与担当精神是一而二、二而一的,是一个问题的两个方面。梁先生的担当主要体现在对中国文化存亡绝续的担当。他说:"今天的中国,西学有人提倡,佛学有人提倡,只有谈到孔子羞涩不能出口,也是一样无从为人晓得。孔子之真若非我出头倡导,可有那个出头?"② 在举国批孔讨儒的风暴中,身处暴风雨眼中的梁漱溟,挺身而出,公开为孔子鸣不平,争公道,其胆识,其气魄,令人感佩!

梁先生对自己充满着自信,有时甚至非常自负,这既是其"舍我其谁"担当精神的体现,又是其狂者胸襟的真实表达。他在1942年初写就的《香港脱险寄宽恕两儿》信中,将其狂者胸襟表露无遗。他历数脱港过程中的种种险境,一再指明在险境中自己是如何被人赞叹"若无其事",如何自信自己的生命寄于天命,且断言传承孔孟之学,光大孔孟之学,"此事唯我能做","当世亦无人能做"。"'为往圣继绝

---

① 梁漱溟:《梁漱溟全集》第四卷,第519页。
② 梁漱溟:《梁漱溟全集》第一卷,第544页。

学，为万世开太平'，此正是我一生的使命。《人心与人生》等三本书要写成，我乃可以死得；现在则不能死。又今后的中国大局以至建国工作，亦正需要我；我不能死。我若死，天地将为之变色，历史将为之改辙，那是不可想象的，万不会有的事！"① 据牟宗三在《五十自述》一书中回忆，梁先生的信传到重庆北碚勉仁书院，书院诸君子争相传阅，皆称神奇，然而住在勉仁书院同样也对传承、光大孔孟之学十分自负的熊十力先生却不高兴了，他写信责问梁先生，你是疯了，还是狂了。梁先生作答，狂则有之，疯则未也。梁、熊既相互敬重，又保持各自的学问格调，如此一问一答，无论真相究竟如何，可待考证，但总是学林的一则佳话。无论梁先生是狂也罢，还是自负也好，都是梁先生坦荡性情的真实写照，体现了他传承中国文化的高度使命感与责任感。

要担当，必须有气魄，没有气魄，何担当之有！孔子高呼"文王既没，文不在兹乎！"这是孔子的担当，也是孔子的气魄。孔子在陈，之所以思鲁之狂士，是因为鲁之狂士有担当，敢于进取。读《孟子》，既可以体味孟子至大至刚的"浩然之气"，更能感受到他那"舍我其谁"的担当，由是我们认为孟子是一位彻头彻尾的狂者。梁漱溟之狂恰如"鲁之狂士"之狂，是其勇于担当，敢于进取精神的体现而已。

知而不行即使知得再好也只能算是思想家，行而不知即使再能干也只能称得上是实干家，梁先生是一位自己有思想且本着自己的思想去行动的人，可谓即知且行，即行且知，知行双彰，知行合一，是一位真正儒者。美国学者艾恺正是在这个意义上称梁漱溟先生是中国"最后的儒家"。梁先生的可贵之处，在于他由强烈的时代感受和现实人生而迸发出的问题意识，由问题意识而促成他的责任意识，由责任意识而激发出其担当精神，问题、责任、担当相环而生，穷其一生，

---

① 梁漱溟：《我生有涯愿无尽——梁漱溟自述文录》，第187页。

不甘为学者而处处时时都付诸行动。他的全部行动都指向"认识老中国，建设新中国"这一百余年来的中心课题。"我生有涯愿无尽，心期填海力移山"，悲耶？喜耶？是谓梁漱溟。

二、孔子精神的重读与中国文化复兴

20世纪20年代初，梁漱溟在中国学术史上首次对中、西、印三方文化及其哲学进行系统比较，立即引起了学术界的广泛关注和热烈讨论。他的比较有着鲜明的特点：其一，他穿过文化现象，直透现象背后的根本精神，复由根本精神说明现象；其二，他重新校正了东西文化的意义方位，纠正了自严复以来思想界流行的线性进化论的倾向；其三，他的结论让国人咋舌，他公开主张走孔家的路，过孔家的生活。这些问题直至今天，仍然耐人寻味。

（一）意义方位的重校和文化根本精神的发现

自中西文化交通以来，对中西文化优劣得失的考察一直是国人关注的课题。魏源提出"师夷之长技以制夷"，在魏源看来，西方文化在某些方面高于中国文化，值得中国人学习而且中国人必须学习。洋务运动的领袖们将西学分为可学者、不可学者，将中国文化分为可变者、不可变者的时候，即认为在"器械""工艺""法制"方面可以仿行西法，进行变通，而"伦纪""圣道""心术"是立国之本，万不可变，不能向西方学习。这表明洋务运动的领袖们也已承认西方文化的有些方面超过了中国，优于中国，值得中国学习，而圣道、心术、伦纪是民族之本，是立国精神，既不能变更，更不能丢弃。当时的口号是"中学为体，西学为用"，"主以中学，辅以西学"。洋务派是要走中西文化会通的路，但就他们的心态言，他们仍然认为中国文化高于西方文化。到戊戌变法时期，严复站在进化论的角度，对中西文化的优劣得失进行反省。严复痛斥那种认为西方文化只是在坚船利炮、器械工艺等形而下之方面高于中国的谬论，他认为，这里不是西方文化的命脉之所系。西方文化的命脉在于"学术则黜伪而崇真，于刑政则屈私以为公而已"。中国人也未尝不欲黜伪崇真，但西方人行之而常通，中国人行之而常病，原因在于自由不自由耳。由于西方人有自由，所以富强，中国人不自由，所以贫弱。中西文化的种种差异由是生焉。他说："中国最重三纲，而西人首明平等；中国亲亲，而西人尚贤；中国以孝治天下，而西人以公治天下；中国尊主，而西人隆民；中国贵一道而同风，而西人喜党居而州处；中国多忌讳，而西人众讥评。其于财用也，中国重节流，而西人重开源；中国追淳朴，而西人求欢虞。其接物也，中国美谦屈，而西人务发舒；中国尚节文，而西人乐简易。其于为学也，中国夸多识，而西人尊新知。其于祸灾也，中国委天数，而西人恃人力。"（严复：《论世变之亟》）在严复看来，由于中国缺乏真正的自由，所以自秦汉以下的历史就是一部奴隶史。严复是进化论的极力宣扬者，也是这一学说的忠实信奉者，他对中西文化的判断源于他的进化观念。以进化观念衡之，中国文化是古代的，是旧的，西方文化是近代的，是新的，二者的优劣显而易见。

严复的这种比较模式几乎成了中国学人考察中西文化的定式，支配了中西文化比较研究数十年。陈独秀、李大钊、鲁迅等受进化论支配，胡适也从实用主义的角度对此推波助澜。陈独秀在论及为什么反孔教时说："我们反对孔教，并不是反对孔子个人，也不是说他在古代社会无价值。不过因他不能支配现代人心，适合现代潮流，还有一班人硬要拿他出来压迫现代人心，抵抗现代潮流，成了我们社会进化的最大障碍。"[1] 可见，他们反对是因为孔子妨碍了现代社会的进化。在这种进化论的支配下，他们认为中国文化是旧的，西方文化是新的，中国文化是古代的，西方文化是现代的。中西文化的不同是新与旧的

---

[1] 陈独秀：《独秀文存》，安徽人民出版社，1987年，第415页。

不同，是古代与现代的不同。新的就是好的，旧的就是坏的，新的就是对的，旧的就是错的，因而只有以欧洲文化取代中国文化中国才能得救。陈独秀断言："欧洲输入之文化，与吾华固有之文化，其根本性质极端相反。"① "吾人倘以新输入之欧化为是，则不得不以旧有之孔教为非。倘以旧有之孔教为是，则不得不以新输入之欧化为非。新旧之间，绝无调和两存之余地。"② 这是线性进化论在文化研究上的极端表现。这种线性的进化论迫使人们作两极思考，中西双方文化，要么新，要么旧；要么是，要么非；要么静，要么动；要么物质文化，要么精神文化等。难道除此以外，就没有更好的答案了吗？

正当新文化运动蓬勃开展的时候，梁漱溟应聘入北大讲学。一踏入北大校门，他劈头便问时任北大校长的蔡元培对孔子的态度，蔡沉吟片刻回答说：我们也不反对孔子。梁明确告诉他，他此来除替释迦、孔子去发挥外更不作旁的事！梁处在新文化运动中心的北大，日感问题压迫之重，逼迫他对文化问题进行思考，得出结论。在新文化运动接近尾声的时候，梁漱溟思考成熟了。1921 年暑期，梁应山东省教育厅之邀作《东西文化及其哲学》的讲演，并使业已结束的中西文化的大讨论再起波澜。

梁漱溟认为，以往所有对中西文化的讨论都是表面的，浮光掠影的，都未能抓住文化背后的根本或源泉，因而得出的结论也就难以使人信服。他指出：文化是一个民族的生活样法。"生活就是没尽的意欲（Will）……和那不断的满足与不满足罢了。"③ 他认为意欲就是文化的根本和源泉，因而要求得一个民族文化的根本或源泉就要看一个民族的意欲的方向。由此他以意欲为尺度对中、西、印文化展开比较。他

---

① 陈独秀：《独秀文存》，安徽人民出版社，1987 年，第 37 页。
② 同上书，第 660 页。
③ 梁漱溟：《梁漱溟全集》第一卷，第 352 页。

说：西方化是以意欲向前要求为其根本精神的。① 中国文化是以意欲自为、调和、持中为其根本精神的。印度文化是以意欲反身向后要求为其根本精神的。②

意欲是文化的轴心，西方人向着这个轴心的前方走，印度人向着轴心的后面走，而中国人则徘徊于轴心之间。西方文化代表了人类文化的第一条路向即向前要求的路向，中国文化代表了人类文化的第二条路向即意欲转换、调和、持中的路向，印度文化代表了人类文化的第三条路向即意欲反身向后要求的路向。西方人由于意欲向前要求，所以对自然持征服、奋斗的态度，由此而产生了"灿烂的物质文明"、"锐利迈往的科学方法"及"德谟克拉西"精神。他说：我们一望可知西方人所走的路向是人类文化的第一条路向——即向前要求的路向：

（一）征服自然之异采　西方文化之物质生活方面现出征服自然之采色，不就是对于自然向前奋斗的态度吗？所谓灿烂的物质文明，不是对于环境要求改造的结果吗？

（二）科学方法的异采　科学方法要变更现状，打碎、分析来观察；不又是向前面下手克服对面的东西的态度吗？科学精神于种种观念、信仰之怀疑而打破扫荡，不是锐利迈往的结果吗？

（三）德谟克拉西的异采　德谟克拉西不是对于种种威权势力反抗奋斗争持出来的吗？这不是由人们对人们持向前要求的态度吗？③

在他看来，物质文明、科学方法、民主精神只是西方的表象，而决定西方产生这些的是其背后的根本精神即意欲向前要求的精神，是西方人的人生态度。西方人的人生态度就是奋斗的态度，改造局面使其满足我们要求的态度，念念向前要求的态度。

---

① 梁漱溟：《梁漱溟全集》第一卷，第353页。
② 同上书，第383页。
③ 同上书，第382页。

而中国人意欲调和持中，因而对自然抱融洽为乐的态度，它是"安分、知足、寡欲、摄生，而绝没有提倡要求物质享乐的"①。在中国轮船、火车、飞机、大炮是不会出现的，科学方法、民主精神是不会出现的。因为中国文化与西方文化不是同一条路向上的快慢迟钝问题，而是走的根本不是同一条路向，所以西方文化的成果在中国绝对不会出现。他说："我可以断言假使西方化不同我们接触，中国是完全闭关与外间不通风的，就是再走三百年、五百年、一千年也断不会有这些轮船，火车、飞行艇、科学方法和'德谟克拉西'精神产生出来。这句话就是说：中国人不是同西方人走一条路线。因为走的慢，比人家慢了几十里路。若是同一路线而少走些路，那么，慢慢的走终究有一天赶的上；若是各自走到别的路线上去，别一方向上去，那么，无论走好久，也不会走到那西方人所达到的地点上去的！"② 因为中国人遇到问题不是要求解决，改造局面，而是随遇而安，这就决定了中国文化的路向是人类文化的第二条路向，在这条路向上，不会出现西方文化的成果。

梁漱溟对中西文化的断定令人瞠目结舌！对他的这些惊人断语我们放到后面再去批评。我们觉得他对中国文化细微的比较倒更耐人寻味。如他说，西洋文明是成就于科学之上的，而东方文明是成就于艺术之上的，西洋人秉科学精神，产生无边无数的学问，中国人秉艺术之精神，产生不出一门一样的学问来，以西方学问的标准衡之，甚至可以说中国古代是"不学无术"。西方人所用观念要明白而确定，是科学方法，而中国人无论讲什么都是拿阴阳来讲，其结果是一切都玄学化了。科学方法之所得是知识，而玄学方法天然不能得到知识，顶多算是主观意见而已。梁是位相当有头脑的人，他的这些话今天看来不

---

① 梁漱溟：《梁漱溟全集》第一卷，第392页。
② 同上书，第392页。

仍然令人深思吗？

至于印度文化，他认为其物质文明无成就，社会生活不进化，不但不及西方且不及中国。其文化上唯一独盛的只有宗教之一物，而哲学、文学、艺术附属之。其精神生活畸形发展，而精神生活中宗教又畸形发达，所以它走的既不是西方文化的路，也不是中国文化的路，而是人类文化的第三条路。他说："印度人既不象西方人的要求幸福，也不象中国人的安遇知足，他是努力于解脱这个生活的；既非向前，又非持中，乃是翻转向后，即我们所谓第三条路向。"[①] 印度持的是禁欲主义的生活态度，追求的是一种神秘和超绝的出世理想。

（二）文化早熟与人类文化的未来发展

在梁漱溟看来，中、西、印三种文化路向不同，就主观说是由人生态度不同决定的，就客观说则是由其面对问题的不同决定的。他认为西方文化解决的是人与物之间的关系，而中国文化解决的是人与人之间的关系，而印度文化解决的是人与自身之间的关系。所以西方人所面对的"碍"是自然界，而中国人所面对的"碍"是他心，而印度人所面对的"碍"是自我"生命"。问题不同，解决的方式自然也就有差异，第一个问题解决的方式是"从对方下手，改造客观境地"；第二个问题解决的方式是"反求诸己，""尽其在我"。三个问题有先后次序之分，程度高低之不同，它们分别代表了人类文化发展的不同阶段。西方文化研究的着眼点是物质问题，也是人类发展过程中首先遇到的问题，其所用来解决问题的东西是理智；而中国文化其着眼点是内在生命，其所用来解决问题的东西是直觉；而印度文化其着眼点是无生本体，其所用来解决问题的东西是现量。西方文化是人类发展中首先遇到的问题，中国文化是人类发展到一定阶段才能遇到的问题，而印度文化是人类发展到最后阶段才遇到的问题。中国人和印度人都

[①] 梁漱溟：《梁漱溟全集》第一卷，第 394 页。

是第一条路向尚未走完就折向了第二条或第三条路向，它们是人类文化的早熟。

为什么中国文化会早熟呢？他认为这是天才作用的结果。在他看来，文化是出于天才的创造。中国文化古初的几位天才即所谓"古圣人"不同寻常，他说："我总觉得中国古时的天才比西洋古时的天才天分高些，即此便是中国文化所由产生的原故。"① 天才固然对文化的产生与形成会起到重要作用，然而只是将中国文化早熟的原因归结到这里对于成熟的思想家来说是相当狭隘的。对此梁漱溟似乎也无可奈何！

梁漱溟是典型的意欲中心论者。他认为人类求生的本能意欲可以决定一切，范围一切，故而可以将整个人类文化都用意欲的尺度进行衡量。以今日的眼光衡之，这是很有问题的。因他只考察了意欲对生活的决定作用，而忘记生活本身就可创造意欲。不过梁漱溟的比较文化和哲学仍然具有重要的学术意义，它突破了两极对立的思维方式，冲破了文化线性进化论在学界的独霸地位，发现了比较不同文化形态的新角度。在梁看来，以往的所有中西文化的新旧之争、动静之争、物质文化与精神文化之争，都是相当肤浅的，甚至是没有价值的。因为近年来流行的种种文化学说都没有抓住问题的关键和要害，而只是想将西方的民主与科学两种东西引进来而不去考察其背后的根本精神，即不去考察产生民主与科学的人生态度、文化路向，结果将问题弄得面目全非，贻害无穷。应当说这是对西化派强有力的回敬。梁明确告诉他们，以他们的法子引进民主与科学是不会成功的。梁的贡献在于重新校正了比较文化中的意义方位。新文化运动以来，人们普遍认为西方文化是新的，中国文化是旧的、过时的，中国文化是低级的，西方文化是高级的，而梁研究得出的结论恰恰相反。在他那里，中国文化是高级的，而西方文化反而是低级的；西方文化是旧的，是行将过

---

① 梁漱溟：《梁漱溟全集》第一卷，第481页。

时的，而中国文化恰好代表了人类文化的未来。当然梁所说的并非句句是真理，然而认为梁所说全是谬误也不尽然。梁是中国现代少有的好学深思之士，他的文化说持之有据，言之成理，自成一家之言，给人不少启发。人们可以不同意他的结论，却不能无视他对文化问题的思考。

（三）走孔家的路，过孔家生活

梁漱溟在对中西印文化系统进行分析比较之后，对世界文化的现状和未来作了预测。在他看来，西方文化的路向已经走到了尽头，其征服自然的态度所产生的物质文明和科学方法已走向了反面，不仅不能给人带来幸福，而且还给人类带来了无穷的灾难。西洋人由过去物质上的不满足转向今日精神上的不安宁。这就使西洋人不得不由第一条路向转向第二条路向即孔家路向。他指出西洋人在经济、学术、人生三个方面都已露出这种转向的迹象。由此他得出结论说：现在是西洋文化的时代，下去便是中国文化复兴成为世界文化的时代。而中国文化复兴之后，继之将是印度文化的复兴。由这种判定，梁漱溟提出了对中西印文化的态度。他说：第一，要排斥印度的态度，丝毫不能容留；第二，对于西方文化是全盘承受，而根本改过，就是对其态度要改一改；第三，批评的把中国原来态度重新拿来。[1] 他认为印度的态度是绝对不能要的，因为它太超前。如果此时提倡印度的态度，中国便祸乱无已，如果倡导人们过佛家的生活，只会延长中国人的水深火热的生活。但他对西方文化的态度是矛盾的，一方面他要求将全盘西化的态度根本改一改，另一方面他又说：西方的德谟克拉西精神和科学精神是完全对的，"只能为无条件的承认；即我所谓对西方化要'全盘承受'。怎样引进这两种精神实在是当今所急"[2]。既反对全盘西化，

---

[1] 梁漱溟：《梁漱溟全集》第一卷，第528页。
[2] 同上书，第533页。

又要对西方文化全盘承受，岂不前后矛盾？民主精神与科学精神不是西方表面的东西吗？西方之所以产生民主与科学不是由其意欲向前要求的根本精神和念念向前奋斗的人生态度决定吗？这些东西不是与中国文化的路向或者说与中国人随遇而安的人生态度相矛盾的吗？而中国文化意欲调和持中的根本精神又如何能接纳民主与科学呢？面对诸如此类的问题，梁漱溟认为中西文化的冲突不是表面的冲突，而是其根本精神的冲突，中国人不能简单地将西方的民主与科学引进来就算完事。"我们要去学他，虽然不一定照他原路走一遍。但却定要持他那路向走才行，否则单学他的面目绝学不来的。"① 这样梁主张将中国原来的态度批评地重新拿来。

他所说的中国的态度就是孔子的态度。孔子的态度就是刚的态度。而以往中国人的人生态度过分偏重阴柔坤静一面，近于老子，而不是孔子阳刚乾动的态度。孔子刚的态度与西方意欲向前要求的态度有相同的一面，都是向前动作，但西方意欲的动是向外逐去，刚的动是真正充实有力的动，而欲则是假有力的动。他认为他所提倡的刚的态度是提倡奋往向前的风气，但同时排斥那种向外逐物的颓流。刚的态度就是仁之不安、仁之不容己的态度，他指出：正如我们要求自由，不是计算自由有多少好处才要求，而是不自由不安才要求。他说：现在只有先根本启发一种人生，全超脱了个人的为我，物质的歆慕，处处的算账，有所为的而为，直从里面发出活气——罗素所谓创造冲动——含融了向前的态度，随感而应，方有所谓情感的动作，情感的动作只能于此得之。只有这样向前的动作才真有力量，才继续有活气，不会沮丧，不生厌苦，并且从他自己的活动上得了他的乐趣。只有这样向前的动作可以弥补了中国人夙来缺短，解救了中国人现在的痛苦，又避免了西洋的弊害，应付了世界的需要，完全适合我们从上以来研

---

① 梁漱溟：《梁漱溟全集》第一卷，第 371 页。

究三文化之所审度。这就是我所谓的刚的态度，我所谓适宜的第二路人生。① 梁一向反对中西文化融合之说，事实上他的追求仍然是中西文化的融合。不过他所倡导的融合不是现象的拼凑加减，而是文化本源上的融合即从人生态度上的融合。他所倡导的人生态度即刚的人生态度已不是随遇而安，调合持中了，而是一种超脱了个人利害，随感而应，发自内在的向前追求的态度。他认为这种人生态度是孔子的人生态度即刚的人生态度的复活，但这里的复活其实是借西方人的态度完成的。如果没有西方文化的涌入，梁漱溟大概不会发现中国人生态度的缺陷，也不会有向前要求的态度。从某种意义上说，我们仍可将梁的文化理想视为中西文化的融合。就向前要求的态度说，他是取自西方的，就不计较、不算账、不安的态度说，他是取自中国、取自孔子。他批评地将中国原来的态度拿来，就是将中国人从前偏于坤静阴柔的一面打落掉，转换出奋勇向前的风气。有了这种风气就可以全盘接受西方的民主精神和科学精神了。从这里谈中西融合是真正的融合，谈西化是真正的西化，谈中国问题的解决是真正的解决。他说："现在只有踏实的奠定一种人生，才可以真吸收融取了科学和德谟克拉西两精神下的种种学术种种思潮而有个结果；否则我敢说新文化是没有结果的。"②

梁漱溟认为，中国文化的复兴是中国人生态度的复兴。在他看来，那种视清代学术为中国文艺复兴的说法是错误的，因为清代学术根本没有人生态度的复兴。他指出，要复兴中国文化，昭苏中国的人生态度，必须重开宋明儒者所倡导的讲学之风。只有像宋明儒那样再创讲学之风，以孔颜乐处为现代人开出一条人生之路来，解决他们所烦闷的问题，中国才有希望。"只有昭苏了中国人的人生态度，才能把生机

---

① 梁漱溟：《梁漱溟全集》第一卷，第538页。
② 同上书，第539页。

剥尽死气沉沉的中国人复活过来，从里面发出动作，才是真动。中国不复活则已，中国而复活，只能于此得之，这是唯一无二的路。"①

可见梁漱溟所理解的中国文化复兴并不是对中国古文化的重复，而是在更高层次上对中国文化的整合与再创造。后来，梁既排斥欧洲近代以来的路，认为那是中国第一条走不通的路，也拒斥苏俄的路，认为那是中国第二条走不通的路，但这并不意味着梁不要民主，不要自由，不要科学，不要合作，否则他参与创建民盟，积极从事政党活动就不可理解。梁的用意是在警告世人，中国人不要邯郸学步，生硬模仿，以致失却自我，而要在认取自家精神，发挥自家特长，立足自家精神上求奋斗，求发展，走出一新的政治道路，组织一新国家，来一个人类文化的大创造。

梁漱溟在举国上下羞于谈及中国旧文化及孔子之道时，公开主张走孔家路，过孔家的生活，这是需要学术勇气和道德力量的。梁是哲学奇才，也是一位怪杰，怪之所怪在于他反流俗，鄙时尚。流俗滔滔天下皆是也，他不仅能独立不倚，中道而立，而且勇于对流俗作出坚决的批判。正是"孔子之真若非我出头倡导，可有那个出头？"这说明梁漱溟有担当的勇气。在当代新儒家学术阵营中，20世纪三四十年代，梁的影响远远大于熊十力，由于海外崛起的新儒家中虽说大都是熊、梁的学生，然而在精神血脉上近于熊而远于梁，所以就儒学发展自身说，熊的影响远远大于梁。港、台新儒家当以牟宗三、唐君毅、徐复观为典型，然而牟与梁的关系是由熊十力才联系起来的，他们之间并没有直接的师生关系。徐复观走上学术的道路较迟，与梁也没有师生之谊，故牟、徐是熊十力的弟子。唯有唐君毅听过梁的讲演，算是梁的学生。而且梁唐之间一直保持着良好关系，唐每有著作问世，总不忘寄予梁漱溟一阅，而梁对唐评价甚高，并对他的著作的有些章节专

---

① 梁漱溟：《梁漱溟全集》第一卷，第539页。

门作了摘要和评说，唐对梁也颇为尊敬和客气。而牟对梁则有批评甚至是相当严厉的批评，但也有很高的评价。他称梁极有性情，有思考力，"独能深入孔教最内在的生命与智慧"，使"孔子的生命与智慧亦重新活转而披露于人间"。说他开启了宋明儒学之门，使吾人能接上宋明儒的生命与智慧。[1] 本人一直在想，大概牟与唐正像上代的熊与梁，牟是熊的嫡传，当然牟非熊所限，对梁也有取舍，唐似乎是梁的传人，学问气貌极近于梁，在学理上与熊十力显得有些疏远。

梁漱溟对东西文化的比较及其根本精神的揭示固然是意欲决定论，用马克思主义来分析，就是主观唯心论。不过，哲学上的问题除了党性原则之外，还有思维深化和认识发展的问题。梁的文化哲学对于推动人们对中西文化关系的思考，深化对东西哲学的研究无疑具有启发性。他要求人们看到文化时代性的同时，还应看到文化的民族性，这对于纠正线性进化论的偏颇功不可没。他主张走孔家的路，过孔家的生活，学术界一向以此断定他是复古主义者，其实问题并非如此简单。他理解的孔子，他所谓的孔子的真精神已与传统的孔子有了很大的差别。他所谓的孔子的精神，刚的、仁的、生动活泼的、不计利害向前要求的生活态度，不仅不排斥民主与科学，而且还积极要求民主与科学，是民主与科学在中国生根的真正基点。梁的思想是开放的，不是封闭的，我们只想提醒学者们注意，在指出梁漱溟是复古主义、文化保守主义的同时，要注意到他开放，要求变革甚至是革命的另一面。

三、孔子仁的精神与刚的生活态度

（一）孔子仁的精神再诠释

仁是孔子哲学最重要的范畴，是孔子思想的核心观念，是孔学之

---

[1] 牟宗三：《生命的学问》，台湾三民书局，1970年，第112页。

所以为孔学的重要标志。但孔子对仁的种种解说，皆因人而设，随机呈现，所以孔子的仁意蕴丰富、飘忽不定，主旨明确而界域不清，给人一种"仰之弥高，钻之弥坚，瞻之在前，忽焉在后"之感，这就为后人留下了广阔的想象空间并使之具有了不断被诠释的可能性。最近王国轩教授搜罗古今对仁的种种诸说，认为仁有七种要义。仁的第一要义是生，第二要义是爱或博爱，第三要义是理，第四要义是全，第五要义是公，第六要义是一，第七要义是通。① 显然，仁有这七大要义，但并不限于这七大要义，因为我们还可以信手拈来，罗列许多，如可以说仁是不安，仁是良知，仁是恻隐，仁是推己及人，仁是道，仁是体等。当然，这些意义虽未必尽合乎孔子仁的原意，但它们又都没有游离孔子仁学思想的本质方向，甚至可以说是顺孔子仁学思想的本质方向调适上遂之发展。后世儒家学者正是通过对仁的这种创造性诠释，因应时代问题，建构自己的思想体系。

近代以降，欧风美雨席卷华夏，许多有识之士惊呼中国正面临"三千年未有之变局"，儒家文化遭遇到前所未有的挑战。怎样才能战胜数千年未遇之强敌，怎样才能使中国走向富强？这是近代许多儒家学者思考的问题。从魏源的"师夷长技以制夷"到张之洞的"中学为体，西学为用"，再到康有为的"托古改制"，他们在力图保持儒家思想在中国意识形态领域主位性的同时，通过学习西方的科技器物或变革、调整中国社会结构实现强国之梦。康有为的思考代表了那个时代儒学发展的最高成就。他不仅是中国社会改革系统工程的设计者，同时也是实践者。正如他通过系统学习西方的社会政治、经济结构以改变中国的政治、经济结构一样，他也力图通过对西方基督教的模仿实现儒学由教化之教向宗教之教的转变，使中国真正成为名实相当的儒教之国。一方面，他以西方基督教的博爱诠释孔子的仁，另一方面，

---

① 王国轩：《仁学与人类文明》，《孔子研究》2004 年第 3 期。

他又赋予仁以宇宙根源意义,认为仁是宇宙一切变化的根源。然而,百日维新失败后,即康有为政治改革流产以后,他仍然全力保护儒学改革的成功。民国初期,他在世界各地组织孔教会,发起定孔教为国教的请愿运动,在袁世凯、黎元洪等政治人物的呼应下,孔教运动一度颇有声色。不过,由于孔教运动与旧派人物尤其是与袁世凯、张勋复辟活动相呼应,引起了激进知识分子的强烈不满。人们由痛恨袁世凯、张勋等复辟而憎恶康有为的孔教会,而由厌恶孔教会而累及整个儒家文化系统。新文化运动由是兴起,儒家文化的价值受到激进主义者的普遍怀疑乃至全盘否定,以至于"今天的中国,西学有人提倡,佛学有人提倡,只有谈到孔子羞涩不能出口"[1],梁漱溟的这番话是新文化运动时期人们社会心态的真实写照。

康有为孔教改革的失败,有着非常复杂的社会原因,这里不拟进行社会学的分析。从该运动本身思考其失败的经验教训,我们认为,主要有两点:其一,对西方基督教做了形式主义的外在模仿,这种形式主义的模仿导致孔教运动腹背受敌,一方面它引起缺乏宗教意识的儒家知识分子的激烈反抗,另一方面,由于定孔教为国教又引起宗教人士尤其是基督教人士深深忧虑。其二,借助外在的政治力量推行孔教,而忽略了儒学自身内在力量的挖掘,是导致其失败的另一原因。

康有为孔教运动的失败意味着制度化儒学的努力破产,怎样才能使儒家复活?什么才是儒家永恒的精神?是许多儒家学者思考的问题。在反孔的滔天声浪中,梁漱溟先生挺身而出:"孔子之真若非我出头倡导,可有那个出头?"梁漱溟一出头,就不同凡响,他抛开儒家文化的一切外在牵累包括制度的、礼俗的、官方化等牵累,直透孔学的内在精神——仁,通过对孔子仁的创造性诠释,进而转活儒家哲学,复兴儒学。

---

[1] 梁漱溟:《梁漱溟全集》第一卷,第544页。

(二) 仁与敏锐的直觉

在梁漱溟看来,康有为那种对基督教形式主义的外在模仿是"冒孔子之名,而将孔子精神丧失干净!"是对孔子精神的糟蹋。他说:"我们一看所谓孔教会,直使人莫名其妙。而尤使我心里难过的,则其所为建筑教堂募捐启;细细开列:捐二十万的,怎样铸全身铜像;捐十万的,怎样铸半身铜像;捐五万的,怎样建碑;捐几千的怎样;煞费计算之精心,引逗世人计量我出多少钱买多大的名好呢?我看了只有呕吐,说不上话来。哀哉!人之不仁也!"① 在他看来,康有为及其弟子"根本不曾得到孔家意思,满腹贪羡之私情,而见解与墨子、西洋同其浅薄"②。在梁漱溟看来,康有为最大的问题是不理解孔子仁的真意,误解了孔子的精神。

只有超越康有为才能从形式主义的儒学中解放出来,开辟出儒学发展的新路径,这一点梁漱溟比谁都清楚,这也许是他与康有为式的儒学改革运动坚决划清界限的原因。康有为等人固然没有抓住仁的本意,而新派人物胡适等对孔子的仁更是做了肤浅的了解。他说:"胡适之先生在《中国哲学史大纲》上说:'仁就是理想的人道,尽人道即是仁,……成人即是尽人道,即是完成人格,即是仁。'……胡君的话我亦无从非议。但是这样笼统空荡荡的说法,虽然表面上无可非议,然他的价值也只可到无可非议而止,并不能让我们心里明白,我们听了仍旧莫名其妙。"在他看来,胡适根本不明白孔子仁的意义,所以他不能使仁"跃然可见确乎可指"③。那么这个跃然可见确乎可指的仁,究竟是什么呢?

梁漱溟明确指出,敏锐的直觉就是孔子所谓的仁。孔子的仁根植

---

① 梁漱溟:《梁漱溟全集》第一卷,第 464 页。
② 同上书,第 463 页。
③ 同上书,第 453 页。

于他的形而上学，孔子的形而上学就是"调和"。这种调和的形而上学认为宇宙间一切存在都是相对的、成双的、中庸的、平衡的、调和的，没有绝对的、单的、极端的、一偏的，总之，不调和的事物存在。事物的变化就是由调和走向不调和，或由不调和走向调和。调和折中是宇宙的客观法则，这就决定了人们对一切事物只能采取不任定、一任直觉之态度。在梁漱溟，调和、平衡就是中，就是不偏不倚，平常人们总是想寻一客观呆板的道理而秉持之，总是计算、打量，一计算、一任定，一打量就主观而言就失中而倾倚于外了。而孔子明确表示，对一切存在，唯变所适，无可无不可，毋意、毋固、毋必、毋我，不计算、不任定、不打量，一任直觉。梁漱溟明确指出，任何人如果认定一个道理推论下去，必然走向极端，必然失中。他说：

> 事实象是圆的，若认定一点，拿理智往下去推，则为一条直线，不能圆，结果就是走不通。譬如以爱人爱物这个道理顺着往下推去，必至流于墨子兼爱基督博爱的派头；再推就到了佛教的慈悲不杀；再推不但不杀动物也要不杀害植物才对；乃至一石一木也要不毁坏他才对；那么，那个路你怎么走呢？①

梁漱溟指出，直觉是人所本有的，而且原初是非常敏锐的，而杂染习惯往往使人的直觉迟钝了。直觉之所以比理智更可靠，在于直觉没有教条、框架，"遇事随感而应，"从而"自要得中，自要调和，所以其所应无不恰好"②。遇事随感而应就是直觉敏锐，而敏锐的直觉就是仁。

他以宰我与孔子讨论三年之丧为例，说明仁是"不安"，"不安"

---

① 梁漱溟：《梁漱溟全集》第一卷，第450页。
② 同上书，第452页。

就是情感厚而直觉敏锐。宰我认为三年之丧太久了，孔子说："食夫稻，衣夫锦，于女安乎？"宰我说："安"。孔子说："女安则为之。夫君子之居丧，食旨不甘，闻乐不乐，居处不安，故不为也。今女安则为之。"宰我出，孔子叹息道："予之不仁也！"宰我对这桩事说心安，孔子说他不仁，那么不安就是仁。他说："所谓安，不是情感薄直觉钝吗？而所谓不安，不是情感厚直觉敏锐是什么？"① "儒家完全要听凭直觉，所以唯一重要的就在直觉敏锐明利；而唯一怕的就在直觉迟钝麻痹。所有的恶，都由于直觉麻痹，更无别的原故，所以孔子教人就是'求仁'"② 梁先生将人类之恶归结为直觉麻痹显然过于简单，但以安与不安为例说明仁就是敏锐的直觉确有道理，给人耳目一新之感。

在梁先生，仁是本能、情感、直觉，与理智无关，甚至排斥理智。他说："天理不是认定的一个客观道理，如臣当忠，子当孝之类；是我自己生命自然变化流行之理，私心人欲不一定是声、色、名、利的欲望之类，是理智的一切打量、计较、安排，不由直觉去随感而应。"③ 直觉与理智本属于两个不含任何价值色彩的知性范畴，然而在梁漱溟的诠释下，直觉是天理，理智是私欲，完全成为价值观念，这可以说是梁漱溟对西方哲学的观念作为东方化处理。

在梁的价值观念的观照下，饮食男女本能的情欲本身不是私欲，若能理顺得当，生机活泼，甚至全然是天理，然而理智一介入，"分别一个物我，而打量、计较，以致直觉退位，成了不仁"④，便成了私欲。理智与直觉由互补关系经梁漱溟的诠释成为敌对关系，"在直觉、情感作用盛的时候，理智就退伏；理智起了的时候，总是直觉、情感

---

① 梁漱溟：《梁漱溟全集》第一卷，第453页。
② 同上书，第454页。
③ 同上书，第454页。
④ 同上书，第454~455页。

平下去；所以二者很有相违的倾向"①。其实，这是梁漱溟对直觉与理智关系的误读，并不是直觉与理智关系之本身。如果说直觉与理智在人的生活态度上确然存有冲突的话，那也是对理智的误用，而不是理智本身的错误。后来，梁漱溟以理性代替了直觉，将理智与直觉的对立关系还原为理性与理智的互补关系。他说："理性、理智为心思作用之两面：知的一面曰理智，情的一面曰理性，二者本来密切相联不离。譬如计算数目，计算之心是理智，而求正确之心便是理性。数目算错了，不容自昧，就是一极有力的感情，这一感情是无私的，不是为了什么生活问题。分析、计算、假设、推理……理智之用无穷，而独不作主张，作主张者的理性。"② 这说明梁漱溟已经超越自己，对直觉与理智关系的处理更加理性、客观。

仁是敏锐的直觉，但有时他又认为敏锐的直觉是仁之所发，由是，他认为"仁是体，而敏锐易感则其用。"作了这种体用分辨之后，他马上感到这样的话，仁与直觉有脱节的危险，所以他立即补上"仁兼赅体用"。以敏锐的直觉释仁，是梁漱溟沿宋明理学的逻辑路向对孔子哲学的创造诠释。这种诠释与胡适的西方主智主义视野下的诠释迥然异趣，胡适以理想的人道释仁，以尽人道即完成人格即是仁，当然是用现代话语对孔子的仁学做出的理解，同样具有新意，但梁漱溟之所以批判他，是因为这种理解最多是还原主义的理解，不是创造性理解。还原主义的理解于孔子的仁学只有解读意义，没有转活或活转的意义。在胡适，朱熹以"无私心""合天理"诠释仁是不合乎孔子本意的臆说，而在梁漱溟，朱子解说完全是从孔子的形而上学而来，是彻透圣意天心的理解，胡适根本没有弄懂孔子的哲学而指朱子为臆说了。还原主义的诠释往往追求文本的本意是什么，而创造性理解往往追求文

---

① 梁漱溟：《梁漱溟全集》第一卷，第 455 页。
② 梁漱溟：《梁漱溟全集》第三卷，第 125~126 页。

本的精神何在，前者是胡适理解孔子仁的取径，而后者是梁漱溟理解孔子仁的路向。

（三）仁是刚的生活态度、向前要求的生活态度

梁漱溟认为，仁是孔子的道德之源，是人们的内在生活，是"生活的恰好"。"'生活的恰好'不在拘定客观一理去循守而在自然的无不中节。"他指出，在生活中，拘定一理必然不会是恰到好处、恰如其分的生活，必定妨碍生机，不合天理。而仁的生活是在遇事随感而应中最自然、完全契合宇宙的变化——天理流行的生活。"在这自然变化中，时时是一个'中'，时时是一个'调和'——由'中'而变化，变化又得一'中'，如是流行不息。"① 仁、中、调和异名同实。这个天理流行的生活是直觉敏锐的生活，是不计较利害、不算账即不受理智支配的生活，"仁只是生趣盎然，才一算帐则生趣丧矣！"② 如何才能保持直觉敏锐即如何才能保持仁的生活，梁漱溟重新回到宋明儒的天理、人欲之辨，他认为，私欲不是别的就是认定面前的计虑。欲念一起，直觉即钝，欲念多一分，直觉即多钝一分，欲念乱动的时候，直觉也就钝到了极点。仁、敏锐的直觉就是无私欲、合天理之谓，只有做到无欲，才能天理流行，直觉敏锐。所以他说："仁之重要意味则为宋明家所最喜说而我们所最难懂的'无欲'。"③ 无欲成为实现仁的必要条件。无欲则刚，无欲的生活就是"刚的生活"。

他说："刚者无私欲之谓，私欲本即阴滞，而私欲不遂活力馁竭，颓丧疲倦有必然者，无私欲本即阳发，又不以所遇而生阻，内源充畅，挺拔有力，亦必然者。"④ 他认为，刚的生活态度就是孔子的生活态度，可以统括了孔子的全部哲学。《易传》"天行健，君子以自强不

---

① 梁漱溟：《梁漱溟全集》第一卷，第456页。
② 同上书，第461页。
③ 同上书，第457页。
④ 同上书，第466页。

息",孟子的浩然之气,"其为气也,至大至刚",皆是对刚的生活态度的一种表达。然而,中国数千年来,假借孔经,打着儒家治天下的旗号,实际上将孔家的精神丧失殆尽,至于秦汉以下,"而实际上人生一般态度皆有黄老气"①。增多了阴柔坤静之道,而缺少了阳刚乾动之道。在梁先生,人们都在关注中国文化的复兴,然而中国文化的复兴根本在于中国人生态度的复兴。只有复活了孔家刚的人生态度,才能从根本救治中国文化的弊病,才能为中国人开一条新路,乃至为世界文化开出一新局面。他说:

> 我今所要求的,不过是要大家往前动作,而此动作最好要发于直接的感情,而非出自欲望的计虑。孔子说:'枨也欲,焉得刚',大约欲和刚都象是很勇的往前活动;却是一则内里充实有力,而一则全是假的——不充实,假有力;一则其动为自内里发出,一则其动为向外逐去。②

梁漱溟在分判西方、中国、印度三种文化路向时曾指出,西方文化是意欲为向前要求为其根本精神的文化,而印度文化是意欲反身向后要求为其根本精神的文化,而中国文化是意欲调和、持中为其根本精神的文化。西方人意欲向前要求,所以对自然持征服、奋斗的态度,产生西方灿烂的物质文明。中国人由于意欲调和、持中,所以对自然抱融洽为乐的态度,它是安分知足,寡欲摄生,绝没能提倡物质享受的,所以轮船、火车、飞机、大炮在中国是不会出现的,科学精神与民主精神是不会出现的,因为中国文化与西方文化不是同一方向的快慢问题,而是根本方向的不同。印度文化既不像西方人要求幸福,也

---

① 梁漱溟:《梁漱溟全集》第一卷,第 473 页。
② 梁漱溟:《梁漱溟全集》第三卷,第 537 页。

不像中国安遇知足，而是努力解脱这生活，所以它代表了人类文化的第三方向。中国文化与印度文化都是第一条路向没有走完就转向第二、第三路向，所以它们是人类文化的早熟。

　　补上第一条路尚未走完的短缺，批判地将中国人的人生态度重新拿来或者说以中国的态度走西方的路是梁漱溟对中国文化未来发展的期盼。他说，民主精神与科学精神"完全是对的；只能为无条件的承认；即我所谓对西方化要'全盘承受'"，"否则，我们将永此不配谈人格，我们将永此不配谈学术"①。问题是我们怎样才能引进这两种精神，如何才能使这两种精神在中国真正生根，成为中国文化有机体的一部分？中西文化调和论固然行不通，而新派人物的全盘西化论尤不见本，西方文化之所以有这两种精神，根本在于他们念念向前要求的人生态度。中国文化只有复活了向前要求的人生态度才能真正接纳西方的民主精神与科学精神。刚的人生、仁的人生态度就是向前要求的人生态度。西方的人生态度向前要求是对的、动是对的，但它是欲而不是刚，是出于算账、计较的理智不是出于直觉的情感，所以西方文化已经"毛病百出，痛苦万状"，"弄得自然对人象是很冷而人对自然更是无情"②，"人对人分别界限之清，计较之重，一个个的分裂、对抗、竞争，虽家人父子也少相依相亲之意；象是觉得只有自己，自己从外都是外人或敌人。""人处在这样冷漠寡欢，干枯乏味的宇宙中，将情趣斩伐的净尽，真是难过的要死！"③ 他说：

　　　　现在只有先根本启发一种人生，全超脱了个人的为我，物质的歆慕，处处的算帐，有所为的而为，直从里面发出来活气——

---

①　梁漱溟：《梁漱溟全集》第一卷，第 532~533 页。
②　同上书，第 504 页。
③　同上书，第 505 页。

罗素所谓创造冲动——含融了向前的态度，随感而应，方有所谓情感的动作，情感的动作只能于此得之。只有这样向前的动作才真有力量，……只有这样向前的动作可以弥补了中国人夙来缺短，解救了中国人现在的痛苦，又避免了西洋的弊害，应付了世界的需要，完全适合我们从上以来研究三文化之所审度。这就是我所谓刚的态度，我所谓适宜的第二路人生。①

在梁漱溟，中国传统的人生态度有问题，即总是偏于阴静坤柔，近似老子，而不是孔子阳刚乾动的态度。只有昭苏了孔子刚的人生态度，"才能把生机剥尽死气沉沉的中国人复活过来"，"才可以真吸收融取了科学和德谟克拉西两精神下的种种学术种种思潮而有个结果"②。新文化运动才能有个结果，才能真正称得上是中国文化的复活。

由仁是敏锐地直觉到仁是刚的生活态度，梁漱溟对孔子仁学的创造性诠释绎旨已全幅呈现，他是为中国社会的现代化寻求根本解决之道。梁漱溟思考的问题不是要不要民主与科学的问题，要不要现代化的问题，而是如何才能吸收融合民主与科学的问题，怎样才能实现现代化的问题。陈独秀将伦理觉悟视为吾人之最后觉悟之最后觉悟，即将人生观的转变视为中国社会问题的最终解决，但陈独秀否定中国固有的人生观，而倡导以西方的人生观取代中国儒家的人生观。梁漱溟也将人生观的觉悟视为最后觉悟，但他不否定中国传统的人生观，而是重新发现中国固有的人生观。如果说，陈独秀等新派人物重人生观的改造、移植，那么可以说梁漱溟重中国人生观的发现、转活。梁漱溟力图从这里找到中国精神与西方民主精神、科学精神的对接处，找到一种既不游离中国文化的根本精神，又能真正吸收融取西方现代成

---

① 梁漱溟：《梁漱溟全集》第一卷，第538~539页。
② 同上书，第539页。

就的现实性道路。无论是牟宗三"本内圣之学以解决新外王",还是唐君毅的"返本开新",从某种意义说,皆是承续梁漱溟的这一路向而来。

当然,梁漱溟以敏锐的直觉释仁,留下了太多柏格森直觉主义的色彩,尤其是他以直觉排斥理智,刻意制造的直觉与理智的张力尤为荒谬不通,但超越理智主义的努力仍然值得肯定,他开启了当代新儒家即理智而超理智的思考路向。从熊十力的性智,到牟宗三的"智的直觉"乃至唐君毅的"圆而神",都可谓梁漱溟的同调,只不过比梁漱溟更缜密、周详而已。梁漱溟是当代新儒家的开山人物,在当代儒学发展中具有重要地位。牟宗三先生曾言,梁漱溟"独能深入孔教最内在的生命与智慧","而孔子的生命与智慧亦重新活转而披露于人间","他开启了宋明儒学复兴之门,使吾人能接上宋明儒者之生命与智慧"。① 他扭转了康有为儒学改造的路向,将儒学发展由形式上改造转向内在精神的创造性诠释,赋予了孔子仁学的现代意义与现代价值。

四、"乡村建设"与中国式现代化的儒家探索

20 世纪 20 年代后期,面对"农村经济破产""农村崩溃"的客观现实,在"乡村建设""复兴农村"的旗帜下,不同出身、不同文化背景、不同政治倾向的中国知识精英、政府官员、社会贤达、地方实力派人士,不约而同地将目光投向乡村,以各自不同的方式实施乡村改造计划,一时间形成了席卷大半个中国的乡村改造、乡村自治的景象。其中典型如黄炎培中华职业教育社在江苏昆山设立的乡村改进试验区、陶行知在苏州创办的晓庄乡村师范学校、赵叔愚创办的无锡教育学院、晏阳初主持的中华平民教育促进会在河北定县设立的乡村平

---

① 牟宗三:《生命的学问》,第 112 页。

民教育实验区、卢作孚重庆北碚实验区、彭禹庭在河南从事的乡村建设活动，以及社会名流如王鸿一、梁仲华、沈定一等纷纷走向乡村这一广阔的社会舞台。然而，在20世纪所有的乡村建设运动中，理论体系最为系统、组织最为完备、规模最大、影响力最为持久者，当属梁漱溟在山东从事的乡村建设运动。从某种意义上说，梁漱溟已经成为"乡建派"的代名词。深入挖掘与阐释梁漱溟的乡村建设理论的文化意义，分析其利弊得失，对于我们实施乡村振兴战略，树立文化自信，不无裨益。

（一）以乡村的现代化撬动整个中国的现代化

梁漱溟自称不是学问中人，而是问题中人。在他心目中最大、最迫切的问题就是"认识老中国，建设新中国"的问题。他为这一问题而思考，因思考而行动，而行动的落实体现为乡村建设运动。他说："我的生命就寄于责任一念。处处皆有责任，而我总是把最大的问题摆在心上。所谓最大的问题即所谓中国问题。""久而久之，我所关心的，旁人往往不如我关心；我所能作的，旁人往往不如我能作；好像责任集中于我一身。既有'四顾无人'之概，不免有'舍我其谁'之感。像这样数千年悠久历史之下，像这样数万万广大人群之中，而'认识老中国，建设新中国'这句话，只有我一个人最亲切。"[①] 梁先生作为20世纪现代新儒家的开山，面对欧风美雨的高歌猛进和中国文化的全面退败，以"虽千万人，吾往矣"的精神，为风暴眼中的孔子争公道，为中国文化抱不平，其狂者胸襟与勇者担当袒露无遗。他指出中国与西方的差别不是同一条道路上的进化快慢的差别，而是根本精神的差别、根本路向的差别。中国文化与西方文化走的根本不是一条道，因而自光绪年间以来，中国人抛弃自家"祖宗高尚伟大精神，跟着人家

---

① 梁漱溟：《梁漱溟全集》第八卷，第343~344页。

跑，而不复知耻"。"所谓邯郸学步，并失故步，匍匐而归，真为善譬。"① 这些做法，只能将中国的问题愈弄愈糟，最后祸害酿成，让社会大众陷入其中。他正告人们：中华民族必须觉悟，而且是最后觉悟，必须走出自己的路。他说：

> 一，我们政治上的第一个不通的路——欧洲近代民主政治的路；
> ……
> 三，我们经济上的第一个不通的路——欧洲近代资本主义的路；
> ……②

他拒斥西方向中国推销的一切救国方法、建国方案，目的是要求国人反身向己，认取自家的根本精神。因为"全盘西化"确然让国人（学德国好呢？还是学美国抑或学英国好呢？）无所适从，而王明等人教条式地硬搬俄国道路的做法同样有损于中国革命的进程，由此他提出了中国问题的解决要认取自家根本精神的"中国方案"：

> 呜呼！数十年间，颠倒迷扰的可怜，亦可怜极矣！时至今日，其可以知返矣！一民族真生命之所寄，寄于其根本精神，抛开了自家根本精神，便断送了自家前途。……如再不赶紧回头，认取自家精神，寻取自家的路走，则真不知颠倒扰乱到何时为止矣！③

---

① 梁漱溟：《梁漱溟全集》第五卷，第109~110页。
② 同上书，第111页。
③ 同上书，第109~110页。

"认取自家精神，寻取自家的路走"，这是梁漱溟向世人发出的最强音。正如景海峰所言："梁漱溟觉悟到了西方的政治制度、教育方式以及都市化道路都是不适合中国的，都解决不了中国的社会政治问题，都没法使中国摆脱面临的困境。"① 由于中西民族生存方式不同，背后支撑这种生活方式的根本精神迥异，因而中国问题的解决之道只能认取自家精神，寻找到解决自己问题的新路径，这个新路径就是"乡治"或称"中国乡村建设运动"。梁认为乡村建设可以解决中国政治、经济、教育等种种问题，真正将中国带入现代化。

乡村建设又称乡治、村治，是20世纪20年代后期一股非常强劲的社会思潮，不同知识背景、不同政治取向的社会精英都将目光投射到乡村，置身于乡村教育、乡村改造、乡村建设。梁漱溟在山东的乡村建设不同于晏阳初在河北定县的平民教育运动，晏氏的乡村运动旨在根治乡民的贫、愚、弱、私，其乡村运动说到底是平民识字运动；也不同于黄炎培的"乡村改进"计划，与四川北碚卢作孚兄弟的乡村实验区也不尽相同。诚如梁漱溟所说："一切努力于乡村改进事业，或解决农民问题的，都可宽泛浑括地称之曰'乡村运动'，或'农民运动'；——类如乡村自治运动，乡村教育运动，乡村自卫运动，农业改良运动，农民合作运动，农佃减租运动等皆是。我们的'乡治'或'村治'主张，则是有特殊意义和整个建国计划的一种乡村运动。"② 梁漱溟的乡治或村治不仅仅是为了改造中国的乡村，而且是改造、建设中国的整体方案，是中国式现代化道路的探索；乡村只是梁氏的着力点、切入点，不是问题的全部，他的目的是通过乡村的现代化推动整个中国的现代化建设。

---

① 景海峰、黎业明：《梁漱溟评传》，百花洲文艺出版社，2010年，第72页。

② 梁漱溟：《梁漱溟全集》第五卷，第30页。

梁先生认为他所从事的乡村建设不是解决中国枝节之问题,也不仅仅是为了解决乡村问题,而是"整个建国计划"设计下的中国社会的现代化运动。在他看来,中国文化一向不重视团体,中国人缺乏组织性生活,因而,中国社会的现代化说到底是社会结构整体调整与组织建设,落实下来就是"新礼俗"建设。他认为,新礼俗的形成不是一蹴而就的,而是一个逐步生长、慢慢展开的过程:"从萌芽而生长,从端倪而开展。其萌芽端倪在乡村,从乡村慢慢开展成一个大的社会。"可见,在梁先生看来,乡村建设是其新社会组织萌芽之始,是中国新社会组织的端倪,是中国现代化的萌芽,由此萌芽、由此端倪,中国的生产技术、经营方法、经济关系渐渐开始进步,才能有一新的社会组织的开展。为什么是从乡村而不是都市开始呢?在他看来,"只有乡村安定,乃可以安辑流亡;只有乡村产业兴起,可以广收过剩的劳力;只有农产增加,可以增进国富;只有乡村自治当真树立,中国政治才算有基础;只有乡村一般的文化能提高,才算中国社会有进步。总之,只有乡村有办法,中国才算有办法,无论在政治上、经济上、教育上都是如此"①。原来乡村是中国的根本,是解决中国一切问题的基础。诚然,20世纪二三十年代的中国,百分之八十以上的人口居住在乡村,没有乡村的现代化,中国的现代化无从谈起,而由乡村的现代化,引发都市的现代化,推动整个中国向现代化迈进,这是从改良主义角度设计的另一类型的"农村包围城市"的现代化之路。这条道路既是基于梁漱溟对老中国的认识,也是他对如何"建设新中国"这一问题认真思考与探索的结果。

(二) 以"改良"为手段,以达中国社会结构根本调整之"革命"目标

在中国近代史上,"改良"与"革命"只是改造中国的方式不同、

---

① 梁漱溟:《梁漱溟全集》第五卷,第225页。

实现中国现代化的手段不同而已，就终极目标而言，二者并没有本质的差异。中国现代史之文化保守主义，包括东方文化派、学衡派、新儒家乃至一切乡村建设、乡村自救、乡村自治、乡村教育等运动，都是政治上的改良主义运动。梁漱溟是中国现代化史上公认的"文化保守主义者"，美国著名历史学家艾恺称其为中国"最后的儒家"，因而他在山东所从事之乡村建设运动同样是改良主义的运动，但梁本人常常自诩为"革命"。梁先生的乡村建设运动是革命，还是改良，这里有必要加以辨析。

"'中国问题根本不是对谁革命，而是文化改造，民族自救'；很象是一个改良派。但处处又表露革命的口吻，颇若自相矛盾。现在我肯定地说，中国问题之解决方式，应当属于'革命'。"① 梁漱溟一方面认为，中国没有革命的对象，因而革命无从谈起，从"文化改造，民族自救"意义上讲，自嘲为改良派；另一方面又说，中国问题的解决方式，应当属于革命。梁漱溟是否自相矛盾呢？

"革命"一词的原意是改变上天之命令，如"汤武革命"，夏桀自认为是天子，其权源自上天之命，是任何力量都无法改变的，由是就可以任意而为。而商汤作为夏桀的下属，起而用武力推翻其暴政，代夏立商，成为天子，这是商汤革夏桀之命。商纣王不汲取夏桀失败的教训，同样自认权力源自上天之命，有"天"为他作保证，就可以肆意而为。周武王作为商纣王的下属，与商汤一样用武力方式起而推翻商纣王，这是武王革纣王之命。"革而当，其悔乃亡。天地革而四时成，汤武革命，顺乎天而应乎人。革之时大矣哉！"（《周易·革卦·彖传》）这句话是说，如果革命是合理的、恰当的，就不会有祸患。正像大自然的不断变化，才成就了春夏秋冬四时交替，商汤与周武王的革命是合理的、恰当的，上顺天时，下合人心，因而给天下带来的是吉

---

① 梁漱溟：《梁漱溟全集》第五卷，第219页。

祥，而不是灾祸。从"革命"一词的源头处说，它有两个特点：一是自下而上，二是暴力活动。

改良，本义是指事物在原有基础上被改变得更好一些，它是比革命更广泛、更普遍的范畴，如种子改良、土壤改良、食材改良等。近代以来，人们将其运用于政治领域，有了"改良主义"或"社会改良运动"之说，逐步转化为与革命对立的术语。列宁曾对"改良主义"下过一个经典性定义："改良主义就是要人们只局限于为一些不要求铲除旧有统治阶级的主要基础的变更，即一种同保存这种基础相容的变更进行鼓动。"[①] 在中国，康有为、梁启超发动的是自上而下的社会变革，人们习惯称他们为改良派，而孙中山、黄兴等所发动的是自下而上的社会变革，人们习惯称他们为革命派。

革命与改良之异，革命是自下而上，改良是自上而下；革命是一个阶级推翻另一个阶级的暴力行动，改良是温和、渐进的；革命是来自体制外的力量，打碎旧体制再建新秩序，改良是体制内部的自我调整。近代中国，革命和改良的目标往往是一致的，都是要改变中国社会的秩序与社会结构，只是改变这一结构与秩序的方式、方法不同而已。

梁漱溟认为他从事的解决中国问题的方式应当属于"革命"，实质上是对革命方式的误读。就解决中国问题的方式言，梁氏方案属于改良，而不是革命。改良，为什么又说属于"革命"呢？原来梁对革命还有自己的独特理解，他认为"革命是秩序的改造"[②]：

> 革命是说一社会秩序的推翻与改建。社会秩序包含法律、制度、礼俗、习惯而言。一种秩序，即是一套社会法制礼俗；而其

[①] 《列宁全集》第23卷，人民出版社，1990年，第87页。
[②] 梁漱溟：《梁漱溟全集》第五卷，第219页。

社会之如何组织、如何结构，也即安排规定于其中。所以革命就是否认一种秩序，而要求建立新秩序，其结果也就是社会结构的一根本变革。①

梁先生对革命的理解无疑是深刻的。原来，梁漱溟这里所说的革命是指革命的目标，而不是方式、手段。其实，革命既有目标意义，也有手段意义。革命的目标旨在推翻、否定旧有的社会结构、社会秩序，建立一种新的社会秩序，实现社会结构的根本变革。从这个意义上说，其乡村运动旨在改变社会的结构，建立一种新秩序，属于革命也不无道理。但这一目标是以什么样的方式、方法实现的呢？是渐进，还是突进？是社会内部的自我调整，还是外力打破？是自上而下，还是自下而上？梁漱溟的乡村建设运动是渐进的，是在旧体制内对中国社会结构与社会秩序进行有序调整和改变，因而就手段言，他的乡村建设运动无疑属于改良。

既然革命是对秩序的根本改变，因而他认为过去中国"只有周期的一治一乱而无革命"。"我们说中国无革命，就是说中国社会构造历久不变——清代的仍不出明代的那一套；明朝还同宋朝相仿。"② 在他看来，后朝政权以暴力推翻前朝政权，如果政权的建立没有实现社会结构与秩序的根本改变就不是革命，只是以暴易暴，这种以暴易暴只能导致一治一乱的周期性循环，而无法逃出"话说天下大事，分久必合，合久必分"的历史定律。

暴力、暴动在方式上属于革命，但如果没能实现社会结构与社会秩序的根本变革，在目标意义上，这种暴力、暴动就不属于革命。梁漱溟认为有一种非暴力、无声的革命，使得社会结构与社会秩序在社

---

① 梁漱溟：《梁漱溟全集》第二卷，第174页。
② 同上书，第174页。

会不受巨大创痛之下静悄悄地发生了根本变革。梁先生相信，他以及他的同道所倡导的乡村建设运动就是这种静悄悄的革命。乡村建设就是通过乡校村学，实现政教合一即行政教育化、教育行政化；通过办乡村信用合作社、林业与蚕丝合作社、棉花供销合作社等以及乡村研究院的示范农场，引入优良品种和先进农业技术，改变农村的生产方式以及生产关系；通过公共卫生知识的普及、道德促进会的监督，让农民养成良好的公共卫生习惯以及净化社会风气等，透过这些努力既可保有中国的固有根本精神，又可融合具有西洋文化长处的新组织即"新礼俗"。艾恺教授指出，山东乡村建设运动表明梁漱溟"因其宏伟大胆的终极目标——创造一个对全世界都将发生影响的新的中国文化与社会，使它与所有其它的乡建机构区别了开来"。"梁漱溟却并不满足于把眼光仅局限在如何改造中国的农村问题上：他发现由此将产生中国人创造的，农民的'新世界文明'，这种'新世界文明'最终将取代目前那种'畸形的''变态的'西方文明。"① 艾恺教授可谓梁先生的知音。梁所关注的问题不仅仅是乡村问题，而且是中国如何实现结构性调整与秩序再建的问题，更是力图为人类文明寻求一种新出路的问题。

不过，梁漱溟的乡村运动失败了。在梁先生的乡建运动失败之前，他就十分留意对各地乡村运动情报的收集。1930年6月1日，《村治》第1卷第1期发表的《各地乡村运动消息汇志弁言》谓："江宁村制育才馆是失败了，湖南自治训练所是失败了，浙江地方自治专修学校亦结果不良，江浙两省农民银行及合作社亦办得不好，而倡导乡村教育的南京晓庄学校亦因故被封闭。"② 既然梁先生十分警惕前车之鉴，为什么他的乡村运动还会重蹈覆辙呢？固然，有日寇入侵这一客观、外

---

① 艾恺著，郑大华等译：《梁漱溟传》，湖南出版社，1988年，第250页。
② 梁漱溟：《梁漱溟全集》第五卷，第30页。

在的原因。假设没有日寇入侵，梁的试验就一定能成功吗？山东邹平、菏泽的乡村建设一直游走于改良与革命之间，或者说想借助于改良的方式达到革命的目的，是注定不能成功的。1935年梁漱溟已经意识到这一问题，他告诉参与乡村建设的同仁，他们的乡村建设运动遭遇到两大难处："头一点——高谈社会改造而依附政权……第二点——"号称乡村运动而乡村不动。"① 社会改造尤其是社会结构与社会秩序的根本改造是革命，而依附于政权则政权不允许，也就不可能革命，只能是改良。梁既想革命，又不能不依赖现实政权，这种自我矛盾使乡村运动陷入困境。乡村建设是"自下而上"，就此而言，多少有几分革命的意味。然而既是乡村运动，下面的乡村不动，上面的政权则乱动，这是他始料不及的。梁漱溟以"改良"手段力图收"革命"之功效的乡村运动，由于游走于改良与革命之间而种下无可救药的败因。

（三）从乡土中唤回儒魂，为人类文明发展探索中国模式

梁漱溟认为，中国的问题是文化问题，而中国面对的最大困局是"文化失调"。主要表现为国人一方面失去固有的文化自信；另一方面，近代以来，国人一直向西方学习，又总是学而不成，这种东不成，西不就，着着挫败的困局就是"文化失调"。解决"文化失调"问题，就是要从文化根本处下手，而乡村是中国文化的根本所在、根基所在。"中国原为乡村国家，以乡村为根基，以乡村为主体，发育蔚成高度的乡村文明，而近代西洋文明来了，逼着中国往资本主义工商业路上走。"② 以农为本是中国的立国之基，而星罗棋布的乡村最有利于农业生产与农作物管理。一方面"食为民天，民非食不生矣，三日不粒，父子不能相存"（《颜氏家训·涉务》），"生民之本，要当稼穑而食，桑麻以衣"（《颜氏家训·治家》）；另一方面，亲近土地，向往田园是

---

① 梁漱溟：《梁漱溟全集》第二卷，第573~574页。
② 梁漱溟：《梁漱溟全集》第五卷，第578页。

许多知识分子的精神追求，从陶渊明的"采菊东篱下，悠然见南山"，到陆游的"舍东已种百本桑，舍西仍筑百步塘，早茶采尽晚茶出，小麦方秀大麦黄"（《示儿》），乡村文明对中国知识分子而言不仅仅是求生存的需要，更是一种精神寄托和诗意的生存。

近代以来，西洋文明进来，炮弹所至，无坚不摧，电报之速，瞬间千里，以农立国的古老帝国与之相遇，只能一败再败。在挫败中，先进的中国人不辞千辛万苦，开启向西方学习的历程：从魏源的"师夷之长技以制夷"，到张之洞的"中学为体，西学为用"，再到康有为"全变""尽变"的诉求，乃至新文化运动中的反孔批儒。诚如梁先生所言，中国向西洋学习着着挫败，中国不仅没有因此走向富强，反而加深了国人水深火热的生活。梁漱溟已经超越了前人向西洋学什么、怎样学的层面，而是进一步追问西洋文明是人类正常形态的文明吗？我们为什么学不来？怎样才能学得来？如此，已经由学的探寻转向价值意义上的拷问。经过第一次世界大战，西方文明的弊病显露无遗。在梁漱溟看来，西洋文明的模式在中国不可复制，西洋文明的道路在中国走不通：

> 我们是在求正常形态的人类文明，那末，从乡村入手，由理性求组织，与创造正常形态的人类文明之意正相合。因为乡村是本，都市是末，乡村原来是人类的家，都市则是人类为某种目的而安设的。①

西洋文明是通过殖民、掠夺或国家贩毒（如鸦片走私）等手段实现国家富强的文明，不是梁漱溟心目中正常形态的文明，而通过牺牲乡村或致使乡村破败、荒芜而堆砌起来的都市文明，也不是正常形态

---

① 梁漱溟：《梁漱溟全集》第二卷，第317页。

的文明。正常形态的文明应当是由"根"而生发出来的文明,应当是有"魂"的文明。文明之"根"在哪里?根在乡村;魂在何方?魂就是儒家的情谊,孔子的人生态度。由是,他认为正常形态的人类文明是从乡村入手,是由农业引发工商业,由乡村文明推动都市文明。在他看来,乡村是人类的原乡,是都市文明的根,是都市文明的基础。创造人类正常文明(有别于西方畸形文明)切入点恰恰在乡村文明的再造。

两千多年来,儒学一直占据中国意识形态的主导地位,中国文明说到底是儒家文明。儒家文化对中国的影响从都市到乡村,无远弗届,无孔不入。然而,西洋文明进来以后,激进知识分子掀起一场又一场的反孔批儒的狂潮,儒家文明的"魂"在都市中"已被摧残无余",已是魂不附体,而中国的乡村还保有儒家文明的根与魂。他说:"乡村人对于他的街坊邻里很亲切,彼此亲切才容易成功情谊化的组织。我们的组织原来是要以伦理情谊为本原的,所以正好藉乡村人对于街坊邻里亲切的风气来进行我们的组织。""中国固有的社会是一种伦理的社会、情谊的社会;这种风气、这种意味,在乡村里还有一点,不象都市中已被摧残无余!"① 梁漱溟认为都市人受西洋文化个人本位风气的影响较大,人与人各不相关,容易引起狭小、自私的观念,而在乡村儒家的伦理情谊没有完全消失,反而容易引发公共观念,而结成以伦理为本原的情谊组织。由此,他特别指出,在乡村进行地方自治的实践,他能做得到;如果在当下的都市做自治实践,形成伦理本原的情谊组织,圣人也做不到。

梁氏认为,相比西方文化的宗教色彩,中国文化是礼乐文化,或者说中国文化是以礼乐代宗教。他又称中国文化是讲理的文化,是"理性早启"的文化。当今人类的一切惨祸尤其是如第一次世界大战,

---

① 梁漱溟:《梁漱溟全集》第二卷,第316页。

无不源于人类的愚蔽与强暴。人类怎样才能避免惨祸？关键在于化解人类的愚蔽与强暴。化解愚蔽与强暴的唯一方式即在于重新发现儒家的理性，召回儒魂。儒家理性既是文明的，又是和平的；文明就可化解愚蔽，和平就可化解强暴。他说："古时儒家澈见及此，而深悯生民之祸，乃苦心孤诣，努力一伟大运动，想将宗教化为礼，将法律、制度化为礼，将政治（包含军事、外交、内政）化为礼，乃至人生的一切公私生活悉化为礼；而言'礼'必'本乎人情'。将这些生活行事里面愚蔽的成分、强暴的气息，阴为化除，而使进于理性。……礼之一物，非宗教，非政治；亦宗教、亦政治，为中国所特有。"① 梁漱溟"乡建思想"与20世纪20年代《东西文化及其哲学》一脉相承。20世纪20年代初，梁先生在《东西文化及其哲学》一书中大胆预言：现代是西洋文化的时代，下去便是中国文化复兴为世界文化的时代。中国文化的复兴就是孔子人生态度的复兴，走孔家路。孔家的路如何走？中国文化复兴具体路线图在哪里？落实下来即梁漱溟20世纪30年代在山东从事的乡村建设。乡村建设运动说到底就是寻取儒家的根本精神与西洋文化的长处，使二者相结合，造就中国文化复兴的具体行动方案，同样也是对人类文明中国模式的具体探索。

梁漱溟将这一行动方案和人类文明的模式称为"新礼俗"的再建。"新礼俗"就是他主观构想的人类文明的新模式。这一模式不同于西洋的分门别类的分科文明，而是综合而圆融通达的人类文明的新形态。在梁漱溟的意识中，礼本身即是综合、圆融的哲学范畴，不是社会学意义上单纯的生活规则的礼俗观念。宜将宗教化为礼，法律化为礼，制度化为礼，政治化为礼，军事、外交、内政乃至人生的一切公私生活等悉化为礼，而礼必"本乎人情"，人情通乎理，所谓通情达理，这就是梁氏诠解下的中国理性。礼在梁漱溟的思想体系中如同《西游记》

---

① 梁漱溟：《梁漱溟全集》第二卷，第183~184页。

中的弥勒佛的后天袋一样,不管你愿意与否,一切皆囊括其中。不过,回到"前孔子时代",礼的确又是一综合的哲学概念,"夫礼,天之经也,地之义也,民之行也"(《左传·昭公二十五年》)。民即人,礼是涵盖天、地、人的范畴,自然有综合义与哲学义。梁漱溟的"新礼俗"是回到礼的原始意蕴中去,这一主张其实隐含着他的后辈如唐君毅等所提倡的"返本开新"义,只不过唐氏之"本"是陆王心性之"本",而梁先生的"本"指向的是周孔之礼。

"新礼俗"建设是梁漱溟乡村建设的路标,是他对中国现代化的道路和人类文明中国模式的探索。问题是蓝图已经绘就,由谁去实现之或由谁去担当"新礼俗"建设的责任呢?当然不可能是散漫的、不识字的农民,由此他想到了知识分子。在他眼里,知识分子相当于传统的"士","士"在中国传统社会是四民之首,是读书明理之人,士"代表理性,主持教化,维持秩序"。他号召知识分子走出书斋,走出中心城市,到乡村中去,作农民之师,担当起教化之责,尽到时代的责任。如果不能尽其社会之责,放弃时代赋予的责任,就不再是"众人之师",而是"社会之贼"。是作"师",还是当"贼",他认为知识分子必须作出抉择:

> 今所谓知识分子,便是从前所谓念书人。如我们所讲,他是代表理性,维持社会的。其在社会中的地位是众人之师,负着领导教化之责,很能超然照顾大局,不落一边。在辟建理想新社会的工作上说,他是最合条件不过的。……如果不能尽其天职,只顾自己贪吃便宜饭,而且要吃好饭,那便是社会之贼。今之知识分子其将为师乎?其将为贼乎?于此二途,必当有所抉择。[1]

---

[1] 梁漱溟:《梁漱溟全集》第二卷,第482页。

梁漱溟的"乡建运动"迫切需要知识分子的大力支持，没有知识分子的参与，"乡建运动"是不可能成功的，而所谓"新礼俗"的再建也无从谈起，人类正常形态的新文明只能是空中楼阁。他以"非师即贼"价值评判力图唤醒知识分子的整体觉醒，这反映出梁对知识分子的期盼与渴求。在他看来，中国问题之所以不得解决，根本原因在于上层与下层互不通气，即"上气"不接"下气"。如果上下一通气，中国问题可以得到解决。如何才能实现上下通气呢？上下通气的管道就是知识分子。他号召革命的知识分子到乡村中去，用乡间纯朴农人去磨砺革命的知识分子，而革命的知识分子变化乡间的农人，让知识分子与农民打成一片，从而实现上下通气，解决中国问题，让他的"新礼俗"设想取得实效。

作为中国 20 世纪的儒家理论的诠释者和创造者，梁漱溟的乡村建设无处不是儒家精神的周流贯注。儒学是梁漱溟乡建运动的根与魂，乡建运动又是儒家精神现代化得以展开的实践载体，是 20 世纪中国走向现代化的儒家方案。

（四）梁漱溟乡村建设理想与实践的现代启示

中国传统社会结构的不断崩解，西方各种"主义"的大规模进入，这一客观情势将中华民族一次又一次推到了"十字路口"。中国向何处去？怎样才能真正实现中国的现代化？中国人怎样才能走出自己的路？许许多多的思想家也在努力思索、探寻着，并得出了各种不同的答案，而梁漱溟的乡村建设理论与实践是其中一种答案。这一答案在我们看来至少有四重意义。

1. 梁漱溟先生的乡村建设理论正告世人，人类新文明的模式是"多"而不是"一"。西方的现代文明模式不是唯一的模式，西方现代化的道路也不是全人类的必由之路，人类有必要在西方文明形态之外探索新的文明形态即理性的、和平的文明形态，即从乡村这个人类文明的"原乡"入手，由乡村文明引发都市文明、由农业升级换代引领工业发展的文明形态,因而,以"新礼俗"建设为目标的人类文明的中国模式具有世界意义。

面对西方的文明模式和现代化道路,稍有思考力的人都会问两个问题:其一,放眼全世界和纵观全部人类历史过程,西方现代化的道路和发展模式是合理的、唯一的吗?其二,即使西方现代化的道理与发展模式是合理的,这一模式适应中国国情或能在中国复制吗?自西方的现代化道路发轫起,就伴随着许多富有良知的思想家的严肃而尖锐的批判。西方从农业文明转化为以现代大机器为代表的工业文明,存有三大原罪,即"圈地运动"、殖民掠夺、黑奴贩卖。"圈地运动"造成的"羊吃人",是西方现代化道路的第一重原罪。发起于英国,席卷大半个欧洲大陆、持续三个世纪的"圈地运动"发展到18世纪后期和19世纪初期达到高潮,仅英国"在1714年至1820年间共有超过600万英亩的土地被圈占。这一事实意味着严重的迁居问题,它给底层人们带来了深重的苦难"。"英国的自耕农被大批大批地逐出家园这一现象使得关心社会的个别人极为恐慌,他们站出来直言不讳地反对。"[1] 西方现代化的发展方式是通过和借由乡村的破败,大量农民失去土地,由农业社会走向工业社会的。托马斯·莫尔在《乌托邦》一书中所说"羊吃人"一词,将西方现代化的丑陋典型地揭示出来。至于殖民掠夺与贩卖黑奴是何等悲惨,西人多有描述,这里不再称引。马克思曾引用威·豪伊特的观点指出西方的原始资本积累是"对他们所能奴役的一切民族所采取的野蛮和残酷的暴行,是世界历史上任何时期,任何野蛮愚昧和残暴无耻的人种都无法比拟的"[2]。

20世纪初,第一次世界大战爆发。战后的欧洲一片哀鸣,而哲学

---

[1] 斯塔夫里阿诺斯著,董书慧等译:《全球通史:从史前史到21世纪》,北京大学出版社,2005年,第488页。

[2] 《马克思恩格斯全集》第23卷,人民出版社,1977年,第820页。

家、史学家斯宾格勒的名著《西方的没落》适时在德国发行，引起有识之士对西方现代化发展方式的反省。梁启超1918年到1919年游历战后欧洲，返回中国后写下著名的《欧游心影录》，要求国人从西方科学万能的梦中醒来。正是在这一背景下，梁漱溟展开对中西文化乃至人类文化及其命运的思考，展开对中西文化及其哲学的深度分析，开启了他对有别于西方文明的人类文明新模式及其实现路径的探索。

与西方"羊吃人"的方式即牺牲农业文明以引发工业文明、破坏乡村而发展城市不同，梁漱溟的人类新文明模式是由农业的现代化引发工业的现代化，由乡村文明引发都市文明的发展道路。在他看来，这个文明形态是人类正常的文明，因为人类文明的中国方案是"根于人类理性而发育的文化，任何人类遇着都象是寻到了自己的家，如水归壑，不求自至"①。梁对自己设计的人类文明演进方案自信满满。不过，理想很丰满，现实却很骨感，由于种种原因，梁所设计的这一方案最终无疾而终。

2. 梁漱溟乡村建设理论告诫中国一切现代化道路的设计者，中国现代化不能满足于对西方现代化模式的全盘照搬，生硬模仿，中国要走出自己独特的发展道路，探索中国自己的发展模式。

自工业革命以来，人类的发展史由分散的区域化发展的历史走向了整体发展的全球史，鸦片战争的炮火硝烟迫使中国不得不面对西方这个从未接触过的异质文明。处在历史发展交汇处的中国，必须对"中国何处去"作出回答，由此而引发了中西古今之争。自严复引入西方进化论以来，"文化线性进化论"一直居于中西古今之争的支配地位。大多数思想家认为，中国文化是旧的，西方文化是新的，中国社会是西方的昨天，而目前的西方社会是中国的明天，因而西方化就是现代化，现代化就意味着西方化。

---

① 梁漱溟：《梁漱溟全集》第二卷，第185页。

梁漱溟一反严复以来盛行的"文化线性进化论",他以独特的文化视角,重新思考与界定中西文化之异。他认为,中西文化之异不是时代之异,而是因应对象的不同而造成的根本精神之异、发展路向之异。西方文化因应的是人与自然的关系问题,中国文化因应的是人与人的关系问题,而印度文化因应的是人与自身的关系问题。西方文化是以意欲向前要求为其根本精神的文化,中国文化是以意欲调和持中为根本精神的文化,印度文化是以意欲反身向后要求为其根本精神的文化。人与自然的关系问题是人类发展的最初阶段遇到的问题,而人与人、人与自身的关系问题是人类发展到一定阶段而遇到的问题,这是他判断中国文化乃至人类文化未来发展的根本依循。在他看来,人类世界已经由物质上的不满足,转向精神上的不安宁,现在是西洋文化的时代,下去便是中国文化复兴成为世界文化的时代。中国文化成为世界文化的时代会是什么样子?中国文化作为世界文化如何才能到来?梁漱溟的乡村建设理论就是因应上述问题的回答。

梁漱溟认为中国文化与西方文化不同,作为农业文明高度发达、以"伦理本位""职业分工"为特点的中国社会,决定了其与以阶级对立为特性的西方社会的不同,因而必须根据中国国情,走出中国独特的现代化道路。这个道路就是立足农业引发工业,以乡村文明引领都市文明的发展道路。梁漱溟的乡村建设运动作为外在的、客观的事业的确是失败了,但作为儒学现代化转型的探索,作为对人类文明新形态的构想,尤其是他对于中国的现代化应走出自己道路的主张,并没有失败,更没有过时。我们认为,这一理论对于强化中国人的"道路自信"有重要的辅翼之功。

3. 梁漱溟的乡村建设理论一再告诫人们,它不仅仅指向乡村,而且是基于认识旧中国之上的建设新中国的整体方案。这一方案充分考虑到了中华文化的特点,也力图寻找出西洋文化的长处,是中国文化的固有精神与西洋文化长处相调和的结果。

我们认为，梁漱溟有关乡村建设的具体方案是不成功的，但他的思考路向无疑是正确的。他一再告诫人们，中国的现代化一定要"认取自家精神，寻取自家的路走"；民族根本精神是一个民族"真生命之所寄"，抛开了自家根本精神，便断送了自家前途。他的这些提醒，今天没有过时，也许永远不会过时。梁漱溟先生的乡村建设方案虽然不同于中国共产党人的现代化方案，但二者在认取民族精神，强调中国现代化应建立在五千多年文明传承基础之上，则是一致的。

4. 梁漱溟的乡村建设理论，对于我们今天实施乡村振兴战略，促进乡村文明，仍然具有重要的借鉴意义。梁漱溟出生、成长于都市，然而，乡村是他一生情之所钟。他认定乡村是本，都市是末，主张从乡村入手去建设人类的新社会、新生活、新礼俗。"中国的经济建设必从复兴农村入手。"[①] 中国共产党人一向重视农村、农业与农民问题，从"农村包围城市"道路的成功到"乡村振兴战略"的提出，见证着中国共产党人的乡村情怀。而梁漱溟对如何促进乡村振兴有一系列的思考，这些思考对于我们今天实施乡村振兴战略仍然具有重要的参考价值。如他要求都市知识分子到乡村去，让中国上下通气；强调促进农业进步有三要素，即流通金融、引入科学技术、促进合作组织，这些思想可以直接为今所用。党的十九大报告在实施乡村振兴战略中强调"加强农村基层基础工作，健全自治、法治、德治相结合的乡村治理体系"。党的二十大报告指出："全面建设社会主义现代化国家，最艰巨最繁重的任务仍然在农村。……统筹乡村基础设施和公共服务布局，建设宜居宜业和美乡村。"梁漱溟认为通过对中国传统"乡约"的补充与改造，可以发挥乡村自治、德治的作用，而乡农学校既是教化组织，又是自治机关，这些思想对于实现乡村自治、德治仍然具有参考价值。

---

① 梁漱溟：《梁漱溟全集》第二卷，第313页。

梁漱溟在山东的乡村建设运动给后人留下的最大慧果，就是对中华文化和中国独特发展道路的坚定自信。他相信坚守中国文化的根本精神，融合西洋文化的长处，一定会探索出有别于西方文明的新的文明形态，给人类问题的解决提供中国方案。他的这些思考依然不失为真知灼见，与我们当下正在走的"中国道路"前后照应。

第九章：张君劢的新宋学与德法合一论

在当代新儒家中，张君劢是唯一一位与康有为、梁启超有着师承关系的人。我们曾指出：儒学在当代中国是断而未断，不断而断。就康有为的孔教改革运动而言，也可以说断而未断，不断而断。康有为的孔教改革运动经新文化运动的打击失败了，这是断。然而，他的儒学改造的方向及复兴儒学的愿望被后人尤其是张君劢继承下来并加以发展，这就是未断。张君劢在思想方向上，上承康梁，然与康梁倡言今文经学不同，他提倡新宋学，这又是不断而断。在当代新儒家中，梁漱溟、张君劢都不愿使自己的思想流于空言，但张君劢是自觉地走向政治，而梁漱溟则是无意乎政治而陷入政治的是非漩涡。本儒家的义理方向，以求中国社会问题得以根本解决是当代新儒家的共同特征，不过熊十力、牟宗三、唐君毅等新儒家大都寄意于言诠而没有直接参政的热情，徐复观由政治归向学术一途以后是新儒家中最憎恶现实政治的人。正像康有为、梁启超将学术服务于现实政治一样，张君劢一生"志于儒行，期于民主"，徘徊于学术与政治之间，出入于学术王国与政治王国之境。张君劢的一生既是为儒学的复兴奋斗的一生，也是为中国的未来奋斗的一生。

一、由梁启超的学生到唐、牟、徐的同道

张君劢，字嘉森，又字士林，号立斋，别署世界室主人，江苏宝山县（今上海市宝山区）人。1887年1月18日生于嘉定，1969年2月23日逝世于美国。其祖父张铭甫，举人出身，曾在四川内江、屏山

等地任知县，颇有政绩。其父张祖泽乃上海名医。张君劢兄妹 11 人，他为老二。6 岁开蒙读书，12 岁入上海广方言馆，每周三日读国文，四日读英文及数理化等西方科学知识。戊戌变法之后，见到清廷缉捕康有为、梁启超的通缉令，豁然心动，遂生反清之志。1902 年中秀才。先入震旦学院，后入南京高等学校读书。在南京读书时，因参加抗俄义勇军，被学校当局勒令退学。

1906 年春，获宝山县公费选派，赴日留学。初习理化，后入早稻田大学学习政治经济学。1907 年起，给梁启超主编的《新民丛报》投稿，与梁启超相识。同年应梁之邀，参与创建政闻社的活动。1911 年，回国参加清政府最后一次殿试，授翰林院庶吉士。辛亥革命后，一度出任宝山县议会议长。1912 年，赴北京任农商部秘书。1913 年，考入柏林大学，专攻政治学与国际法。1916 年返国，先任上海《时事新报》的总编辑，后任段祺瑞设的"国际政务评议会"的书记长、冯国璋总统府秘书、北京大学教授等职。

1918 年，与丁文江、蒋方震等随梁启超游欧洲，考察欧洲大战后的情况。途中访问德国哲学家倭铿（Rudolf Eucken），张氏一见倭氏，大契于心。当梁启超一行完成考察任务，准备束装归国时，他决定留下跟随倭铿攻读哲学。见到倭铿是张君劢生命中的一件大事，使他"去了一个政治国，又来了一个学问国。每日为此学问国之建设作种种打算。"[①] 这时的张君劢暂时将政治国的事情搁置，全力从事学问国的构造。如果说梁启超是其政治国的引路人的话，那么倭铿则是他学问国的航标，他一生做了沟通政治国与学问国之间的使者。这一方面是说，他一生实践着中国传统儒家的内圣外王之道，另一方面是说他也仅仅是两个王国间的使者而已，未能成为这两个王国的"王者"。无论

---

① 张君劢：《致林宰平学长函告倭氏晤谈及德国哲学思想要略》，《中西印哲学文集》，台湾学生书局，1981 年，第 1116 页。

是学问还是政治，张都不是登峰造极的人物。1921年底，张君劢偕杜里舒来华讲学，结束了首尾四年的欧洲求学生涯。

1922年，张君劢应邀出席上海"国是会议"，负责起草《国宪大纲》，1923年2月，在清华学校发表《人生观》讲演，顺梁启超《欧游心影录》的思维方向，阐明科学的有限性和人生观的特殊性，明确提倡以"新宋学"重建人生信仰。由是引起科学派丁文江和胡适等的强烈批评，科玄论战由是而兴。同年，筹办"自治学院"，出任院长。次年，自治学院奉教育部之命改为国立政治大学，出任校长。1932年，与张东荪、胡石青等在北平创立中国国家社会党，并创办《再生》杂志，任国家社会党中央总委员兼总秘书。在1934年至1938年间，先后出版《明日之中国文化》《民族复兴之学术基础》《立国之道》等著作，提出以"精神自由为基础之民族文化，乃民族今后政治学术之总原则"，突出强调民族文化在民族自救中的作用，系统阐述了他的政治理想与国家的未来蓝图。

1939年，张君劢始创云南大理民族文化书院，次年10月书院正式开学。他自任院长，陈布雷出任董事长。书院以"德智交修，诚明并进"为本，"以树立民族精神，以阐明宇宙奥秘，因以使世界人类，有其安心立命"为宗旨，发挥民族之立国精神，兼采西方之学术，为吾国之学术树一新方向。1940年底，太平洋战争爆发，有的国民党的党政要员在香港与昆明之飞机上运狗，激起学潮，有人认为学潮为张君劢与罗隆基所指使，大理民族文化书院被迫关闭。

1941年，张君劢接受梁漱溟、左舜生等的提议，联合国社党、青年党、中华民族解放行动委员会等党派，组成"中国民主政团同盟"，后改称为"中国民主同盟"。1946年，国社党与康有为、梁启超创立的仍活动于海外的民主宪政党合并，改名为中国民主社会党，他出任主席。1949年，张君劢出国讲学，后定居美国。此时张君劢已失去了早年的政治热情，全力从事儒学的研究和复兴事业。1958年，由他倡议联合牟宗三、唐君毅、徐复观发表了《为中国文化敬告世界人士宣言——我们对中国学术及中国文化与世界文化前途之共同认识》。这个宣言标志着海外当代新儒家学派的正式形成,它是当代新儒家的纲领性文件,在当代新儒学发展史上具有重要意义。1969年2月23日,张君劢逝世于美国。

张君劢在当代新儒家中具有特殊意义。他的特殊不是说他在当代儒学义理开发上胜于梁、熊、唐、牟、徐等人,而在于他由梁启超的门人到牟、唐、徐的同道,他的思想与努力方向是康有为、梁启超思想在当代中国的变形,而精神气质与康梁则并无二致。正如程文熙先生所说,梁是康的学生,但康梁有同有异。张君劢是梁启超的学生,但梁重汉学,而张重宋明儒学,二人也有同有异。"至于政治主张,康梁张三先生,在民主自由方面,则是完全一致的。君劢先生后来将次子名国超,三子名国康,就是纪念康梁两先生的。"① 程先生的上述见解十分准确地把握了张君劢与康梁之关系。当然张与康梁在政治上也不完全相同,在学术上当然也有差异,但这里的不同与差异是异地异时而处所造成的不同与差异,并非本质上的不同与差异,由此我们说他上承康梁。1949年以后,第一代当代儒家的代表人物如梁漱溟、熊十力乃至马一浮都未离开大陆,只有张君劢远涉重洋,与唐、牟、徐等人一起在海外积极推动复兴儒学的事业。唐君毅、牟宗三、徐复观无论是从学术上讲,还是从自然年龄上说,都是他的晚辈。他与唐君毅和徐复观既没有师生之谊,也没有深厚的个人交情,只有与牟宗三关系比较密切。牟曾是国家社会党的重要一员,也曾为该党主编过《再生》杂志,在他与张东荪一起向唯物辩证法发起非难的时候,牟是积极的一员,当他从事《立国之道》一书编写时,其中哲学根据章是

---

① 程文熙:《张君劢先生的复兴儒家论》,罗义俊编著:《评新儒家》,上海人民出版社,1991年,第320页。

由牟代为完成的。抗战爆发,牟由北方流亡到南方,也曾得到过他的资助。后来,两人关系出现过短暂的不愉快,以至于在国社党改为民社党时,牟正式退出该党,但这种不快不久也就过去了。所以说在新儒家中牟宗三与张君劢有着特殊的关系。虽说牟宗三不是张君劢的学生,但他对张君劢的思想也有取舍。20世纪50年代,张以年逾70的老翁,与50岁上下的牟、唐、徐等一起奋斗,精神相当可贵。"立身则志在儒行,论政则期于民主"(唐君毅语),是他一生的真实写照。

二、由新理智达于新道德

(一) 倡言新宋学

张君劢年长于梁漱溟,然而在学术上的成名则晚于梁漱溟,这一方面是因为他早年全身心地投入政治活动,对学术重视不够,另一方面,他一赴日本,数入欧洲,长期游学在外,也就失去了在学术舞台上展现自己学术才华的机会。他成名于科玄论战之后,1923年2月14日,他在清华学校作了《人生观》的讲演,后发表于北京《清华周刊》第272期。同年4月,其友丁文江发表《玄学与科学——评张君劢的〈人生观〉》的文章,对张的文章进行了严厉的批判,甚至认为张君劢是玄学鬼附身。张对丁文江的指责进行反击,同时学者们纷纷出场参战。一时间,科玄之争,热闹非凡。

张君劢的《人生观》讲演不过是沿梁启超《欧游心影录》的思路,告诫人们科学并不万能,它不能包办一切,代替一切,尤其是不能用它来支配人生观。梁启超曾认为在西方科学支配人生的结果是产生了纯物质纯机械的人生观,在这种人生观的支配下,人生的唯一目的就是抢面包吃,而第一次世界大战就是对这种人生观的报应。张君劢沿梁启超的思路,进而论证科学为什么不能支配人生观。他认为:第一,"科学为客观的,人生观为主观的"。科学最大的标准即在于客观效力,科学的公例可以推诸四海而皆准。而人生观则甲一说是,乙一说是,漫无是非之标准,既无公例之可求,也绝不能用实验证明谁是谁非,因而它是主观的。第二,"科学为论理的方法所支配,而人生观则起于直觉"。他指出科学的方法有两种,一是归纳,一是演绎,"归纳的者,先聚若干种事例而求其公例也",而演绎"则以自明之公理为基础,而后一切原则推演而出"。前者适应于物理、化学等,后者则适应几何学等。而人生观无所谓论理学的公例以限制之,更无所谓方法,无所谓定义,一切皆源于自身良心之所命,依据其所命起而主张之,以为天下后世表率,这就是直觉。第三,"科学可以以分析方法下手,而人生观则为综合的"。第四,"科学为因果律所支配,而人生观则为自由意志的"。第五,"科学起于对象之相同现象,而人生观起于人格之单一性"。总之"就以上所言观之,则人生观之特点所在,曰主观的,曰直觉的,曰综合的,曰自由意志的,曰单一性的。惟其有此五点,故科学无论如何发达,而人生观问题之解决,决非科学所能为力,惟赖诸人类自身而已"[①] 张君劢对人生观特点的五点指陈并非全无根据,经他这一区分,似乎梁启超《欧游心影录》有了坚实的基础。梁所说的科学万能在欧洲的破产,其真实含义是说科学支配人生观在欧洲的破产,张君劢则进而论证科学与人生观根本是截然不同的两个领域,以科学解决人生观的问题无疑是缘木求鱼,必然导致科学万能的破产。经梁启超的指证人们对科学的现实效用产生了疑虑,经张君劢的论辩,人们对科学的普适性和绝对性也会心存疑虑。这对于刚刚接受新文化运动洗礼的中国人来说,无疑当头浇了一盆冷水。对于科学主义来说,"是可忍,孰不可忍",于是丁文江出马,与张君劢反复辩论两小时,无果,愤然而去,写《玄学与科学——评张君劢的

[①] 张君劢:《人生观》,《科学与人生观》,山东人民出版社,1997年,第35~38页。

〈人生观〉》发表于《努力周报》，祭出痛打玄学鬼的大旗。丁文江批判张君劢的主要理由是，其一张君劢是玄学鬼附身，玄学与科学是对头，甚至认为只要世界上玄学家一天没有死完，自然人生观也就一天不能得以统一。其二宣扬科学万能。认为科学的普遍、科学的贯通，不在它的材料而在它的方法。最后欧洲破产的责任不是科学，而是国际战争，而对国际战争最应负责的人是教育家和政治家，这两种人多数仍然是不科学的。① 当然张君劢将人生观与科学甚至与精神科学绝对对立起来，使统一的人类文化发生主观与客观、综合与分析、必然与自由、统一与单一的冲突与对立，自然不符合人类文化的事实，也不能说明科学与人生观的关系。不过凸显一下人生观的独特性，申明一下人文科学与自然科学的差异，本无可厚非。但丁文江借此指斥张君劢是玄学鬼附身，的确有点勉强。就理论来说，丁文江大谈什么物，什么质，大讲科学的智识论，也未能摆脱玄学鬼纠缠。他一方面讲科学万能、科学普遍，另一方面又说教育家和政治家多数仍然是不科学的，前后横生冲突。所以陈独秀讥笑丁文江，他"大攻击张君劢唯心的见解，其实他自己也是以五十步笑百步"，"科学何以不能支配人生观"，玄学派举出了一些似是而非的证据，"科学何以能支配人生观"，科学派却一个证据没举出来。"我以为不但不曾得着胜利，而且几乎是卸甲丢盔的大败战"。②

站在当代新儒学发展的角度看张君劢的《人生观》，此文的论点引人注目。他说："方今国中竞言新文化，而文化转移之枢纽，不外乎人生观。""思潮之变迁，即人生观之变迁也。"这个论断与梁漱溟《东西文化及其哲学》中的中国文化的复兴即中国的人生态度的复兴，从

---

① 丁文江：《玄学与科学——评张君劢的〈人生观〉》，《科学与人生观》，第41~55页。

② 陈独秀：《科学与人生观序》，《科学与人生观》，第1~2页。

这里动才是真动的论断完全一致。张君劢又说："盖人生观，既无客观标准，故惟有返求之于己，而决不能以他人之现成之人生观，作为我之人生观者也。"① 返求于己是儒家的基本精神，张君劢的《人生观》是为儒家的人生观张目。

科学与玄学的论争实质上是对五四时期中西文化论战的深化，而张君劢所倡导的反求诸己的人生观无疑是接着梁漱溟《东西文化及其哲学》的话题讲的。对中国人来说，一方面要向西方学习，另一方面又要守住文化的自我；一方面要求得到西方那样的物质文化，另一方面又想摆脱西方物质文化给人类所带来的负面影响。张君劢告诫国人富国强兵、工商立国不能作为中国立国之政策。他总结第一次世界大战的结局说，西方人"以工商之富维持军备，更以军备之力推广工商。于是终日计较强弱等差，和战迟速，乃有亟思乘时逞志若德意志者，遂首先发难，而演成欧洲之大战。今胜败虽分，荣辱各异，然其为人类之惨剧则一而已"②。在他看来，第一次世界大战是工商立国之结果也，富国强兵之结果也。而"我国立国之方策，在静不在动；在精神之自足，不在物质之逸乐；在自给之农业，不在谋利之工商；在德化之大同，不在种族之分立。数千年闭关自守，文化停滞，生计萧条，智识之权操之少数，其大多数则老死乡里，文字不识。一言以蔽之，以农立国，既乏工艺之智识，又无物质之需求，故立国虽久，尚可勉达寡而均，贫而安之一境。"③ 而工商立国的结果只能是"多而不均，富而不安"。张君劢认为，西方以工商立国，富国强兵，然而他们的致富政策与他们所实行的殖民政策是相一致的。中国如实行工商立国的政策，由于西方人有过的机遇已不复存在，只能沿袭西人工商政策之

---

① 张君劢：《人生观》，《科学与人生观》，第38~40页。
② 张君劢：《再论人生观与科学并答丁在君》，《科学与人生观》，第110页。
③ 同上书，第111页。

弊，而不能拥有西方人所获取的成绩。当人的价值、人的尊严与物质富足发生冲突时，张君劢毫不犹豫地选择前者。他认为，人生不是为物质金钱而存在，而金钱是为人生而存在，人不是金钱的奴隶，而是金钱的主人。"世界一切活动，以人类之幸福为前提，十九世纪以来，以图富强之故，而牺牲人类，今思反之，宁可牺牲富强，不愿以人类作工厂之奴隶牛马焉。"① 这正是孔子可以去兵、去食，民无信不立思想的现代翻版。张君劢的本意是反对急功近利，反对物质财富对人的灵魂和尊严的侵蚀，但他只看到富强对人的负面影响，而无视富强对人的正面影响，即他没看到富强恰恰是一个民族、一个国家自尊、自立的基础。在灾难深重的中国，富强之后人民有可能会成为工厂之奴隶牛马，也可能不会成为工厂的奴隶牛马，然而没有富强，中华民族则必然成为外族之奴隶牛马。张君劢的理论尽管高妙，然而它绝对成为不了当时中国的主流思想。

梁漱溟认为中国人的生活态度是与自然融洽为乐的态度，在这种态度的支配下，绝对没有提倡物质享受的，而张君劢也认为我国立国之政策不在物质之逸乐，而在精神之自足。但梁漱溟认为要改变中国人以往那种过分阴柔的、坤静的人生态度，转化出刚的、不计较、不算账、向前奋斗的态度，以接受西方的民主与科学，而张君劢主张在寡均安贫的状态下另想办法，然而决不能重蹈欧洲失败的覆辙。此时的张君劢面对西方的物质文化对中国人所发生的巨大的诱惑力，面对人欲横流，号称人民公仆之辈不过是一群不复知有主义，不复知有廉耻，不复有出处进退之准则，甚至为个人一己之私利而不惜牺牲国家命脉之徒，"诚欲求发聋振聩之药，惟在新宋学之复活。""所谓明明德，吾日三省，克己复礼之修省功夫，皆有至理存乎其中，不得以空

---

① 张君劢：《再论人生观与科学并答丁在君》，《科学与人生观》，第112页。

谈目之。"① 他希望通过提倡宋明儒者的内生活修养，冲破西方国家主义、工商政策、自然界之知识三重网罗，扭转人欲横流、江河日下的局面，矫正世道人心、吏治腐败的社会风气，但这只能是他一厢情愿的幻想。

（二）死后复活：由新理智以达于新道德

20世纪20年代，科玄论战中的张君劢刚刚由"政治王国"踏入"学问王国"，此时他所提倡的新宋学，只是笼统的口号，缺乏系统的论说。20世纪30年代，他先后完成了《民族复兴之学术基础》《明日之中国文化》《立国之道》等著作，其思想才真正走向成熟。20世纪50年代以后，其《我之哲学思想》《比较中日阳明学》《新儒家思想史》《中国现代化与儒家思想复兴》等著作完成，其思想才走向精纯。

张君劢不无得意地告诉世人，他在人生观论战时所提出的新宋学之主张，不期而至20世纪30年代"为理学下新解者，已大有人在矣"。他提倡新宋学，旨在克服传统宋学之不足，以期开出宋学之全体大用。他说：

> 吾国所谓理，所谓道，在闭关时代，不外乎仁义礼知孝悌忠信而已。孰知此理此道，传至欧洲以后，乃变为理性主义，在知识方面为范畴为论理方法，在行为方面为道德为意志自由。夫吾国为理与道之发见者，特不知推广而用之于理智方面，以自陷于不识逻辑不识科学之大病，今而后惟有力矫前非，在旧萌芽之上，培植而滋长之，不默守陈腐之道德说，乃由新理智以达于道德，庶理性与理智有以见其全体大用矣。②

---

① 张君劢：《再论人生观与科学并答丁在君》，《科学与人生观》，第118页。
② 黄克剑、吴小龙编：《张君劢集》，群言出版社，1993年，第56页。

知传统之不足才有开新之欲求,知旧宋学之不足,才能建立新宋学。人生观论战时的张君劢只是提出了建立新宋学的主张,但如何建立新宋学语焉未详。这里张氏明确告诉人们中国文化是长于理性而短于理智,自陷不识逻辑不识科学之大病,以至于道与理之全体大用亦不得见,而今后要力矫前非,建立新宋学,新宋学建立之途径即"由新理智达于新道德"。

张君劢是当代新儒家的代表,他之所以匹配当代新儒家这一雅号,不仅是因为坚持了道德优先性的原则,而且也由于对儒学具有自我反省能力,力图开出儒学之新形态。站在道与理的角度,他认为传统儒家缺乏逻辑与科学,而将中国文化之全体与西方文化之全体对比,他对中国文化的不足概括为四点:

1. 政治上以久处君主专制政治之下,故人民缺少独立性。
2. 社会上盛行大家庭制度,一方增长各人之倚赖心,他方以处于面和心不和之环境中,种下忌刻与口是心非之恶习。
3. 学术上受文字之障碍与缺乏论理学的素养,但有支离琐碎的考据,思想天才不发展,更少伟大的思想系统。
4. 宗教上夹杂以功利之念,绝少真正之诚意,更少以身殉道之精神;宋明儒者虽有殉道气概,然而不普及。①

前两点是从社会层面考察中国文化之不足,而后两点则是从学理的角度来分析传统儒学之不足。其中第一、第二、第四点是当时一般流行的观点,当然第三点在张君劢以前不少学者也有所涉及,但他的论点令人深思。他所讲的论理学就是逻辑学,在他看来,西方人因有论理学而后促成科学之进步,又因科学之发展进而推动逻辑学之完善。

---

① 张君劢:《明日之中国文化》,山东人民出版社,1998年,第82~83页。

他说:"盖学术之研究,第一贵有概念。""既有概念,而后一种学术乃有单位;推而广之,乃成为命题;再推而广之,为学问系统或思想系统。吾国以无论理学之故,乃不知有概念。""即不知有概念,即不知对于一个概念而下定义;不知下定义,则此概念与彼概念之不同,无由辨别;此学问与彼学问之分界,亦无由确定。定义之为用,其作始也简,然有下定义之习惯后,自然发见此概念与彼概念之不同,此学术与彼学术之不同,而引起种种辩论、种种新意见、新观点。"① 他指出,虽说在先秦诸子那里有正名工作,在宋儒那里也有正名工作,但这都是论理学之运用,而不是论理学之本身。吾国自《墨子》一书沉没后,就没有人再谈论理。在他看来逻辑学是一切学术之母,论理学消亡,即成为一切学术智识之消亡,由于我们没有论理学,所以自然科学无由发展。

他进而指出,我国学术之发端大都以人事为中心,人事问题则以善恶为标准,而善恶又是内在的,论理学则是外在的。"吾国人所注重者,为善而非真;为人伦问题,而非宇宙问题自然界问题。"② 之所以形成此种局面,他认为也是缺乏论理学所致。正是由于论理学之缺乏,使原来天文、地理、医学、动物学、植物学等流于医卜星相之手,附于数术之中而不能成学,进而导致农工商贾与水利工程之学亦日趋没落。由论理学之缺乏所造成的中国学术之缺失,张君劢论之甚详,直到今天,他对这一问题的研究仍然具有重要意义。

如何补上论理学这一缺失呢?张君劢并没有作出令人满意的说明。后来他提出道德与知识同等重要,但知识必须合乎道德之标准。他说:"为了生命的生存,我们认为具有知识并不是使人类幸福的唯一途径,而是知识必须合乎道德的标准。""为使人类不因科学之故而牺牲,而

---

① 张君劢:《明日之中国文化》,第78页。
② 同上书,第79页。

要使知识服务于人类,则知识必须合乎道德的标准。这就是儒家从整体来衡量知识与生命的方法。"① 知识必须合乎道德之标准,这是当代新儒家的共同信念。在他们看来,没有道德做标准的知识,失去了道德做准绳的科学,既可造福人类,又可祸害人类。以道德做主宰,知识与科学才能服务于人类,给人类带来福利。20 世纪 70 年代后,当代大儒牟宗三重建儒家的道德的形上学对这一命题做了根源性说明。

由新理智进入新道德是一相当有意义的命题,虽说他对由新理智进入新道德的过程所论不详,但他对新道德还是提出了自己的看法。他认为,处今日民族竞争之世,建立一种新伦理价值即一种新道德是第一要务。时代变了,道德也应随之而变,而我国道德的价值之变更,应采颜习斋之言与西方政治道德以补充之,以使我国固有之道德发生如下转变:

第一,由静而移于动。

第二,由虚而移于实。

第三,由精而移于粗。

第四,由少数而移于多数。

第五,由身家而移于团体。②

张君劢的新宋学其主旨是新人生、新伦理、新道德,而新道德的建立一方面来自传统道德自身的变异,另一方面借助于西方道德补充传统道德之不足。他坚信人生观是文化之枢纽,新道德的建立就是新的人生观的确立。他和梁漱溟一样都认为中国新文化的建立首先是人生观的建立,中国社会的改造首先应从人生观入手。他说:"我人今后要改造中国政治经济,其下手处应先从人生态度着手,或曰人生观应

---

① 张君劢《中国文化与儒学复兴》,《中西印哲学文集》,台湾学生书局 1981 年版。

② 黄克剑、吴小龙编:《张君劢集》,第 226 页。

彻底改造。由此生活态度之改造中，乃生我们所要之新文化。有此新文化，不怕无新政治制度与新经济建设。此新政治制度与新经济建设，若无新人生观或新文化为衬托，恐怕便成为无本之木无源之水。"① 而上列所谓由静移于动，由虚移于实，由精移于粗，由少数移于多数，由身家移于团体就是他所主张的对中国人生观的彻底改造，也就是建立新文化、建立新国家的最根源性的工作。正是"一国文化之根干，不外乎定生活之标准。以旧名词言之，其至高远者曰道体，其切于人生者曰纲常，以近代术语言之，是为本体论，是为价值论"②。而新伦理价值、新道德也就是他的本体论、价值论。

人生观为文化转移之枢纽，重建人生观，重建新伦理价值，重建新道德，旨在从本源上建设新文化。张君劢认为，新文化的建立应遵循两大原则：

第一，自内外关系言之，不可舍己循人。

第二，自古今通变言之，应知因时制宜。③

这两点张君劢主要是想告诉人们：新文化的建立不可自撤藩篱，一味模仿外人，在别人的后面亦步亦趋。如果这样，一个民族将永无出头之日。于是他痛斥自毁文化长城的西化主义，认为胡适等人"不特不能窥见前人制作之精意，专毁谤先人以自眩其新奇，冥冥之中，使国人丧失其自信力，实即所以摧毁其自己。"又说："古人提倡德化，言乎德礼之重要，非菲薄近代之法治；古人尊德性之说，言乎身心当修养，非谓物质科学之不当注重。乃至古今制度学说中，有为历史上之尘垢秕糠所蒙者，应为之分别洗涤。孔子自孔子，不因秦汉后君主专制之政而损其价值。阳明自阳明，不得以明末之心性空谈而抹杀之。

---

① 黄克剑、吴小龙编：《张君劢集》，第 288 页。
② 同上书，第 224 页。
③ 张君劢：《明日之中国文化》，第 110 页。

今人读古书，当求古人之真面目，不可合其相连以起者而排之。要而言之，从善意方面加以解释，自能于四千年之历史中求得其精义，以范围国民心志。若徒加以漫骂，甚且以宦官、外戚、缠足、科举、娶妾等事，概以归罪孔子之教育，直丧心病狂而已。"① 科玄之争以后的胡适对中国传统文化的斥责更加愤激，什么我们这个民族是"一分象人，九分象鬼的不长进民族"，什么中国文化所独有的都是令人抬不起头的文物制度，什么"我们祖宗的罪孽深重，我们自己的罪孽深重"等等，不一而足。正因如此，张君劢比梁漱溟更加厌恶西化主义者。梁漱溟对陈独秀、胡适也有批评，然而批评中不失敬意。张君劢强烈地指责西化主义者是"摧毁其自己"，是"丧心病狂"，对西化主义者充满愤激而敬意尽失。他主张"求义理于四千年之文化史中，择其行于古而适于今者以为圭臬，则本位文化以立，而与现世亦无扞格不入之弊矣"②。守住中国文化本位是张君劢的文化追求，他认为只有这样，才能提高国人之自信力。当然守住本位并不是作茧自缚，而是"一方要抬高民族的自信力；一方不忘记'取于人以为善'的明训"③。

至于如何因时制宜，怎样建设新文化，他也提出两条原则：

第一，以死后复活之新生命，增益其所本无。

第二，以死后复活之新生命，光辉其所固有。④

他认为学术文化在宇宙，犹如自然界之盈虚消长，有春夏也有秋冬，又如同一个生命体，有健康也会生病。中国文化正在生病，为救中国文化之将亡而呼号奔走，才是真正保存中国文化，中国文化才有死后复活之希望。于是他坚决反对以张之洞为代表的竺旧派学说，他说：

---

① 张君劢：《明日之中国文化》，第110~111页。
② 同上书，第111页。
③ 黄克剑、吴小龙编：《张君劢集》，第249页。
④ 同上书，第211页。

旧文已如秋蝉之壳，形骸虽在，而精魂消失。除以新努力在智识上道德上另有所建树外，已无自存之道。今后之事业，在开发将来，不徒在保存既往；在实现活文化，不在陈列死文化。以科学之发展言之，其无关于保存，不待言矣。即固有之旧制旧说，经一番新体验之后，重复出现于社会，其亦大不同。吕大钧之乡约，蜕化而为梁漱溟之村治说。清代汉学家之治学，胡适之目之为科学方法。唐代之"母题"（Motive），参插于梁思成之新建筑中。古人之成绩，经此新解释新体会新应用之后，视昔之存于灰堆中者活跃多矣。凡此吾之所无与吾之所有，经胸中一番新酝酿，而后发之为学说为规制，斯为有活力有性命之文化。①

他视文化为一生命有机体，而死后复活是这一有机体的生命之再造，再造之新生命是对旧生命的充实与完善，这就是中国文化的自存之道。自存之道就是发展之道，发展之道也就是自存之道。惟有本着日新、日新、又日新的精神，中国文化才能不断走向辉煌，走向新生。虽说张君劢所说今后之事业，在开发将来，不在保存既往，在实现活文化，不在陈列旧文化。对旧学说、旧规制，经过再体验、再解释、再应用，使之活转于现代社会之说不免有些空洞，然而这一原则和方向是正确的。这一方向昭示着中国未来文化的发展不是全盘西化，也不是中西文化的杂凑，而是中国文化在现代条件下的自我更新、自我创造，是中国文化这一生命有机体的自我蜕变过程。由此他不无自信地说："吾人以为今后吾族文化之出路，有一总纲领曰：'造成以精神自由为基础之民族文化。'"② 中国文化的未来发展即民族文化之重建。

民族文化重建之路，由康有为到梁启超，由梁启超到张君劢，既

---

① 黄克剑、吴小龙编：《张君劢集》，第 211~212 页。
② 张君劢：《明日之中国文化》，第 85 页。

见其承续，也见其转折。梁启超固然不同于康有为，张君劢也不同于梁启超，至于程文熙先生说，康梁张三先生，在民主自由方面完全一致，也只是就他们的奋斗方向说的，而不是就认知上说的。张君劢曾说："若谓今后全部文化之基础，可取之于古昔典籍之中，则吾人期期以为不可。自孔孟以至宋明儒者之所提倡者，皆偏于道德论。言乎今日之政治，以民主精神，非可求之古代典籍中也；言乎学术，则有演绎归纳之法，非可取之于古代典籍中也。与其今后徘徊于古人之墓前，反不如坦白承认今后文化之应出于新创。"① 这无疑是对康有为在中国古籍中发现民主、议院、选举等思想的批评。

与同时代的梁漱溟一样，张君劢也是从人生观入手解决中国新文化的重建问题，从这个意义上说张梁在当时相互呼应、相互配合。张比梁漱溟更富有现代感，对西学的了解亦比梁精确、周详，不过张缺乏梁漱溟思维的深度。如果将张君劢、梁漱溟、熊十力三人放在一起加以比较，他们对西学的了解与他们思想的深度和精纯正好成反比。就西学知识言，梁远不如张，熊又不如梁，但就哲学思想的深度言，梁逊于熊，而张又逊于梁。一个思想家的思维深度大概既受其所受教育影响，又有个人性格、气禀方面的因素。

三、德法合一：民主社会主义之向往

张君劢断言，资本主义的路走不通，只有社会主义才能救中国。然而他所说的社会主义不是我们通常讲的科学社会主义，而是民主社会主义。20世纪30年代，他创立中国国家社会党，著《立国之道》一书，该书又名《国家社会主义》。国家社会主义与民主社会主义并不相同，张君劢时而说他自第一次世界大战以后就置身于民主社会主义

---

① 张君劢：《明日之中国文化》，第92页。

之中，时而又讲只有国家社会主义才能救中国，他究竟是国家社会主义还是民主社会主义？大概他的国家社会主义不同于德国洛贝尔图斯和拉萨尔的国家社会主义，他的民主社会主义也不同于西欧的民主社会主义，可以说它是国家社会主义与民主社会主义的调和物。在政治上，他可能倾向于民主社会主义，而在经济上，他更多地倾向于国家社会主义。自 1934 年创立国社党到 1946 年成立民社党，他的思想徘徊于这两大思潮之间，可以说在 1946 年以前，他的国家社会主义的色彩浓些，而到 1946 年以后，则民主社会主义的色彩浓些。民社党成立后，他说："我们之立场为国家本位，民主政治，社会主义。"足见张君劢的政治思想倾向。他的政治思想基本归趋于民主社会主义一方。

（一）民主社会主义源于儒家说

他一生徘徊于"政治国"与"学问国"之间，在政治国里，他喜欢英国人的自由，在学问国里，他喜欢德国人的理性。但终其一生都在提倡儒家哲学。在他看来，儒家哲学与康德哲学有相通之处，而"民主社会主义，却与儒家哲学，完全相通"①。早在 1922 年，写《国宪议》时，他就认为儒家《礼记·礼运篇》与今日社会党人的主张完全相同。他指出，货恶其弃于地而不必藏于己，非工商虽兴，而不必存私有财产之制乎？力恶其不出于身，非劳工神圣之谓乎？老有所终，非养老年金乎？矜寡孤独废疾者皆有所养，非盲哑学校与死伤保险之意乎？天下为公，非共和之制乎？是谓大同，非今之所谓国际主义乎？他一再强调，他这样说并非是附会之言，而是心同理同。不仅社会主义的方针与儒家的理想相同，而且西方的天赋人权观念在他看来也是源于儒家。他说："国人亦知此学说之何自而来乎？西方近年经专家研究后，乃知其来自儒家。自天主教之十字会中人来华传教，读孔孟

---

① 张君劢：《社会主义思想运动概观》，台湾稻乡出版社，1988 年版，第 6 页。

之书，以腊丁文之译本寄欧洲，其在吾国，但发见天理说，人性说，而不闻有神示说，于是理性说大行于欧洲，乃有华尔甫氏康德氏凭理性以批评宗教者，亦有以理性立伦理学说之基础者，继而以理性说推广于政治组织，乃有天赋人权说。曰人群所以为治安计，乃组织政府，此政府所以为人民服务者，应守一定界限，不可使用暴力，不许人民使用暴力，而人民自身为此团体之主人翁，应以平等自由之地位，……其说之由来，得之于《孟子·告子上篇》之语：'诗曰天生蒸民，有物有则，民之秉彝，好是懿德。'……西方人读此文者解之为世间万事万物，既有定则，而此定则出于人之禀赋，此为道德，此为理性。由是而推广之，乃有理性宗教论。乃有理性政治论，即天赋人权。乃有学术中之自然定律论。而杰弗逊留法时，知有此文，及其归也，乃著之于《独立宣言》之中。可知天赋人权，自为吾家旧物，遗留于海外二三百年之久，今可如游子之还乡矣。彼西方既采儒家言以建立其民主，吾何为不可以西方民主还之于儒家乎？"[①] 就儒家与西学的关系言，张君劢是矛盾的。社会主义与天赋人权源于儒学说，与他所主张的儒家自孔孟至宋明皆偏重道德论，民主精神不能于古籍得之的说法是不谐和的。

张君劢认为儒家思想中含有西方民主的种子，这些种子足以鼓我勇气，以奠民主之基。对这些种子他共举出了五点：（一）是孟子的"贼仁者谓之贼，贼义者谓之残，残贼之人，谓之一夫，闻诛一夫纣矣，未闻弑君也"的思想，与《独立宣言》起草人杰弗逊所说的君主之品性，征之于所作所为之成为暴君，不合自由民主之治者，人民有权利，有义务驱除此种政府、此种暴君的思想是相同的。（二）孟子"国人皆曰可杀"的思想与现代民主国会虽有差距，然被治者同意之种

[①] 张君劢：《新儒家的政治哲学》，《哲学与人生》，上海人民出版社，2020年，第467～468页。

子已在其中矣。(三)孟子"天荐""天予"的思想虽不同于民选,但选贤与能的精神在其中矣。(四)召公"防民之口,甚于防川"有言论自由,为民意发泄之所,已成为吾国固有传统。(五)黄宗羲"三代之法,藏天下于天下"的思想亦为民主之奠。① 以上五点"无一字一句非今日之至宝"②,因而国人应当奉之圭臬。在当代新儒家中,张君劢为寻求儒家文化与现代民主精神的结合点不遗余力,他的这些寻找并非无意义。

民主精神与儒家精神是相同还是相异,在当代新儒家中,看法也不尽相同。梁漱溟认为,中西文化的根本精神不同,文化路向不同,人生态度不同,因而在西方产生了民主与科学,然而这两个东西在中国文化中是不会产生的。熊十力则认为儒家思想中就有民主思想,虽说论证的知识背景不同,但结论与张君劢大体一致。牟宗三的观点可视为对这两种说法的融合。他认为中西文化的根本精神不同,因而中国没有西方近代的民主制度,没有形式上的民主,但有内容上的民主。儒家精神应经过自我坎陷开出民主与科学。大概到牟宗三,儒家思想与民主精神的关系基本得以解决。

(二)个人自由:民主社会主义的基本要求

张君劢是位极富政治热情的儒家学者。如果说梁漱溟是不期然而走向政治,而张君劢走向政治则完全是出于自觉的选择。

他认为个人自由是民主政治的第一个条件,而社会公道是民主政治的第二个条件。正如像他在"科学与人生观"论战中十分强调自由意志一样,在其政治学说中他突出强调天赋人权、个人自由的价值。他说:"人权的意义,在哲学上看即是康德所谓拿人当目的,不拿人当手段、工具,也就是人类有其独立的人格,政府应待其人民为

---

① 张君劢《新儒家的政治哲学》,《哲学与人生》,第471~473页。
② 同上书,第473页。

有人格之人民，不待之如奴隶。"① 在张君劢，天赋人权、个人自由是超功利的，至高无上的，自由代表和体现了人的尊严和价值，它具有神圣性。

天赋人权、个人自由是张君劢民主政治的基本理念，但并非是他对政治图式的具体构想。在具体构想上，张君劢主张创立一种适宜于自己之制度。他说："我人今日所处之时代，一方为英、美、法之民主与自由主义，他方为俄、意、德之新集团权力主义。……吾人处于两种潮流夹攻之中，应毅然决然求得一种适宜于自己之制度。"② 对这种新政治体制他提出了十一条原则。其中包括"一、国家之特征，在乎统一的政府，应以举国一致之精神组织之。""二、国民代表会议，由全体公民每若干万选出代表一名组织之。""三、中央行政院由国民代表会议选举行政员若干名组织之，各党领袖一律被选，俾成为举国一致之政府。""四、第一次国民代表会议，议决五年以内之行政大纲，此大纲与宪法有同等效力；非行政院所能变更。""五、国民代表会议之主要职权，在乎监督预算，议订法律，不得行使西欧国中之所谓信任投票，以更迭内阁。""六、国民代表会议，关于行政大纲之执行，得授政府以便宜行事之权。""七、行政院各部长，除因财政上舞弊情形或明显违背法律外，不宜轻易令其去职。""八、行政大纲中每过一年或告一段落之际，由国民代表会议，或其他公民团体联合推举人员，检查其实施事项与所宣布者是否相符，若言行相去太远，得经国民代表会议议决后令其去职。""九、文官超然于党派之外，常任次长以下之官吏，不因部长之辞职而更动。""十、国民代表会议之议员，宜规定其中之若干成，须具有农工商技术或科学家之资格。""十一、关于

---

① 张君劢：《民主政治的哲学基础》，《哲学与人生》，第241页。
② 黄克剑、吴小龙编：《张君劢集》，第267页。

行政及经济计划，除国民代表会议议定大纲外，其详细计划由专家议定。"① 这是国家社会党的建国大纲，是其对中国多党民主政治的具体设计。这个修正的民主政治方案在那个时代的政治氛围下，明显看出既有应和国民党的成分，也兼顾了其他党派的利益。然而国社党是一小党，外无国际社会的呼应力量，内无枪无兵无地盘，也就是说连推行其方案的一块试验田也没有，所以这个方案如其他大党不感兴趣也就只有流于空言了。

这个修正的民主政治实质上力图在权力主义与议会政治中求一中道，即在行政集权与议会纷争中求一调和。他认为在西方由于议会权力过大，动辄解散内阁，反过来，政府鉴于议会权力滥用，往往也会解散议会，使行政与议会纠纷迭起。"我人求一两得其平之法，即政府不因议会而动摇，议会不因其权力之过度而自取灭亡。此即我人所谓修正的民主政治之精神。"② 这样就避免了议会与行政无息止的纷争。

(三) 社会公道：国家社会主义下的计划经济

张君劢指出："一切政制上之社会公道与个人自由，如鸟之两翼，车之两轮，缺一不可者也。"③ 这里的政制不仅仅是指政治制度，而是社会的根本制度，即它不仅仅是指"政体"，而且也含有"国体"的意义。社会公道与个人自由是张君劢的两个根本政治原则。这两个原则既体现在他的修正的民主政治学说中，也体现在他的经济体制的构想中。不过，当他谈到修正的民主政治时，更多的是强调个人自由，而在谈到经济体制时则更多地强调社会公道。

张君劢的经济计划是以俄国共产主义的计划经济为主体，参酌欧洲的自由经济所形成的一种"混合经济"。他设想的经济建设的大原则

---

① 黄克剑、吴小龙编：《张君劢集》，第267~268页。
② 同上书，第271页。
③ 同上书，第108页。

如下：

（一）为谋个人生存之安全，并改进其智能与境况计，确认私有财产。

（二）为社会谋公共幸福并发展民族经济与调剂私人经济计，确立公有财产。

（三）不论公有与私有，全国经济须在国家制定之统一计划下，由国家与私人分别担任而贯彻之。

（四）依国家计划，使私有财产渐趋于平均与普遍，使得人人有财产，而无贫富悬殊之象。①

张君劢的确是一位有个人见解的思想家，无论是对政治还是对经济，都有自己独到的思想系统。他的经济计划最大的特点是力图实现权力与自由的协调，也就是社会公道与个人自由的协调。权力就是计划，就是系统，是规范；自由是意志，是动机，是精神。他指出，站在整个人类社会上说，没有系统与规范，将无以端其趋向，结果不免于乱，而没有动机与精神，将无以促其向上，结果不免于死亡。这种协调是计划经济与自由经济的协调，是"法"与"力"的协调。在他看来，欧美立国，近百年来的总方针，不外个人主义、自由主义，表现在经济上是工商立国，以富强为唯一目标，结果造成国与国之间、人与人之间，贫富悬殊，最后酿成人类之一惨剧的第一次世界大战。第一次世界大战正是法与力、权力与自由、社会公道与个人自由失衡的结果。他说："一国之生计组织，以公道为根本，此大原则也。"②在这一原则下，他主张提高工人待遇，保护妇女儿童的合法权益，限制工人的工作时间，工人有受教育之权利，独占大企业收回国有等。所有这些措施都是为了防止贫富悬殊。张君劢一再告诫人们，宁可寡

---

① 黄克剑、吴小龙编：《张君劢集》，第272页。
② 同上书，第105页。

均贫安,不要贫富悬殊。

张君劢追求社会公道,但他没有忘记个人自由。他说:"若徒有社会公道,个人自由一字不提,则专以贫富平等为目标,而个人自发自动之精神,一概抹杀矣。"[1] 他把个人自由看作是社会发展的动力,原本在修正的民主政治中十分纯洁的个人自由在这里又不得不蒙上了功利主义的色彩。这里的自由主要是工商业自由,即以宪法的名义保护私有财产。他担心没有社会公道会造成贫富悬隔,而只有社会公道,没有个人工商业之自由,社会就会出现无数赖汉。所以既要社会高速发展,又不致造成贫富悬隔,他主张社会公道与个人自由并重兼顾,认为二者是车之两轮、鸟之双翼,缺一不可。

张君劢是一位对中国社会问题殚精竭虑、认真思考的思想家。世界思潮的最新动态是他思考问题的大背景,中国社会的现状是他思考问题的出发点。在经济上,他主张国家、社会、个人三者兼顾,为避免贫富悬殊所带来的社会矛盾,他提出了社会公道的原则;为防止因片面追求社会公道而丧失个人自发自动之精神,他提出了个人自由。

(四) 德法合一:理想的社会状态

张君劢一再指出,儒家重德,西人尚法,但有法而无德,或有德而无法均不可,理想的政治形态是德法合一。这里所说的德是经过改造的儒家的德,而法是西方近代意义上的法,德法合一也就是儒家的德与西方的法的合一。张君劢的天赋人权源于儒家说显然是为其德法合一的政治理想服务的,他认为天赋人权是法,也是德,德与法有着内在的一致性,法根源于德。他的德法合一也就是德法相辅,他说:"今后之政治学,应以德法二者相辅而行。为今后学术发展之途径,亦即为今后立国之途径。良以国之所以为国,有各机关之关系,有政府与人民之关系,有人民与人民之关系,决不如师生之以内心修养为

---

[1] 黄克剑、吴小龙编:《张君劢集》,第108页。

教，家庭之以和爱相处为事，恃德以处理之者也。惟其然也，儒家既耻尚力尚术尚势之法家之托名于法，然则舍德法之相辅，别无他途矣。"①

张君劢认为，国家赖以存在，民族赖以生存者，有两大源头：一是法律，一是道德。他指出，国家是多数人民集合而成之团体，有千千万万的人民，就不能不有法律。国家不能一日无法，而法律的变更与修改不能不有一定的法定程序。他认为对法律应持以下之态度：第一，郑重立法；第二，严格遵守；第三，公平执行；第四，正确解释；第五，改革以渐。他说："不有万分诚意与真挚的守法精神，决不能成为法治国家。没有法治的习惯，将永远沉沦于'朝三暮四''心血来潮''遇事应付'之状态中，那一国公法私法决不会有继续性的。换句话说：中国永远不会成为现代式国家。"②

道德是民族建国的另一最高原则。他指出国家的存在不能恃乎武力，尤其是对内，靠武力绝不能维持长久，马上得天下，不能马上治天下，这是古人的教训。就是对外，虽说国家间的胜负靠武备，然而如果一个国家的背后没有集体道德，只靠武力想立足于世界民族之林是不可能的。

总而言之，张君劢将集体道德和法治习惯视为民族建国的最高原则。这两个原则相辅而行，就是德法合一。在德与法合一之中，他认为德比法更根本，因为法的制定必须合乎道德的原则即公道公平的原则，而法的执行、遵守也需要道德的力量，道德是法之背后的价值泉源。当然，这并不是说法不重要，也不是说道德就可以解决一切人间问题。因为国与国之关系、机关与机关之关系、国家与人民之关系、人民与人民之关系都是客观关系，这些关系的理顺与解决仅靠道德是

---

① 黄克剑、吴小龙编：《张君劢集》，第477页。
② 同上书，第257页。

不行的,而法才是处理和维系这些关系的可靠保证,张君劢的德法合一是站在儒家立场对德法关系所作的说明。

张君劢为宋明儒学的复兴,为中国的未来奋斗了一生。当历史的尘埃落定之后,重新审视他给后人留下的精神遗产,我们不难发现其中的闪光点。

第十章：牟宗三"本内圣之学以解决新外王"

一、"道德优先于知识"说

牟宗三指出："依中国传统宣说：德行优先于知识。存在主义者所宣说的'存在先于本质'（思想上或知识上划类的本质）是一可取的副题。'我意故我在'比'我思故我在'为更根本，更具体。"①"道德优先于知识"是牟宗三思想体系中的重要命题，也可以说是贯穿其整个思想体系的一条引线。由此而引发他对中西文化的基本态度和立场，引发出他的价值取向和文化理想。因此，深入地分析他的这一命题，对于我们认识牟宗三的思想脉络，大有助益。

（一）成德比求知更根本

牟宗三认为道德问题是一普遍、永恒的问题，它普现于每个人的行为之中并贯穿于行为的始终，同时，它又是最突显、最尖锐、最为人所关切的首要问题。在他看来，知识不及人，技艺不及人，是能力的问题，而处事不当、待人不恭，则是德行问题。能力不及足以使人遗憾、惭愧而无罪恶感，德行有缺则使人愧耻于心而生罪恶之感。所以他认为对于德行加以反省以求如何成德远比求经验知识重要，它是人首先意识到的问题。他说：

> 人生而在"存在"中，在行动中。在"存在的行动"中，人

---

① 牟宗三：《现象与物自身》，台湾学生书局，1996年，第22页。

亦必同时与其周遭的世界相接触，因而亦必有见闻之知。这是一个起码的事实。但人所首先最关心的是他自己的德行、自己的人品，因为行动更有笼罩性与综纲性。行动包摄知识于其中而为其自身一副属品。他首先意识到他的行动之实用上的得当不得当，马上跟著亦意识到道德上的得当不得当。处事成务，若举措的不得当，则达不到目的，因此，他难过。待人接物，若周旋的不得当，他觉得羞耻。羞耻是德行上的事。这是最尖锐，最凸出，而最易为人所意识及者。知识不及，技艺不及，是能力问题。德行不及是道德问题。前者固亦可耻，但不必是罪恶；而德行不及之愧耻于心则是罪恶之感。故人首先所意识及的是德行；对于德行加以反省以求如何成德而使心安，这亦是首要的问题，而且那亦是最易为人所首先意识及者。①

道德是人人关心的普遍问题，但未必是人人首要关心的问题。在人类社会中具有普遍性的问题我们可以列举许多种，而不仅仅局限于道德。但作为人类首要关切的问题则只能有一种。因为这里的"首"字就决定了它的唯一性。而道德在整个社会链条中具有普遍性而不具有首要性。当代最富有成效的美国心理学家马斯洛向人们证明：人首要关心的问题是自身的生存问题。他在《动机与人格》一书中把人的需要按其高低程度不同分为五种，即生理需要、安全需要、归属和爱的需要、自尊需要、自我实现需要。马斯洛认为，越是低级需要就越具有广泛性、普遍性和优先性。早在20世纪马克思从社会发展动力学的角度指出：解决人们衣食等物质需要的生产是人类存在和发展的首要前提。马斯洛对人的需要高低程度的划分固然有牵强之处，但他从心理学角度证明了马克思提出的物质生活是人关注的首要问题的命题。

---

① 牟宗三：《现象与物自身》，第21页。

道德优先论只看到人的社会价值，而忽视了人的生物基础，即人的自然基础。而人恰恰是社会性和自然性的统一。原始儒家的创始人孔子和孟子虽然极度凸显道德的价值和意义，但并不主张道德最具有优越性。孔子适卫，主张对民众先富后教，孟子认为嫂溺援之以手，是对男女授受不亲道德规范的权变。嫂溺而不救则是禽兽。这说明孔子认为最起码老百姓的物质生活优先于道德教化，孟子认为一旦人的生命面临威胁时应冲破道德教条的约束。视道德秩序为宇宙和社会秩序，视道德原则为宇宙、人事普遍原则，认为道德是比人的生存更为首要的前提则是从理学家提出"饿死事小，失节事大"开始的。所以，牟宗三所谓的返本开新，并不是要返回儒学本源上，复兴孔孟之原始精义，而是返到宋明理学之本上，开出宋明理学的现代格局。

（二）成德之教比科学知识更根本

牟宗三所指的道德不仅仅是人们日常生活的行为规范，而且还是人的价值之源，是人内在超越的根据。他把这种道德称为道德宗教。他认为，道德宗教或曰成德之教是一种比科学知识更高一层、更具纲维性、笼罩性的圣贤之学。它是人道之尊的总根源，是价值所从出的总根源，是规定人之所以为人的根据。他说：

> 关于道德宗教方面，吾人必须知这是"人道之尊"之总根源，价值所从出之总根源。人性之尊严、人格之尊严，俱由此立，人间的理想与光明俱由此发。……是以道德也不是外在的干枯条文之拘束，而是内在的向上之情，人之所以为人的"绝对主体"之透露，使人成为一真正的人，从为感觉的、形限之私的奴隶之中解放出来；乃是人格之大开展，心灵之大开扩。①

---

① 参见牟宗三：《道德的理想主义》，台湾学生书局，1992年，第152~153页。

视道德为宗教，或者浑道德与宗教为一，创造一种道德宗教，这是牟宗三先生对儒学的新发挥。康有为曾设想变儒学为孔教，进而使其成为国教，因受到激进知识分子的唾弃而失败。不过康有为徒有进行这种转换的热情，而不具备进行这种转换的手段和技巧。事实上连他自己也不知道他自己所改建起来的儒教是什么样子，只是基于对儒学的虔诚信仰知其无可奈何而为之罢了。这种盲目的努力其失败的命运也就潜伏其中了。牟宗三远比康有为深刻和高明。牟首先将宗教的含义泛化，认为只要能向上提撕人的精神，向下建立人们日常生活的常轨皆可为教，从而使宗教能充分涵盖儒学。进而指出宗教的本质虽说大致相同，但其表现形式则多种多样。牟宗三演道德为宗教意在深化儒学，增加儒家伦理道德的严肃性和神秘感，进而名正言顺地颂扬儒家的伦理道德。

道德的确能展现人的尊严，体现人的价值，表达人格理想和追求，但所有这些都不能超越道德自身的界域。如果道德功能越了道德的名分，道德也就成了非道德了。很显然，道德判断和价值不能取代历史判断和历史价值，道德理想和追求也不能表达人生的全部理想和追求。牟宗三过分颂扬道德只能表明他依然是一位传统的泛道德主义者。

牟宗三认为道德之所以重要还因它是一种不可缺少的"文制"，即日常生活的常轨。这套常轨是人们相安共处的保障。他认为文制是一种最具广泛意义和普遍性的日常生活制度。"无论科学家、政治家、智、愚、贤、不肖，皆不能不有日常生活。依是，就不能不有日常生活的常轨（文制）。"① 在他看来，一旦社会崩溃，道揆法守皆归绝丧，则人即无日常生活的常轨，且横冲直撞，泛滥决裂，以致人人生命难保。"再茫然决裂下去，人类势必归于淘汰。"这就是说"文制"的存废关系到人类的命运和前途。因而建立文制就是为"生民立命"。向上提撕人的精神境界，向下规范人的日常生活，两方面的有机统一就是

---

① 参见牟宗三：《道德的理想主义》，第153页。

完整的人文教。

牟宗三认为：道德是本，科学知识是末。科学知识不能没有道德作为本根。它如失去了道德的支配，科学就会陷入罪恶的物欲，非但不能再给人类带来福利，而且还会给人类带来无尽的灾难。他认为：西方文化虽然名数之学昌大，自然科学发达，但由于缺乏道德这一文化之本，致使其见道不真，文化背景不实。"然见道不真，文化背景不实，则不足以持永久，终见其弊。"而且"日趋自毁"。所以道德是民族国家的真实文化背景，是名数之学的安顿之所，是一种比科学知识更具纲维性的圣贤之学，它优先于知识。

当然，牟宗三并不否认知识的重要性，乃至知识在道德完善过程中的作用。在他看来，道德固然是知识之本，但知识的独特作用亦不容忽视。他说："道德宗教方面的道统及国家政治法律方面的政统都是'实践的'，一是个人的、圣贤人格的，一是集团的、客观组织的。唯逻辑、数学、科学方面的学统，则是'观解的'。此是整个实践过程中的一个通孔。这一通孔缺少了，实践即成为封闭的。照一个人的实践说，一个文化生命里，如果学统出不来，则在此长期道德宗教的文化生命中，圣贤人格的实践很可能胶固窒塞而转为非道德的，而其道德理性亦很可能限于主观内而广被不出来，而成为道德理性之窒死。"[①]道德虽然优先于知识，为知识之本，但知识作为末对其本的存在和完善亦起着作用，即失去了知识，道德理性亦无法伸展甚至还会死亡。总之，牟宗三认为道德与知识、本与末是一有机和谐的统一体。二者合则两存，分则两亡。

牟宗三是一位道德理想主义者。道德的理想主义试图通过凸显人文价值以克服现代流行的科学沙文主义和理智一元论的"科学万能""知识万能"的倾向，却又走向了另一极端——以人文价值干预科学和

---

① 参见牟宗三：《道德的理想主义》，第157页。

知识领域，贬低科学和知识的价值。道德的理想主义视道德为本，科学沙文主义视科学为本，二者都没有正确把握住人类存在和发展的最后之本——社会生产方式。与生产人们物质生活资料的社会生产相比，道德与知识皆不具有优先性和原初性。我们讲人们物质生活资料的生产为本，无意否认道德的价值和贬低知识的作用。只想说明作为观念范围的道德不是知识之本而其自身尚以生产方式为本而已。

道德为本，知识为末，是中国那种重道德、轻技艺的传统思想的现代反映。这说明牟宗三并没有冲破传统儒学的笼罩，依旧停留在传统儒学的价值取向的水平上。

(三) 德性之知优于见闻之知

牟宗三继承了张载以来对知识的划分，认为知识有两种：一种是关于如何成德的知识，可称之为德性之知，一种由感性和知性所展开的知识，可称为经验知识或见闻之知。所谓德性优先于知识的知识是指经验知识，而不是德性之知。就德性之知与见闻之知而言，德性之知亦优先于经验知识或见闻之知。

牟宗三认为：德性之知是一种比见闻之知更根本的知识。德性之知的主体是仁体、心体、本心或性体，或曰知体明觉，与知体明觉对应的是"物自身"。在他看来，西方哲学家康德由于不承认人可有智的直觉，故不能言德性之知。只能证成由知性和感性所展露的见闻之知，无法建立道德的形上学，只能建立道德的神学。如依中国哲学的传统，尤其是儒家的传统，认为人有限而无限，从而"由道德开无限心，由无限心说智的直觉"，天道性命通而为一，建立道德的形上学，以开本体界的存有论。

牟宗三指出：道德的形上学是依"道德的进路对于万物之存在有所说明"①。道德的形上学重点是形上学，说明万物的存在。在道德的

---

① 参见牟宗三：《现象与物自身》，第39页。

形上学中，他发挥了王阳明的知体明觉这一概念。他认为知体明觉应于物之自相，自相就是如相、实相，实相即无相。在知体明觉的对照中，物是无物之物，意是无意之意，知是无知之知。无物之物、无意之意、无知之知是物无物相、意无意相、知无知相，皆是自在相。"只是知体明觉之具体地不容已地流行……知体明觉与行为物一体呈现。"① 在这种呈现中，知体明觉不是主体，亦是主体，物不是客体，亦是客体，一切皆是主体，亦皆是客体。主体和客体合而为一，浑沦不分。他说："心外无事，心外亦无物。一切盖皆在吾良知明觉之贯彻与涵润中。""由真诚恻怛之仁心之感通，或良知明觉之感应，而与天地万物为一体。""感应于孺子，即与孺子为一体，而孺子得其所；感应于鸟兽，草木，瓦石亦皆然。'亲亲而仁民，仁民而爱物'，亦皆然。'老者安之，少者怀之，朋友信之'，亦皆然。感应于物而物皆得其所，则吾之行事亦皆纯而事亦得其理。"②

万物与我为一，是指万物与我的良知为一，万物是被动的，是受施者，而良知则是主动的，是主施者。所以他反复强调知体明觉的作用。他说："就事言，良知明觉是吾实践德行之根据；就物言，良知明觉是天地万物之存有论的根据。就主观地说，是由仁心之感通而为一体，而客观地说，则此一体之仁心顿时即是天地万物之生化之理。仁心如此，良知明觉亦如此。"③ 从而认为宇宙秩序、生化规律、存在根据与道德秩序、道德创造、人事之理，全是一回事。"在圆教下，道德创造与宇宙生化是一，一是皆在明觉之感应中朗现。"④ 这就是牟宗三所创造的德性之知，或曰道德的形上学。道德的形上学的最大特征是

---

① 参见牟宗三：《现象与物自身》，第 439 页。
② 牟宗三：《从陆象山到刘蕺山》，台湾学生书局，1979 年，第 240～241 页。
③ 参见牟宗三：《从陆象山到刘蕺山》，第 241 页。
④ 同上书，第 242 页。

以良知和仁心代替了保证万物秩序和宇宙和谐的上帝，走向了绝对的道德主义。

我们认为：近代以来，儒学时运不济，命途多艰，遭受了各种文化思潮的挑战。在这挑战面前，儒学节节败退，最后连大本营——孔家店亦不得保。儒学的近代命运固然有其无法摆脱的时代因素，但儒学自身长期潜伏的缺陷亦不能讲不是其失败的重要原因。传统儒学的道德主义这一根本若无问题，可以断言儒学命运肯定不是今天这种门庭冷落、收拾不住的样子。当前儒学面临着覆灭的危险，欲拯救儒学亦须从大关节处着手，如果只守住儒家的道德阵地不变，全盘继承传统儒家的文化模式和思维原则，可以说儒学再领风骚是不可能的。儒学的唯一出路，就是使传统儒学彻底脱胎换骨，形成一个全新的适应于当代世界大势的文化生命。但当代新儒家们不作如是观，更不愿这样做，儒家的命运也就难以预测了。

牟宗三认为：德性之知，只能知物之如相自在相，即如其为一"物自身"而直觉之，实现之，但它不能把物推出去，置于其外，以为对象以研究之。因而这种德性之知并不能产生科学。"依中国传统，人可是圣，圣亦是人。就其为人而言，他有科学知识，而科学知识亦必要；就其为圣而言，他越过科学知识而不滞于科学知识，科学知识亦不必要"[1]，因而科学知识对中国来说"有而能无，无而能有"。他认为中国以往都是过分重视了上达，而忽视了下开，以至于只有道统而无学统，内圣强而外王弱。当代新儒家的任务就是通过良知或知体明觉的自我坎陷转出知性，开出科学。他说：

> 知体明觉不能永停在明觉之感应中，它必须自觉地自我否定（亦曰自我坎陷），转而为"知性"；此知性与物为对，始能使物

---

[1] 参见牟宗三：《现象与物自身》，第121~122页。

成为"对象",从而究知其曲折之相。它必须经由这一步自我坎陷,它始能充分实现其自己,此即所谓辩证的开显。它经由自我坎陷转为知性,它始能解决那属于人的一切殊特问题,而其道德的心愿亦始能畅达无阻。否则,险阻不能克服,其道德心愿即枯萎而退缩。①

知体明觉之自觉地自我坎陷即是其自觉地从无执转为执。自我坎陷就是执。坎陷者下落而陷于执也。不这样坎陷,则永无执,亦不能成为知性(认知的主体)。②

牟宗三认为在德性之知中,知体明觉不呈现任何相,即物无物相,意无意相,知无知相,觉无觉相。主体即客体,客体即主体,物我一体,分而不分,不分而分。知体明觉的自我坎陷就是使良知由"天堂"下凡于人间,使物有物相,意有意相,知有知相,觉有觉相,开出对列之局,产生主体和客体的分离和对偶,形成知性主体。具体说,就是使德性之知中无我相之真我转为一个逻辑的、形式的、架构的有我相之我。随着有我相之思维我的产生,明觉感应中的无物相之物亦同时成为有物相的对象之物,即"物自身"凸起为现象。当然现象不是物自身自起自现,而是由知性主体所认知地挑起者。见闻之知就是感性和知性对这种现象的认识。感性和知性都是识心或认知心,感性给予对象,知性思辨对象。见闻之知就是感性和知性展开的知识。牟宗三认为传统儒家理论所缺乏的就是这种由感性和知性展开的知识,而这又恰恰是西方文化的长处。故而牟宗三锲而不舍,全力移植康德以补充儒学,在他对见闻之知的阐述中,到处可见康德的影子。

那么为什么德性之知优先于见闻之知呢?

---

① 参见牟宗三:《现象与物自身》,第122页。
② 同上书,第129页。

首先，他认为识心或认识心之两态即感性和知性是德性之知的知体明觉自我坎陷的结果，而感性和知性之对象同样是德性之知中的"物自身"凸起的。"我们所以知感性之所给与知性之所思者为现象乃是因为我们已知明觉感应中之物为'物自身'故。"① 归根到底，见闻之知从属于德性之知。

其次，他认为德性之知是对宇宙本体的认识，是无限的，见闻之知是对宇宙现象的认识，是有限的。德性之知是见闻之知的根据。

再次，他认为在历史上德性之知的产生早于见闻之知。他说："单对于经验知识（见闻之知）作反省求如何获得并改进之，这乃是后起的事……故古人首重'正德'与'敬慎'。这不但是中国传统是如此，即在西方，古人明知重智，其目的亦在成德。单重知识，以知识为首出，这乃是后来的事，至少从哥白尼开始，科学知识成立后，始如此。"② 强调人际关系的和谐，注重道德修养和教化，这的确是中国文化久已有之的特征。但这一特征在西方并不明显，从泰勒斯到亚里士多德，他们大都注意对自然和知识的探讨。像苏格拉底那样以追求善为目的哲学家在西方毕竟是后起的支流而不是主流。牟宗三在其《中国文化的特质》和《历史哲学》中对此也有明确的说明。牟宗三所说的德性之知和见闻之知，实际上就是实践理性和思辨理性。这两种理性分别具有不同的内容、功用和表现形态。它们在人类社会的发展中如车之两轮、鸟之双翼，缺一不可。二者不是从属的关系，不能讲何者具有优先性。因为任何一个民族的存在和发展都不能离开这两种理性的任何一种。当然，不同的民族在不同的时期为了自身的需要有时有所偏重是可能的，但用一种理性去否定另一种理性则是永远不会出现的。

---

① 参见牟宗三：《现象与物自身》，第131页。
② 同上书，第22页。

（四）道德优先于知识的限制

当然，从人文价值的角度，尤其是从人之内在价值之源的角度来观照道德与知识，我们并不否认道德优先于知识。因为与知识相较，道德更易凸显人的内在本质、人的尊严和人的价值。但是，我们反对将这一命题泛化，即反对从道德优先于知识而泛化为道德优先于一切。在我们看来，生产人们物质生活资料的劳动即生产活动远比道德更具有优先性，我们这样讲并不意味着将人物化、自然化，相反是对人性的升华。因为人的本性只有在劳动、实践中才能得到确证，而人之道德属性从这里才能找到自身的根基。高明的儒家学者（理学家除外）也能领悟到这一点，故亦有"先富后教"之说。由此我们认为牟宗三将道德优先于知识视为绝对的命题是欠妥当的。

牟在阐述道德与知识的关系时提出了著名的"自我坎陷"说，即知体明觉自我坎陷转为知性，开出知识，开出科学。如果说这一命题是试图寻找中国文化与西方文化的结合点，或者说是为了寻求西方文化在中国生长的文化母本（文化母本之义由周立升先生首发）的话，自我坎陷说的确是一富有启发性的思想，不能全否。但我们认为这是牟宗三为构造其思想体系而设的逻辑命题，而非实然命题。即有助于其思想体系建构，而在现实中行不通。就是说由德性或由知体明觉开不出知性，也开不出科学与民主。因为道德与知识分别指向了不同的实然世界，它们分别是不同实然境域的花果，它们之间不存在产生与被产生的关系。当然道德作为价值取向的指针具有规范知识作用，这种规范作用丝毫不能证明知性、知识、科学是由知体明觉自我坎陷的结果。历史证明自我坎陷说亦难圆其说。西方科学、民主、知性主体之出皆非知体明觉自我坎陷而成者，如果知体明觉真能自我坎陷而出科学、民主乃至知性主体，那么孔孟陆王等一代儒学宗师久已开出之，中国近代就无缺乏科学精神、民主精神、知识系统之虞了。

通观牟宗三的整个思想体系，"道德优先于知识"说在其中占有重要位置。可以说这一命题向人们展示了牟宗三对中西文化的基本态度和立场，即中国文化在境界上高于西方文化。反映了牟宗三乃至整个当代新儒家的道德至上主义和泛道德主义的心态、价值取向和文化理想。从积极的方面说，这一命题是试图从一向注重上达的儒家的实践理性中下开出思辨理性，从消极的意义上讲，是试图将西方文化中的思辨理性摄纳于儒家的实践理性乃至道德的形上学之中。总之，他是想重走宋明理学消化、吸收印度佛学之路以消融西方文化，开出儒学之第三期。① 当然"第三期之儒学"能否开出我们深表怀疑，不过，他立足于本民族的文化传统，或者说他以本民族的文化为主体，消化西方文化，以建构现代文化的尝试和探索则是值得研究的。

二、良知自我坎陷说与当代文化症结

自我坎陷说是牟宗三先生的重要理论。这一理论既是连接其哲学本体界与现象界、中学与西学、内圣与外王的中心枢纽，又是试图打开当代人类文化尤其是中国文化症结的一把锁钥。就中国文化言，他试图通过道德理性的自我坎陷使中国文化从天道与人事浑沦不分状态走向多学科、多层次的独立发展、独具成果；就西方文化言，它试图使当代西方文化从科学主义与人文主义的对立和冲突中重新走向统一，走向整合。使它们各居其位，互不僭越。这一理论的提出，标志着儒学由对西方文化的本能回应，走向新的理论建构。

（一）良知自我坎陷的理论背景

近世以来，中国文化受到西方文化的严峻挑战，这个一向以宇宙中心傲视寰宇的泱泱大国，不得不重新估价自己、评判西方，并在此

---

① 他认为先秦儒学至董仲舒是儒学第一期，宋明儒学从周濂溪到刘蕺山是第二期，现在是第三期。

基础上作出新的价值选择。这一价值选择的过程既是中国人不断认识西方、学习西方的历史过程；又是中国人深刻地自我反省和痛苦的自我否定的历史过程。学习西方，由欣羡西方的坚船利炮到社会制度乃至全部西方文化，反思传统，由感到中国科技器物落后到社会制度落后乃至样样落后，这种社会思潮的双向互荡终于鼓起了新文化运动。陈独秀以是非两极化趋向来衡量中西文化，迫使人作出彻底抛弃传统，接受西方的民主与科学的选择。胡适以新派人物必须"走极端"为口实，指陈我们民族罪孽深重。认为必须借助西方文化的朝气和锐气来打掉我们民族的暮气和惰气，在陈、胡等人看来，中国文化一无是处，根本不存在走向现代化的内在要求和潜力，只有西方的民主与科学才能救中国政治上、学术上、道德上的一切黑暗，把中国引向光明。他们在中国当代史上疾呼民主与科学，的确功不可没，他们抨击传统，偶尔亦能击中要害。但他们由之走向科学万能论和理智一层论，进而否定中国文化的基本价值则失之偏颇。然而这种偏颇又使他们在当代中国开启了一条科学主义的长河。

伴随着新文化运动的发展，在中国又形成了一股人文主义的大流。中国现代或曰当代文化像世界文化一样自我分裂了。新文化运动前的文化争论无一不与政治理想紧密有关，在那里，先进与保守的判别是一目了然的。新文化运动后，这种现象虽然在一定领域依然存在，但文化争论的中心议题变成科学主义与人文主义之争。如果再用先进思潮与落后思潮来涵盖这时期的文化讨论就不那么切合原旨。许多有识之士，他们对西学的大量涌入，中国文化的悲惨命运，表示极度的不安。第一次世界大战后，西方文化的弊端进一步曝光，整个西方世界弥漫着一股悲观主义的情调。许多人士担心中国文化的失落，西方文化的涌入，可能使我们未获其利，先蒙其弊，所以要求回到孔孟。

梁漱溟、张君劢、熊十力等人的思想或多或少受到上述情形的刺激和影响。他们认为孔孟的思想，尤其是由孔孟所开辟的心性之学、人生态度仍然是一有生命的价值存在。梁漱溟一反当时盛行的中西文化是非两极对立的陈调,以意欲为价值坐标,重新确立中西印文化的意义方位。认为以意欲向前要求为其根本精神的西方文化是人类文化的第一条路向,而以意欲调和持中为其根本精神的中国文化是人类文化的第二条路向,而以意欲反身向后要求为其根本精神的印度文化是人类文化的第三条路向。这就用文化路向的多元主义否定了陈、胡等人的文化线性进化模式。

张君劢一反科学主义的论调而倡之,认为人类尊严和自由比富强更重要。他说:"十九世纪以来,以图富强之故,而牺牲人类,今思反之,宁可牺牲富强,不愿以人类作工厂之奴隶牛马焉。"① 这里的价值取向标准无疑是儒家的。熊十力似乎对当代文化之争取超然的心态,实质上他对上述问题都有深刻的思考。尤其是他指出量智(即理智)有能亦终有限,只有主宰量智的本心之性智才能洞晓宇宙真相,彻悟人生之大源,这种即理性超理性主义是对理智一元论的有力冲击。梁、张、熊等人充分肯定了中国心性文明的现代价值,从而与陈、胡等人的论调根本不同,然二者亦有相同之处,即他们都是把中国文化中的道德理性与西方文化的民主与科学视为不兼容的对立。康有为等为了突出中国文化的价值,硬是要在儒家经典的古义奥蕴中考证出"德谟克拉西"。这种"兵来将挡""水来土掩"的简单线性回应方式既回答不了科学主义者所提出的问题,也解不开中国文化的症结。问题的真正解决只有另寻出路。

中国当代的文化问题说到底是中学与西学、德行与知识、道德理性与民主科学的关系问题。在陈、胡等科学主义者看来,要实现民主与科学就必须否定中国文化,他们用科学代替一切,统摄实然世界和意义世界,由用科学去分析,统摄人的自由和尊严,到人的自由和尊

---

① 张君劢:《哲学与人生》,上海人民出版社,2020年,第69页。

严的泯灭。梁、张、熊等人文主义者肯定了中国文化、道德理性的价值，护住了人文世界的独特性，但又有意无意地拒斥西方的民主与科学。他们由突出人的自由和尊严始，到牺牲物质文明、牺牲富强终。科学主义者是见物不见人，人文主义者是见人不见物。如何才能既见人又见物，怎样才能正确解决道德理性与民主科学、人的尊严与物质文明的矛盾，是当代最凸显的文化症结。针对上述文化症结，牟宗三先生提出了富有建构性的"良知自我坎陷"说。

（二）"良知自我坎陷"说的提出

牟宗三对中国文化症结的解决经过了由"融摄"说到"曲通"说再到"良知自我坎陷"说的发展过程。"良知自我坎陷"说是牟先生对文化问题长期探索的结果。

牟先生早期主要从事逻辑学和哲学认识论的研究，20世纪40年代后期，才全力转向对历史文化的阐扬。1949年，他在《儒家学术之发展及其使命》① 一文中指出：儒学要转进第三期，如欲以新的姿态表现于历史，"端赖西方文化之特质之足以补吾人之短者之吸纳与融摄"②。这里所说的融摄与中西汇通派的见解，并无根本歧义。这说明牟先生仍然把民主与科学当作西方的异质文化而吸纳之、融摄之。也就是说牟先生是从中西文化交流的角度，而不是从中国文化生命自身不断生成的角度来看待民主与科学。20世纪50年代初，他在《中国文化的特质》一文中，又使用了"曲折"一词，与"融摄"已有很大的差别，我们暂时称为"曲折"说。他说：

中国的文化生命之向上透，其境界虽高，而自人间之实现

---

① 刊于《民主评论》第1卷第6期，1949年。后收入《道德的理想主义》一书。

② 牟宗三：《道德的理想主义》，第3页。

"道德理性"上说，却是不足的。……这就表示中国以前儒者所讲的"外王"是不够的。以前儒者所讲的外王是由内圣直接推出来：以为正心诚意即可直接函外王，以为尽心尽性尽伦尽制即可直接推出外王，以为圣君贤相一心妙用之神治即可涵外王之极致：此为外王之"直接形态"。这个直接形态的外王是不够的。现在我们知道，积极的外王，外王之充分地实现，客观地实现，必须经过一个曲折，即前文所说的转一个弯，而建立一个政道，一个制度，而为间接的实现：此为外王之间接形态。亦如向上透所呈露之仁智合一之心须要再向下曲折一下而转出"知性"来，以备道德理性（即仁智合一心性）之更进一步地实现。经过这一曲折，亦是间接实现。①

曲折说比融摄说更具有"儒家主位主义"的特征。曲折说是从中国文化生命本身，即从其内在发展的流向上去洞察问题、解决问题。这种由内圣、由道德理性曲折而来的民主与科学，不再是异己文化的摄入，而是自身生命的生成和演进不可或缺的环节。可以说曲折说已含有"自我坎陷"说的意蕴。

20世纪50年代中期，牟宗三先生在《理性之运用表现与架构表现》②一文中，使用了"自我坎陷"一语。他认为从内圣、道德理性之运用表现中直接推不出民主与科学。直推或曰直通不仅无法实现现代外王，反而造成外王之退缩，从内圣到外王，只有在"曲通"或曰"曲推"之下，才能尽外王之极致。曲通即曲折。他把这种曲通称为"转折上的突变"。这种转折上的突变说明民主、科学具有与道德理性

---

① 刘志琴编：《文化危机与展望——台港学者论中国文化》，中国青年出版社，1989年，第251~252页。

② 原文刊于《民主评论》第6卷第19期，1955年。后收入《政道与治道》一书中，成为该书的第三章。

既相关又独特的二重性格。他说:"而转折之所以为转折,则因有一种'逆'的意义存在。这'逆'的意义之形成是这样的,即:德性,在其直接的道德意义中,在其作用表现中,虽不含有架构表现中的科学与民主,但道德理性,依其本性而言之,却不能不要求代表知识的科学与表现正义公道的民主政治。而内在于科学与民主而言,成就这两者的'理性之架构表现'其本性却又与德性之道德意义与作用表现相违反……即在此违反上遂显出一个"逆"的意义,它要求一个与其本性相违反的东西。这显然是一种矛盾。它所要求的东西必须由其自己之否定转而为逆其自性之反对物(即成为观解理性)始成立。"① 就是说科学与民主是道德理性的内在要求,为道德理性的精神所涵摄,但就科学与民主之理性表现形式言,与道德理性的表现形式相违反。所以,由道德理性向民主与科学过渡,需要一种"逆",一种"转折上的突变"。需要道德理性自觉地自己否定自己,转而为逆其自性之反对物。这种"逆",这种"转折上的突变",这种自己否定自己,就是道德理性之自我坎陷。具体地说:

> 科学代表知识,也是"真"之一种。道德理性虽曰实践理性,意在指导吾人之行为,其直接作用在成圣贤人格,然诚心求知是一种行为,故亦当为道德理性所要求,所决定。……要求此行为,而若落下来真地去作此行为,则从"主体活动之能"方面说,却必须转为"观解理性"(理论理性),即由动态的成德之道德理性转为静态的成知识之观解理性。这一步转,我们可以说是道德理性之自我坎陷(自我否定)。②

---

① 牟宗三:《政道与治道》,台湾学生书局,1983年,第57页。
② 牟宗三:《政道与治道》,第57~58页。

经过这步自我坎陷，道德理性就由动态转为静态的理论理性，从物我合一之无对转为主、客对列之有对，从践履上的直贯转为理解上的横列，也就是智，暂时从仁智合一的文化模型中冷静下来，暂时脱离仁，成为"纯粹的知性"。由这种否定而成的理解理性，由暂时脱离仁所为的"纯粹的知性"，皆与道德、与仁不相干，道德处于中立状态，科学具有独立意义。

自民主言之，民主政体之实现亦是道德理性所要求，"或者说，此政体之出现就是一个最高的或最大的道德价值之实现"。但"欲实现此价值，道德理性不能不自其作用表现之形态中自我坎陷，让开一步，而转为观解理性之架构表现。……在架构表现中，此政体内之各成分，如权力之安排、权利义务之订定，皆是对等平列的。因此遂有独立的政治科学"。① 这样一来，人们对政治问题的讨论成为纯政治学的讨论，力求清楚确定合理公道，至于此合理公道背后的道德理性，则被划出界外，即道德成为中立之道德，政治成为独立之政治。

牟先生认为：中国文化生命的特色是理性之运用表现，而缺少理性之架构表现。理性之运用表现都是"摄所归能""摄物归心"，它外投则全心在物，内收则全物在心，免去了主、客，心、物，能、所之对列。顺理性之运用表现而趋，可以成就圣人人格，德化之治道，智的直觉形态，但绝不会产生客观化的政道（民主）及智的知性形态（科学），后两者是理性之架构表现的成果。道德理性之自我坎陷从中国文化根本精神处说就由"综和的尽理之精神"转出"分解的尽理之精神"，从理性表现的方式上言，就是由"理性之运用表现"，转出"理性之架构表现"。从而在最终意义上解决中国文化为什么没有产生民主与科学和如何产生民主与科学的问题。

牟宗三先生与其前辈不同，他不再向中国文化考证"德谟克拉

---

① 牟宗三：《政道与治道》，第59页。

西",而是当下承认中国文化并没有民主、科学,顺中国文化生命形态而趋亦不会产生民主与科学,甚至认民主与科学是逆道德理性之表现形态的对立物。撇开牟先生的出发点及最终意图不谈,就其结论看,与胡、陈等科学主义者的论点有相似之处。然而牟先生认为中国之未实现近代化,未实现民主与科学,"乃是超过的不能,不是不及的不能",民主与科学的实现不是简单地移植所能达到的。它是中国文化否定自身、完善自身的必然环节,从而保留了与科学主义根本相左的儒家人文主义立场。从某种意义上说,牟先生的思想是当代科学主义和人文主义的综合。

20世纪50年代,牟先生主要从民主与科学如何开出的层面使用自我坎陷说,20世纪70年代,他在《现象与物自身》一书中,则从哲学的意义完整表述了自我坎陷说的内涵,进而确立民主与科学的哲学根据。自我坎陷说由原来之文化命题上升为哲学命题。

在他看来,依西方哲学传统,人有限而不能无限,人只有感触的直觉,而没有理智的直觉。因而人只能认识现象,而不能证成物自身。在西方哲学的传统下,只能建立起现象界的存有论,即执的存有论;无法建立起本体界的存有论,即无执的存有论。依中国哲学传统,人有限而可无限。不仅能建立起现象界的存有论,而且亦能证成本体界的存有论。然而,中国哲学,无论儒释道,一向皆重视上达,即成圣、成佛、成真人,而忽视了下开。故而只证成了本体界的存有论,而未建立起现象界的存有论。现象界的存有论恰恰是科学知识的哲学根据。故而科学知识这一环,中国儒释道三家虽皆可有,然因其重上达,故未正视这一环。须今日开出之,使"上达下开,通而为一"。而科学知识开出之关键是如何能由良知、本心、仁体、知体明觉开知性。由是牟先生又引入了自我坎陷说。他说:

> 知体明觉不能永停在明觉之感应中,它必须自觉地自我否定

（亦曰自我坎陷），转而为"知性"；此知性与物为对，始能使物成为"对象"，从而究知其曲折之相。它必须经由这一步自我坎陷，它始能充分实现其自己，此即所谓辩证的开显。①

知体明觉之自觉地自我坎陷即是其自觉地从无执转为执。自我坎陷就是执。坎陷者下落而陷于执也。不这样地坎陷，则永无执，亦不能成为知性（认知的主体）。它自觉地要坎陷其自己即是自觉地要这一执。②

在他看来，知体明觉在其明觉之感应中，知无知相，意无意相，物无物相，一切皆是自在相、实相、本相。因而它与物分而不分，不分而分，与物一体呈现。与知体明觉浑沦不分，一体流行者是物自身，而不是现象。而知体明觉经这一坎陷，它就由道德主体转为一知性主体，由无我相之真我，转而为有我相之我，即由道德的我，转而为一个逻辑的我、形式的我、架构的我。而明觉感应中之物即被推出去而成为一对象，即有物相之现象。经这一坎陷顿时凸起主客、能所对列之局，亦即认识论的基本对偶性。

牟先生认为道德实体只有经这一步辩证开显，道德理性才能充分实现其自己。它只有转出知性，才能解决那属于人的一切特殊问题，才能成就科学知识，才能满足道德心愿和要求。否则，道德的心愿亦会枯萎和退缩。然知性、科学知识本来没有，依道德理性自觉要求而有，故曰"无而能有"，但由于它们是知体明觉之权用，因而仍可把它们化归于道德理性而不失德性之本义，就是说道德理性亦可自觉地撤销知性与科学知识使之归于无。正是无而能有，有而能无，进退自如。

---

① 牟宗三：《现象与物自身》，第122页。
② 同上书，第123页。

这是迄今为止，牟宗三先生对良知自我坎陷说最完善亦是最系统的表述。这种表述同样是以他对中西哲学的研究为根据的。在他看来，哲学认识论是西方哲学之所长，恰为中国哲学之所短，而中国哲学所证成的道德形上学，亦为西方哲学所不具。总之，中国哲学是下开不足，西方哲学是上达不够，而哲学认识论，尤其是主客对列之局恰恰是科学知识的哲学基础，民主政体的先决条件。自我坎陷说意在一贯重上达的中国哲学中开出西方之哲学认识论，消化西学归宗儒圣，以补中国哲学之缺陷，使儒学成为一下开上达之真实圆满之学。

由上可知，牟先生的良知自我坎陷说有三层意义，即科学义、民主义和哲学（包括逻辑学）义，当然这三层意义是相互贯通的。而这三层意义的建立是以其对中国文化内在特质的敏锐洞察和深入研究为根据的。四十余年来，他以西方文化为参照，倾注了大量的心血气力探讨中国文化的本质和优劣得失。《历史哲学》《佛性与般若》《心体与性体》《从陆象山到刘蕺山》《政道与治道》《道德的理想主义》等，都是牟先生长期研究的心血结晶。他不仅从不同的方位、角度观照中国文化，而且还用一些独特的概念范畴来说明传统文化。如从中西文化研究的对象上看，他认为西方文化首先关注的是自然，中国文化首先关注的是生命；从文化背后的根本的精神处看，他认为西方文化的根本精神是"分解的尽理之精神"，中国文化的根本精神是"综和的尽理之精神"。从文化精神表现方式上看，西方文化是"理性之架构表现"，中国文化是"理性之运用表现"。从文化断续上看，西方文化是以气尽理，中国文化是以理生气等。这些提法都从不同的侧面揭示了中国文化的特征，展现了中国文化的根本精神及其主要缺陷。通过大量的分析，他指出：中国文化是有道统而无学统，有治道而无政道。因而提出了道统、学统、政统三统并建之说。三统之说的实质是使中国文化走向现代、走向未来。而"自我坎陷"说则是中国文化走向现代、走向未来的桥梁。

百余年来，面对西方文化的挑战，许多学者倾注了大量的精力，对我们的民族精神进行深入的解剖和自我反省。提出了许多解决中国文化走出困境的方案。然而这些方案却一个个流产了，失败了，给中国人留下了沉痛的经验教训。新文化运动后，在中国又形成了科学主义和人文主义两条对立的文化基线，以胡适、陈独秀为代表的科学主义者，试图用科学主义来代替一切、鼓吹科学万能论和理智一元论，用科学理性排斥了人文文化的独特价值。在对待中西文化的关系上，具有明显的民族虚无主义和醉心西化的倾向。以梁漱溟、张君劢为代表的人文主义者，虽然突出了人文文化的特性，肯定了中国文化的内在价值，但由于对科学的负面价值看得太重，对西学的弊端看得太重，又具有以人文文化排斥科学文化的倾向。当然这里并不否认陈独秀、胡适在人文领域的建树和梁漱溟、张君劢等为民主所作出的努力。仅仅是说即使立足于他们的逻辑进路，亦不能很好地解决道德理性与思辨理性，科学与人文、中国文化与西方文化的关系问题。牟先生虽仍然是一位儒家式的人文主义者，但他的三统并建说、自我坎陷说则有助于我们对上述问题的思考。或者说沿着他的逻辑思路，他对上述问题的解决是富有成效的。他基于人文主义的立场，认为道德理性优于理论理性，德行优先于知识。知性、科学知识依良知明觉自觉要求其有而有，亦可自觉撤销其无复归于无。由于实践理性的这种独特作用，使其有而不碍。这样科学知识、知性就不致利弊相消，甚至弊大于利，而能发挥其正向社会价值，从而解除了人们对科学的担忧。他又认为从表层上看，德性与科学民主是对立物，但自内在贯通处看，它们是统一的、互补的。科学与民主是道德理性最大的愿望和要求，科学的实现、民主的实现即是道德理性之实现。相反，如民主不建，学统不出，道德理性亦会枯萎退缩。道德理性、民主、科学，貌似对立，实则统一。牟先生的自我坎陷说、三统并建说是试图打开百余年来不得解的中国文化症结的一把锁钥。至于能否打开则另当别论。

（三）"良知自我坎陷"旨在条畅中国文化融合西学的路径

自我坎陷说对中国文化可以说是针砭痼疾，与当代西方文化之病似乎相距甚远。不过牟先生考察中国文化是以整个人类文化的走向为背景的。因而它必然涉及西方文化。只是由于中西文化不同，解决它们各自问题的方式不同而已。但牟先生认为由自我坎陷说而来的三统并建理论富有世界意义，将为人类提示一方向。

19世纪中期以来，康德、黑格尔的思辨哲学体系，遭到科学主义和人文主义两股思潮的严峻挑战，科学主义从实证的角度出发，认为那些不能被证实的形而上学的命题全是没有意义的假设。他们由背叛形而上学，走上了实证主义和经验主义。20世纪以后，又进而走上逻辑分析、语义分析之路……。这说明西方人将理智分析的功能推向前所未有的深度。然而，由于他们否认对宇宙终极的思考，睥睨实践理性的独特价值，故而他们的理智分析，其术弥工，悖大道愈远。然而以叔本华、尼采、柏格森、海德格尔、萨特等为代表的人文主义者，虽不反对对宇宙本体的探究，反对理智一元论，主张关心生命、关心人本身，反对人的异化。但他们的研究或者把人降低到生物水平，或偏重于人的心理、情感、意志等非理性的纽结，大都没有对道德理性作出应有的肯定，或否认人的类本质。科学沙文主义固不足道，而西方所谓的人文主义在牟先生看来亦只能识其病，不能治其病。他说：

> 西方名数之学虽昌大（赅摄自然科学），而见道不真。民族国家虽早日成立，而文化背景不实。……然见道不真，文化背景不实，则不足以持永久，终见其弊。……彼若不能于文化之究竟义上，有真实之体悟，将不能扭转其毁灭之命运。名数之学与民族国家将徒为自毁之道，又何贵焉？……然则西方文化之特质，融于中国文化之极高明中，而显其美，则儒学第三期之发扬，岂徒创造自己而已哉？亦所以救西方之自毁也。故吾人之融摄，其作

用与价值,必将为世界性,而为人类提示一新方向。①

可见,在牟先生那里,无论是对西方民主科学的融摄,还是开出,都不仅仅是对中国文化的症结而言的,而且亦是有感于西方文化的困惑而发的。在中国,未产生西方近代意义的民主与科学,故使中国滞后、挨打、百弊丛生。在西方,由于其知性主体未能上提到德性主体,没有产生儒家式的心性之学,其民主与科学最终缺少文化上的根源意义和终极价值。故使其近代精神,步步下降,日趋自毁。他认为西方文化欲永久保存于人间,必须汲取东方文化的优点,虚心向东方文化学习如下几点:(一)"'当下即是'之精神与'一切放下'之襟抱";(二)"一种圆而神的智慧";(三)"一种温润而恻怛或悲悯之情";(四)"如何使文化悠久的智慧";(五)"天下一家之情怀"。这五点的核心是儒家的心性之学。西方文化如果学习了这几点,不但能克服其文化缺点,消除其由这些缺点造成的种种危机和冲突,而且还能使其心胸日益广大,智慧日益清明,以进达圆而神之境地。在他看来,孔孟陆王之心性之学与西方的民主科学相结合、相融摄所形成的儒家式的人文主义,不仅可以解开中国文化的症结,而且富有世界意义。

翻开当代学人的论著,东方文化救世论并不新鲜。然而对东方文化为什么能救世,如何才能救世,则大都道不出所以然,只是高谈心性文明而已。既能护住东方心性文明的根本价值,又能融摄西方的民主与科学,是当代新儒家的新动向。"良知自我坎陷"说主要是针对中国文化不上近代文化的轨道而言的,但对世界文化亦具有启发意义。

(四)良知自我坎陷将中国文化的现代化的探讨由"为何"转换为"如何"

对当代中国文化乃至世界文化而言,牟宗三先生的良知自我坎陷

---

① 牟宗三:《道德的理想主义》,第4页。

说无疑是一富有开创性、建构性的文化探索。它立足于人文主义立场，扭转了当代科学沙文主义、理智一元论的歧出，又弥补了人文主义的不足。可以说他所设想的儒家式的人文主义是在新的历史条件下对科学主义和人文主义的一种新综合。并试图用这种综合去形构中国当代文化，解开中国文化的症结，为人类文化提示一新方向。无论这种设想的结局如何，人们都无法否认它对文化的探索意义。

良知自我坎陷说立足于儒家人文主义立场，解决了道德与科学的关系，纠正了胡适等以科学取代道德或将道德变为科学的偏向。明确指出实践理性优于思辨理性、德行优先于知识。当然这里的优先不仅仅是时间上、社会功能上的优先，而主要是说对文化的价值之源和对人类的终极关悯，应当放到优先考虑的地位，也就是说道德是科学发展的轨约原则和最终理据。如果科学的发展不优先考虑道德的价值，那么这种科学可造福人类，亦可祸害人类。道德优先于知识的意义首先在这里。至于斤斤计较道德与知识何者在历史上产生得更早并无多大的意义和价值。但当他视科学知识为无而能有，有而能无，有而不碍无时，具有浓厚的道德中心主义和泛道德主义的色彩。超越儒家式的人文主义立场，道德中心主义和泛道德主义皆不符合道德中立原则。

良知自我坎陷说将中国文化走向现代化的探讨从"为何"的层面深化至"如何"的领域，即从由对中国文化现代化一般性理论探讨深化为现实性道路的寻求。中国文化系统是一套重道德、轻技艺，重体悟、轻思辨，天理人事浑沦不分的文化系统。在道德中心主义和泛道德主义的笼罩下，举一切政治、学术、技艺皆为道德的注脚，无法摆脱道德而独立发展。因而将天理人事浑沦不分的中国文化，十字撑开，以克服中国文化各门学科分际不明的缺陷，使各门学科独立发展、独具成果，是中国文化走向现代化的关键。自我坎陷所言的"道德中立"论和所要开出的独立的政统和学统，正是为此而发的。所以就中国文化而言，它具有析离的功能。

良知自我坎陷说肯定了中国文化的基本价值，发现了中国文化向现代化转型的内在要求和潜能。近百年来，人们对中国文化阻碍现代化的方面，强调得太多，看得太重，而对它走向现代化的要求则忌讳莫深、谈虎变色。实际上，中国文化中的整体观念、和谐原则、以天下为己任的人生理想，富贵不能淫、威武不能屈的人格风范，他山之石可以攻玉的精神等是其向现代化转型的内在潜能。自我坎陷说恰恰是对这种内在潜能的肯定。不过仅仅发掘道德理性的这种转型潜能，在我们看来仍有所不足。因为中国文化向现代化转型的内在潜能，体现在中国文化的许多方面。或者说这种潜能、动力是中国文化的各种力的一种合力。

就世界文化言，实证主义和人文主义的暌隔不通，由来已久。科学主义在不断地僭越自己的身份，破坏人文领域的独立性；而人文主义者往往排斥科学主义，要求回归到人本身。这两种文化思潮的断裂，引起许多有识之士的不安，要求重新整合这两种文化。自我坎陷说虽然不是针对西方文化而言的，但它要求理顺道德与科学的关系，使二者各安其位，互相欣赏，而不是互相排斥和僭越，对西方文化无疑具有启迪和借鉴意义。

良知自我坎陷说对中国文化走上现代化的探讨，在逻辑上也许无可厚责，然而在现实上总感有所不足。在我们看来，中国文化蜕变为现代文化，按其原有的节奏、速率自然生长，在当今世界上，既无可能，亦不必要。大胆地渗入西方文化的异己因素，使其机体和结构及时地发生转变，是中国文化现代化的一种现实选择。中国文化系统中，具有一套相对完整的注重人的内心修省和自觉，协调人际关系，规范人的日常生活的网络。我们可称它为社会的软组织结构或弹性结构。然而，正如牟先生所指出的那样，法制不显，民主政体难建是中国几千年，尤其是近百年来的缺陷。这说明中国文化中始终缺少一种客观化、法制化、规范化、程序化的硬组织结构和网络。因而，引进西方文化的运行机制，促使中国文化格局的变动与再构，是中国文化实现现代化的重要手段。所以，在中国文化中坎陷出接受、适应西方民主与科学的心态与胸怀，远比从自身中开出民主与科学更为切实。

在21世纪的今天，中国文化与数百年前的境况已有很大的差别。多少先进的中国人所企盼的科学已在中国大地上生根，各门学科分际不明的现象已不复存在。就世界文化言，它亦在发生着结构性调整。在这种文化氛围下，自我坎陷说的理论意义远远超过其现实意义。

三、牟宗三与第三期儒学之发展

20世纪40年代后期，牟宗三先生首次提出了儒学三期说，认为由孔孟荀到董仲舒是儒学发展的第一期。宋明儒学则代表了第二期。现在将转进儒学第三期发展。牟先生为疏解前两期儒学和建构第三期儒学，探赜索隐，显微阐幽，付出了艰辛的努力，取得了令人瞩目的学术成果。本文试图就牟宗三先生在当代新儒学中的学术地位及儒学第三期发展的可能性略陈己见，以就教于方家时贤。

（一）"儒学三期"说

要了解牟先生的儒学第三期发展说，就不能不联想到新文化运动以后，尤其是20世纪40年代的中国的思想状态。新文化运动以后，儒学由最具有权威的思想学说变成了人人指责的对象，儒学作为官方意识形态的历史结束了，传统的价值体系崩溃了，分裂了。儒学成了封建主义、保守主义、旧思想、旧伦理、旧文化乃至一切旧的东西的代名词，成了中国物质文明不发达、封建复辟顽症不时复发、民主不上轨道的总根源。在举国讨孔批儒的狂飙中，梁漱溟先生独标走孔家路的旗帜。他以"意欲"的向前要求、调和适中、反身向后为标准，重新校正西方文化、中国文化、印度文化的意义方位。后以人类文化的三种路向分别体现了人类文化发展的三个高低不同的阶段以适应当时盛行的历史形态线性进化论。他以文化多元主义为始，以文化进化论为归。以文化多元主义为始，使他否定自严复以来就盛行的视中西为古今的论调；以文化进化论为归，又使他大胆预言，现在是西方文化盛行的时代。世界最近的未来便是中国文化即儒家文化复兴成为世界文化的时代。

梁漱溟先生立足于世界文化的广阔视野，指出了人类文化的三种路向和三个发展阶段。预测了儒家文化的最近的前途，这种理论无论是对当时的西化主义者还是文化保守主义者，都是一当头棒喝！这棒喝宣告了儒学旧形态的结束、儒学新形态的来临。

在梁漱溟先生的理论问世不足十五年以后，哲学怪杰沈有鼎先生在南京举行的"中国哲学会"第三届年会上宣读了《中国哲学今后的开展》的论文。他立足于中国哲学动态的角度，对中国哲学的发展趋向进行了耐人寻味的预测。他认为，过去的中国哲学和文化经过了两个时期，从尧舜三代至秦汉是第一期，魏晋南北朝隋唐至宋元明清是第二期，现在将转进第三期。第一期文化，是以儒家穷理尽性的哲学为主脉，它是刚动的、创造的、健康的、开拓的、理想的、积极的、政治道德的、入世的，第二期文化以道家的归真返璞的玄学为主脉，它是唯物的、非理想的、恬退的、静观的、玄悟的、非社会的、艺术的、出世的。在他看来，中国第二期文化已经结束，第三期文化即将出现。第三期文化是对第二期文化的否定，是对第一期文化精神的回归。因而行将产生的第三期文化精神将是社会性的、健康的、积极的、创造的。第三期文化的产生将以儒家哲学的自觉为动因，第三期哲学的形态将是儒家"穷理尽性的唯心论大系统"。从问题的范围看，梁漱溟先生讨论的问题是全世界的、全人类的文化问题，沈有鼎先生讨论的是中国文化或哲学自身的问题。从某种意义上说，沈有鼎先生是接着梁漱溟先生的《东西文化及其哲学》话题讲的，是对梁漱溟思想的深化或具体化。我们看到，尽管两人讨论问题的范围不同，立足点不同。但二人都对文化发展中的"三"字特别感兴趣，用"三期""三路向"来解说世界文化和中国文化，二人从不同角度都得出了同一结论，那就是人类最近的未来在中国文化复兴。沈比梁更深刻的是，他不仅认为儒学是复兴，而且指出儒家穷理尽性唯心大系统的出现将展示中国文化第三期的来临。

由梁漱溟到沈有鼎，儒学第三期说之出现可谓呼之欲出了，在沈有鼎先生的妙论问世十一年以后，也就是1948年，牟宗三先生在《重振鹅湖书院缘起》一文中，首次提出了儒学发展三期说。由此以后，十余年间里，牟宗三先生先后完成《历史哲学》《道德的理想主义》《政道与治道》三书。这是其"文化意识及时代悲感最为昂扬之时"（《道德的理想主义·修订版序》），亦是其文化意识通体展露之时。20世纪60年代至80年代，他先后完成《才性与玄理》《心体与性体》《佛性与般若》等研究中国文化之力作。但"仍不出……（指1949—1959年，引者注）十年间所发扬之文化意识之规模"（同上）。牟先生的文化意识就是由孔孟所开辟的"道德的理想主义"，或者曰"儒家式的人文主义"。而儒家式人文主义的核心是第三期儒学发展问题。正如当代新儒家的返本是为了开新一样，牟先生疏通前两期儒学之目的是为创造儒学之第三期。他同沈有鼎先生一样，亦以正、反、合的发展模型来概括三期儒学的各自特征。他说：

> 第一期与第二期两形态不同。第一期之形态，孔、孟、荀为典型之铸造时期，孔子以人格之实践与天合一而为大圣，其功效则为汉帝国之建构。此则为积极的、丰富的、建设的、综和的。第二期形态则为宋明儒之彰显绝对主体性时期，此则较为消极的、分解的、空灵的，其功效见于移风易俗。
>
> 第三期，经过第二期之反显，将有类于第一期之形态。将为

积极的、建构的、综和的、充实饱满的……更为逻辑的。①

沈有鼎先生认为中国哲学的发展是由儒经过道、重新回归于儒的过程,牟先生认定儒学是中国文化的主流,魏晋道家的重现,六朝乃至隋唐佛学的泛滥,皆为中国文化生命离其自己,为中国文化的歧出,为中国之大开,这种大开或离其自己之发展对重铸中国文化虽有极大之帮助,然而歧出本身不是中国文化生命主调之高扬。故而他认为儒学之发展是由原始儒学,经过宋明儒学,重新铸造有类于原始儒学的第三期之儒学。他像沈有鼎先生一样,认为原始儒学是积极的、丰富的、创造的、综合的,第二期则是消极的、空灵的。第三期儒学则是对第二期儒学的反动,是第一期儒学的复归,因而它是积极的、建构的、综合的、充实饱满的。可见,牟先生与沈先生讨论问题的范围不同,立足点亦有区别,然而,他们论证问题所使用的方法则是一样的,其最终得出的结论也是相同的。

"三"在近代中国思想家的头脑中是一十分熟悉的概念,龚自珍就把"万物一而立,再而反,三而如初"(《壬癸之际胎观第五》)视为宇宙事物发展乃至人类历史发展的普遍规律。黑格尔、马克思的哲学传入中国,正、反、合,肯定、否定、否定之否定成为一到处盛行的认识问题的方法。深受斯宾格勒史学观影响的雷海宗先生也提出了中国文化三周论,他认为一切伟大的文化都曾经过一度的发展、兴盛、衰败、最后灭亡,唯独中国文化例外。中国文化已经过了两周的发展(由殷商西周至淝水之战前为第一周。淝水之战后至今为第二周),现在我们处在第三周的起点上。(参阅雷海宗《历史的形态与例证》)应当说近代以来的思想家们所面对的问题是相同的,他们赖以考察问题的方法也有惊人的相似之处,然而,他们观照问题的方位不同,考察

---

① 牟宗三:《道德的理想主义》,第11页。

问题的动机亦不尽一致，故而形成了近代错综复杂、色彩斑斓的学术思潮画卷。

在这一画卷中，由梁漱溟，经沈有鼎至牟宗三的轮廓是相当明显的。尽管牟宗三对梁漱溟多有微词，尽管沈有鼎在中国现代思想中的地位并不显赫，但由梁漱溟、沈有鼎而趋必然逼至第三期儒学的出现。依牟先生的说法，梁漱溟在反孔鼎盛的时候，"他维护了孔子的人生哲学"，"独能生命化了孔子，使吾人可以与孔子的真实生命及智慧相照面，而孔子的生命与智慧亦重新活转而披露于人间"，甚至"他开启了宋明儒学复兴之门"[①]，梁的功绩在于否定了西化主义的评判标准，在世界文化的广阔层面上，再度肯定了儒学家说的价值。沈有鼎先生在当代新儒学发展历程中，是当代学术的研究者们所忽略的人物。但他的《中国哲学今后的开展》一文，是梁漱溟《东西文化及其哲学》的具体落实和进一步论证。20世纪在三四十年代，也许牟宗三先生并没有特别注意沈先生的妙文，然而，如以沈先生的思路转换于儒学领域的研究，自然是三期儒学说的出现。在这里，我们并不是为了抹杀牟先生的学术贡献，仅仅是为了印证儒学第三期发展说的出现"理有必至""势有必然"而已。

儒学第三期发展说的创立。是牟先生自觉地担荷起现代儒学学术发展使命的体现。无论是对前两期儒学的疏导，还是对第三期儒学的理论建构，他皆卓然成一家之言。他的理论基本奠定了儒学现代形态的基本格局。任何从事当代思潮研究的人，可以不同意他的见解，甚至批判他对儒学现代形态的看法，但不能无视这一学说的存在及其与日俱增的影响。

（二）儒学第三期之发展

牟宗三先生认为，第三期儒学与前两期儒学有着根本的区别。从

[①] 牟宗三：《生命的学问》，台湾三民书局，1970年，第112页。

政治的角度说,这种区别主要有两点:

一、以往之儒学,乃纯以道德形式而表现,今则复须其转进至以国家形式而表现。

二、以往之道德形式与天下观念相应和,今则复需一形式以与国家观念相应和。①

这样,才能尽创制建国之责任,才能实现政治之现代化。而政治现代化的实现,社会经济方可充实而生动,风俗文物尚可再建。就学术言,儒学第三期之发展"端赖西方文化之特质之足以补吾人之短者之吸纳与融摄"②。名数之学及其连带所成之科学正是西方文化之所长,而为中国文化所短。名数之学不立,科学系统不成,致使以往儒学"能上升而不能下贯,能俟于天而不能俟于人"。在现实历史社会上,民主政制之建,民族国家之立,亦是西学之所长,中学之所短。国家政制不建,儒学极高明之道只能表现为道德形式,只能有个人精神与天地精神相往来,"而不能有客观精神作集团组织之表现"③,不能表现于历史,因而,国家政制之建立必须融于儒家文化之高明中且充实此高明。这"亦有待于伟大之历史哲学与文化哲学之铸造也"。牟宗三先生将上述理论精辟地概括为"三统并建"。即:

一、道统之肯定,此即肯定道德宗教之价值,护住孔孟所开辟之人生宇宙之本源;

二、学统之开出,此即转出"知性主体"以融纳希腊传统,开出学术之独立性;

三、统之继续,此即由认识政体之发展而肯定民主政治为必

---

① 牟宗三:《道德的理想主义》第 2 页。
② 同上书,第 3 页。
③ 同上注。

然。(《道德的理想主义·序》)

牟先生认为道统的肯定、政统的建立、学统的开出,就是儒家人文主义的彻底透出,也是中西文化的自然融摄,亦是第三期儒学的骨架和纲维。在他看来,三统是一有机的、不可分割的整体,他说:"道统、政统、学统是一事。道统指内圣言,政统指外王言,学统则即是此内圣外王之学,而内圣外王是一事,其为一事,亦犹仁义之与礼乐为一事。"① 但道统、政统、学统在现代儒家文化中的地位和作用又有区别:

道统,简言之,就是由孔孟所开出的"道之统绪",它是一种比科学知识更具纲维性、笼罩性的圣贤之学,是立国之本,是文化创造之源,是日常生活轨道和人之所以为人的根据。他说:"人性之尊严,人格之尊严,俱由此立,人间的理想与光明俱由此发。它使人成为一真正的人。"它是一种文制,即人人皆不能不遵循的生活常轨。若失去了它,社会必然混乱,人类势必淘汰。在他看来,道统是中国文化的生命,它决定了中国文化的方向和主位性。如果失去了它,即使有了民主与科学也不是中国的身份,而是殖民地的身份了。他认为,道统之继续就是中国文化生命之不断,因而道统之肯定就是肯定中国文化生命之存在。在牟先生看来,这是中国之所以为中国的本质,是丝毫也不能怀疑和动摇的根本原则。可见,牟宗三先生对道统的维护和痴爱,毫不逊色于传统的儒者。然而由于时代的变迁,维护道统的出发点已有了很大的差异。当中国文化遭际欧风美雨狂袭而花果飘零之时,牟先生认为维护道统就是维护中国文化,就是维护民族的自尊心与自信心。

政统,即实现民主政治,建立起近代化的国家政治、法律制度,

---

① 牟宗三:《道德的理想主义》,第260页。

转出政治生活之文制与常轨,以解决中国历史上两千余年不得解决的治乱循环、宫廷残杀、士人政治无法超越君主限制的三大困局,以弥补中国政治领域"有治道而无政道""有吏治而无政治"的不足。他说:"我们必须知道从周之贵族政治到秦汉后的君主专制是一大进步,从君主专制再进到民主政治又是一大步。"① 牟先生认为由周之贵族政治过渡到秦汉后之君主专制,复由君主专制过渡到民主政治,就是政治形态之统绪,近代化国家的政治法律制度的建立。民主政治的实现是"新外王"的第一义,是其形式意义。在他看来,政统的建立对道统而言是十分重要的。他指出:如果这个政统建立不起来,"儒家所意想的社会幸福的'外王'(王道)即不能真正实现;而内圣方面所显的仁义(道德理性),亦不能有真实的实现、广度的实现"。因此,"我们必须了解民主政治之实现就是道德理性之客观的实现"。(同上)牟先生充分意识到民主政治的必然性和必要性。从中国社会政治形态演进的角度看,民主政治的实现是中国社会的内在要求和必然趋向,从中国传统的政治结构上看,民主政治的实现是中国道德理性之要求,是中国传统的外王所必需。他认为,民主政治的实现既关系到中国政治能不能客观化、制度化、现代化的问题,又关系到儒家的内圣要求能不能进一步伸展的问题。由上足见,牟先生肯认了传统儒学的严重不足,揭示了政治近代化的必然性和必要性,这一肯认和揭示向人们昭明近代儒者的心灵由封闭向开放的变革,从而使他与传统儒者区别开来。

学统,即独立的学术之统,牟先生认为,传统儒学只有道统而无学统,学统之开出,就是由道德主体转出认知主体,以消化希腊文化传统,开出学术之独立性,弥补中国无近代科学之缺陷。他指出:儒家文化传统是"仁智合一""以仁通智"的文化形态。在这种仁智合

---

① 牟宗三:《道德的理想主义》,第155页。

一的文化模型中，智始终随德走，在道德的范围内用事，没有独立的意义，没有转出知性形态之智。现在要求智暂时冷静下来，脱离仁，成为纯粹的"知性"，从而独立发展，自具成果，即逻辑、数学和科学。在他看来，学统在三统中占有特殊的地位，因为道统和政统是"实践的"，唯学统是"观解的"。道统是个人的实践，以成就圣贤人格，政统是群体的实践，以构成客观组织。而作为"观解的"学统恰恰是整个实践过程中的一个通孔，这个通孔不可或缺。他说："这一通孔缺少了，实践即成为封闭的。照一个人的实践说，一个文化生命里，如果学统出不来，则在此长期道德宗教的文化生命中，圣贤人格的实践很可能胶固窒塞而转为非道德的，而其道德理性亦很可能限于主观内而广被不出来，而成为道德理性之窒死。照集团的实践说，如果这个通孔缺少了，则真正的外王是很难实现的"。① 牟先生虽然主张三统并建，主张三统相互联系，相互补充，缺一不可，然而在这一统一体中，三者的地位和作用并不同。道统是核心，是主导，是政统和学统的生命和价值之源，政统和学统是道统的客观实现，充分实现。失去了道统，政统和学统将会步步下降，日趋堕落，而失去了政统和学统，道统也会日益枯萎和退缩。牟认为，三统之说立，就是人文主义的彻底透出，就是"儒家式人文主义"的真正完成，也就是儒学真正转进至第三期之发展。

牟先生认为，儒学第三期之发展不仅可以解决中国文化的困境，而且还具有世界意义，必将为人类的前途提示一新方向。他指出：西方名数之学、自然科学虽昌大，然见道不真，民族国家虽早日成立，而文化背景不实，不真不实，乃不足以持永久，致使其自由平等博爱之近代精神，步步下降，日趋堕落，日趋自毁。于是他指出："然则西方文化之特质，融于中国文化之极高明中，而显其美，则儒学第三期

---

① 牟宗三：《道德的理想主义》，第157页。

之发扬,岂徒创造自己而已哉?亦所以救西方之自毁也。故吾人之融摄,其作用与价值,必将为世界性,而为人类提示一新方向"。① 在牟先生看来,道德是中国文化之所长、西方文化之所短,而民主与科学是西方文化之所长,而为中国文化之所短,中西文化自然融和,长短互补,西方的民主与科学只有为中国文化所融纳,才能显示其高明和伟大,保持其永久和不衰。儒家文化亦只有融纳了西方的民主与科学,才能开出新的形态,实现其理想。然而在这种中西文化的自然融合中,儒家的道统则是核心,是根本,这是牟先生所恪守的根本原则,是决定他之所以为儒者的本质所在。

牟先生的儒学第三期发展说,是对中国现代文化的一种伟构。它既不同于"唯我独尊"的文化保守主义,也有别于自暴自弃的西化主义。对前者言,他明确指出了中国文化的缺陷,肯定了西方文化的长处。对后者言,他主张反求诸己,认取自家精神。由此,我们认为,他的三统并建理论是对文化保守主义和西化主义的一种新的综合。

(三)儒学第三期发展之论衡

牟宗三先生的儒学第三期发展理论是一富有建设性的理论,它立足于中国文化生命自身生成和发展的角度,探求中国文化的未来走向。从中国文化内部寻求中国文化走向现代化的潜能和动力。但这一理论也存在着如下不足:

1. 对儒家文化情意太重,淡化了对前儒的客观了解。牟先生虽然一再反对文化反省中的感情因素,但他对儒学的了解并没有摆脱情感的因素。他没有超越儒家的立场,在欧风美雨狂卷中国的时代,儒学近代以来无可奈何的陨落使他不能不对儒学寄予无限"敬意"和"同情"。如他对孔子的研究颂扬太多,而客观分析太少,这样就很难使非

---

① 牟宗三:《道德的理想主义》,第4页。

儒家人士信服。到头来，会影响儒学的现代转化。

2. 对道德理性本身的反省和检讨不够。牟先生对中国文化乃至儒家文化缺陷的揭露是深刻的、内行的，这些揭露甚至比西化主义者更透彻、更精辟。但他对道德理性反省不足，没有这种大关节的反省，儒学就难以开出一全新的形态。

鉴于上述理解，我们认为，儒学如欲转出第三期，实现其向现代社会的转进，如下几点不可或缺。

首先，儒家文化应挺立起主体精神，实现文化角色的自觉。近代以来，西化主义者视儒家文化为保守、落后乃至封建主义的代名词，无视其作为文化主体的存在和其在现代社会中的文化角色地位。而梁漱溟、熊十力等人为反击西化主义，又使自己对儒家情义上的了解远胜于客观认知。这就使他们无法将儒家文化的主体精神真正树立起来。儒家文化主体精神的挺立与自觉，就是意识到自己作为人类文化的重要组成部分，既有着无限伸展的生命力，含藏着深刻的智慧，同时亦意识到自己的严重滞后和不足，意识到自己既不是为抵御西化主义而存在，也不是为捍卫自己的领地而存在，而是作为一种独特的文化形态而存在。儒家主体精神一旦获得确立，就会变被动接受批判为主动自我批判、自我反省，并把这种批判作为自我进一步发展的原动力，同时对西方文化也会由被动接受转为自觉融纳。这样就会使自己从披枷戴锁中解放出来，放弃一切担荷，回到其本身。

其次，儒学欲实现向现代转进必须促使传统儒学作结构上的调整，变儒学的主观形态为客观形态。把中国文化从道德中心主义的笼罩下解放出来，从天道人事浑沦不分走向逻辑析离，就是说重新调整传统哲学、道德、政治、经济、法律等文化角色，使之各归其位，互不僭越，依照现代社会的要求，建立起儒学的现代结构和新的运行机制。

最后，因时转换儒家义理的活的精神。牟宗三先生曾经指出，儒家的学问是生命的学问。我们认为儒家义理中的活的灵魂是儒家学问的生命之本,儒家与时推移、与时俱进的内在因由。这种活的精神的发掘和现代转进是儒学这只凤凰在烈火中复生展翅奋飞的重要动源。

第十一章：儒家的人文关切与当代社会的双向互动

　　天涯岂是无归意，争奈归期未可期。

　　如果说千百年来，无数圣贤豪杰、仁人志士，殚精竭虑，为人类社会的未来所从事的种种设计都是人类天涯沦落的思归之意的话，那么人类社会的客观进程与所有这些设计，乃至与所有人类的期盼都无法完全吻合就是"争奈归期未可期"了。理想与现实的冲突也许是人类永远无法解开的逻辑死结，正是在这种逻辑悖论中人类社会展开了自我发展的历史！

　　20世纪是人类理想主义高歌猛进的世纪。虽然在此期间人类经历了两次惨绝人寰的世界大战，大战结束又进入了长期的冷战时代，但人类社会在科技领域所取得的科技成果，在物质生活领域所获得的成就比以往三千年的发展所取得的科技成果和物质财富的总和还要多！人们一方面沉醉于由科学的进步和物质财富的增长所编织的童话世界里，另一方面，又对科技发展所可能产生的后果以及物质财富的增长与人们道德水准的停滞不前所形成的巨大鸿沟而深感焦虑和不安！人类曾自信科学所产生的一切问题可都由科学进步得到解决，然而现代生物学和医学发展如转基因问题、人类基因芯片问题、克隆人的问题乃至器官移植、安乐死等对人类道德、伦理、习惯、信仰所带来的冲击，早已使科学感到无能为力。人们正是在惊恐、焦虑、疑惧、欣喜等错综复杂的感情中告别了20世纪。21世纪的到来，并不意味着问题解决和矛盾的化解，相反是有些问题、矛盾更加尖锐地呈现出来，迫使我们去面对，去思考，去解决。

　　今天，我们所面临的问题已不再是某一个民族、某一个国家的问题，而是整个人类种群的问题。对于许多发展中国家而言，必须承受全球化趋同与民族角色自我认同之间所造成的前所未有的压力。如何应对全球化的挑战，是积极融入其中，还是被动应付它的不断侵扰？如果在知识经济时代全球化是不可避免的趋势的话，融入全球化浪潮，何以保证是自我角色而不是美国人、欧洲人的角色？在经济一体化同时，恐怖主义、毒品、走私等与现代文明相背离的人类公害也全球化了，如何加强全球化合作，以打击恐怖活动、贩毒、走私，显得十分迫切和需要。环境污染同样是一切发展中国家和发达国家共同面临的问题。相应的环境保护意识、环境伦理学等观念被推到了前台，一句话，人类如何与自然、如何与万物相处被严肃地提了出来，它迫使我们必须修正自工业革命以来人与自然的关系。网络，这一全球化的媒介、工具、手段和黏合剂，它早已经冲破了国界、族界，冲突一切政治壁垒，将全世界的人们联系在一起。它正全面渗透、介入人们的政治、经济、文化生活，然而如何处理网络世界与现实世界的关系？怎样提高网民的文化素质乃至净化网络世界？如何建设网络伦理？成为全球性话题。所有这些问题需要依靠全人类的全部智慧共同加以解决，换言之，人类一切相对独立的文化系统和相对完善的文化形态都有解决上述问题的责任、义务和权利，儒家文化作为中国传统文化的主体，作为人类最古老的文化形式之一，理应对当代社会问题的解决贡献出自己的智慧。

当然，这里并不是说儒家文化是解决上述问题的唯一方式，同样也不含有儒家文化是解决这些问题的最佳方式之意，当代世界的问题应当由全人类共同承担，所有人类文化形态都理应对此做出回应，贡献出自己的智慧，仅此而已。当然儒家系统作为形成于两千多年前的文化系统，在其长期的发展和积聚中，自然有些东西已与现代社会不适应了，但这并不意味着儒学在全球经济一体化的要求下，在信息时代已经过时了。一方面，需要我们站在当代社会的角度审视儒学，一方面站在儒家文化的角度审视当代社会，在儒学与当代社会相互对视中，一方面促进儒学的创造性转化，另一方面，提醒当代社会的健全发展，使二者相得益彰。

一、儒学是什么？

要回答儒学能对当代世界做什么？能给现存的人类贡献什么？首先须弄清儒学的本质是什么？

谈到儒学，人们马上联想到它是旧的、封建的、保守的、已死的东西，一句话，儒学是封建意识形态。这种近似本能的反应源自近代以来人们对儒学的角色认定。景海峰先生指出："儒学的现代形象设计是在进化论、科学主义、唯物论等批判性话语铺天盖地的击打之下完成的。"[1] 事实上，儒学在中国的现代形象设计或角色的认定，这三种主义的确起到了重要作用，然而政治的、意识形态的甚至情绪化的批判与宣泄才是儒家现代形象的真正设计者和雕塑者。从某种意义上说，儒学的这种角色设计是无力承担近代以来落后、失败责任的中国人虚骄心的表现。当然，儒学在历史上曾长期为封建统治者所利用，两千年来在中国乃至在东亚一直充当主流意识形态的职能，但它不是封建意识形态，最起码，封建意识形态不是它学理上的本质。道理很简单，因为在封建社会出现以前，儒学已经存在，有的人将儒学的起源追溯到周公，由周公可以上述到文王、箕子，甚至仍然可以上溯。即使孔子所创立的儒家学派，也在中国大陆正统的史学家所界定的封建社会存在之前就存在。而封建社会解体以后，儒学仍然有着自己的生命力或者说今天在中国它仍然是还活着的学术流派，可以预言：在后工业

---

[1] 景海峰：《儒学在全球多元文化格局中的定位问题》，《天津社会科学》1999 年第 6 期。

时代，儒学还将存在。从横的向度讲，在经济发达、市场经济相对完善的国家如新加坡、美国依然存有儒学。儒学是封建意识形态，最起码不能涵盖当代新儒学，也不能涵盖先秦原始儒学。作为充当封建意识形态角色的儒学只是儒学特定历史条件下为封建统治者所利用的某种特殊的存在状态，是儒学发展中一个特殊阶段，并不能代表儒学的全部，也揭示不出儒学之所以作为儒学的本质。如果不将儒学从这样的角色认定中摆脱出来，我们就永远见不到真实的儒学，也难以把握儒学的本质。

余敦康先生意识到将儒学简单地理解为封建主义或封建意识形态是对儒学缺乏研究的结果，不能概括儒学的本质。他反对就思想而论思想的研究方法，主张从中国社会特点的角度说明儒学的本质。他认为，中国古代社会无论是奴隶社会，还是封建社会，都打上了宗法的烙印，所以可以"简单地把儒学定义为封建宗法主义"[1]。余先生对儒学的界定并没有冲破从政治角度或从意识形态的角度衡量儒学的思维定式，"宗法"作为中国历史上特定时期的重要现象曾是儒学思考问题、建构思想系统的参考系数，曾经是儒学生长的土壤。但正像土地是大豆生长的条件而界定大豆不必要加入"土地"一词作为定语一样，用宗法、封建等社会或政治术语说明一种学说可能远离学理本身，更何况封建意识形态与封建宗法主义并没有本质区别，后者似乎比前者在当代社会更加不得人心！

对儒学政治向度的评判，主要基于对儒学功能主义的解读。诚然，功能是学理的显用，不过功能不是学理本身。超越政治评判的向度，从学理本身解读儒学，可能是理解儒学的正路。当代大儒牟宗三认为

---

[1] 余敦康：《什么是儒学？》，参见杜维明主编：《儒学发展的宏观透视——新加坡1988年儒学群英会纪实》，台湾正中书局，1997年。

儒学是内圣外王本末一贯之道。① 他认为"内圣外王"出自《庄子·天下篇》，但用之说明儒学十分恰当。内圣是内在地成就自己，外王是外在地成就事功，内圣为本，外王为末，本末一贯，不可偏废。这种说法超越了政治好恶，抓住了儒学的本质。但有人认为，道家也是内圣外王，墨家也可以说是内圣外王，甚至天下学问无不可以内圣外王概括之、说明之。但"圣"是儒家道德理想人格的极则，以道德为首出作为解决社会问题根本点在中国只有儒家，道家的理想人格是"博大真人""至人""神人"，如其说道家追求"内圣"，不如说道家菲薄圣人。墨家不反对圣人，但最高领袖为"巨子"。由此而言，内圣外王之道只有儒家足以当之。

从社会层位上讲，儒学是内圣外王之道，从哲学的意义上说，儒学是内通心性，外透天道，旁彻物情，合内外，一天人，天人性命一贯之学。儒家哲学是以人为中心所展开的哲学思考，其内通心性是人的心性，是本天道以立人道，天地之心即人心，外透天道是本人道以明人道，人心即天地之心。内是内在地成己，外是外在地成物，成己成物，即合内外之道。一天人即天即人，即人即天，天、人、心、物分而不分，不分而分，一体呈现。旨言之，儒家哲学是人本哲学。

儒学自孔子始，随着社会的发展不断更易其形式，丰富其内容，如两汉经学、宋明理学、当代新儒学等，但万变之中，有一定之规。至少有三点保持其恒常连续性：第一，以孔子为宗师，为圣人；第二，研讨、学习儒家经典，并以其为立身处世的行为准则；第三，肯认道德优先，视道德为解决一切人生、社会问题的出发点，为维系家庭、国家、社会存在的根本原则。道德优先是儒学的本质所在，是儒学之所以为儒学的根本点。从以道德为首出的意义，我们说儒学为道德的理想主义，但关涉到家、国、天下等一切社会问题言，称它为内圣外

---

① 参见牟宗三：《道德的理想主义》，台湾学生书局，1992年，第1页。

王本末一贯之道，从哲学上讲，它是即天即人，即人即天，天人性命一贯之学。

作为道德理想主义的儒学，它所关注的中心问题是人的问题，是人的社会问题。总之，作为人本哲学的儒学，它以人为中心，以道德为入路，内彻心性，外透天道，重和谐，言时中，衡经权，刚健有为，积极入世，转世而不为世转，化俗而不随俗迁是其内在品格，"尊德性而道问学，致广大而尽精微，极高明而道中庸"是儒学的总特征。儒家视德性为首出，然而它并不轻视学问思辨；它含弘广大但又精微入神；它精妙高深，又平常简易。儒家的学问在平常见高明，高明就在平常中，泰州学派讲人伦日用即道，不悖儒学大旨。儒学不同于道，不同于佛，不同于耶，它不怪诞，无妄言，不谈怪力乱神，只是平实、中正、理性、自然、简易。它不需要救世主，自信人能自救；它不需要断臂自残，舍身饲虎，只是终身慕道，朝闻夕死可矣。儒学所言所讲只是实践的智慧，是生活的智慧，离开实践的生活，离开人间社会，离开了百姓日用生活，就没有儒学。相反，只要还有人，还有人间，人间的人还愿过中正、平实、理性的生活，儒学就不会死亡，就不是"游魂"。因为儒家从不以封建主义的政体为体，也不以宗法主义为体，而是以人们日常生活为体，以人伦日用为体，一句话，以现实的人间活生生的生活为体，故"游魂"之说并不成立。

儒学是普适性与特殊性的统一。孔子是山东人，但孔子的问题不仅仅是山东人的问题，也不仅仅是中国人的问题，它是属于全人类的问题。全人类的问题是文化问题、道的问题、人的问题。正如释迦产生于古印度不为古印度所限，耶稣出自以色列不为以色列所限一样，孔子是中国的，同样也是全世界的，也是全人类的。面对周文疲弊，礼崩乐坏的局面，孔子与那些自命清高而逃避现实的隐士不同，他以知其不可而为之的精神，积极担负起拯救周文、重建西周人文秩序的重任。周文的问题，礼乐问题说到底是人的教养问题、人的德性问题，这一问题是人的普遍问题，故他有"欲居九夷"之念，也曾发出"道不行，乘桴浮于海"的感叹。他所设计的"天下为公""天下大同"的社会理想不是专就中国而言的，而是针对人类这个族群而讲的。孟子直揭人禽之辨，从本质主义伦理学的角度，透显人之所以为人的本质，用"天吏""天民"等观念表达他对人类的期许：作为一个具有整全意义和实现了自身全部价值的人不仅应尽到社会的责任，而且要尽到宇宙的责任，从而"上下与天地同流"。《中庸》对儒家的普适性进行过充分发挥，认为圣人之学就是关于人的学说，地不分南北，人不分古今，只要是人，只要有人，儒家的学说就是有效的和适用的。圣人"声名洋溢乎中国，施及蛮貊，舟车所至，人力所通，天之所覆，地之所载，日月所照，霜露所队，凡有血气者，莫不尊亲，故曰配天"，"仲尼祖述尧舜，宪章文武；上律天时，下袭水土。辟如天地无不持载，无不覆帱，辟如四时之错行，如日月之代明"。儒家的学问，是人间的学问，又是宇宙的学问，因为它由人道直揭天道，本天道以立人道。正像人类"轴心文明"时期所形成的其他文明一样，儒学是区域性的，又是全球性的，它是中国的，同时又是全人类的，唯其是中国的，所以它才是全人类的。这就告诉人们世界性显现于民族性之中，没有民族性也就谈不上世界性。

儒学是具时性与恒常性的统一。儒学有常道原则，也有时中精神，经与权、常与变是历代儒者处理儒学精神与历史沿革、儒学精神与其所处时代的方法。儒家学说中的有些原则是超越时空架构的永恒、普遍性原则，而有些观念、范畴、命题具有鲜明的时代性特点，它们无法超越具体时地的限制，前者是常道，后者是变道。如仁、如中、如变、如自强不息、如厚德载物、如民胞物与等就是常道原则，如"三纲"，如"夏礼"、"殷礼"乃至"周礼"，如"思不出其位"等就是变道原则。常道原则大都是内在的、精神性的，而变道大都是外在的、规约性的，但历史上统治者为了自身利益的需要往往将两者混淆甚至颠倒，以变道为常道。如"三纲"本为外在的规约性的礼，而汉儒乃至宋明儒则将其视为不可更改的天理，这就将变道视为常道了。当然，在儒家，常道与变道不是对立，而是统一的。如仁作为一种"不忍"、"不安"、"恻隐之心"、道德"本心"是恒常的，只要是人，就应本着这一原则完成人格，成就人伦人道，进而成己、成物。虽然"天下无二道，圣贤无两心"，然而天下之道、圣贤之心在不同时代、不同区域具有不同的展现形态或方式，所谓孔子是"圣之时者也"，所谓稷、禹、颜同道，所谓圣贤"易地则皆然"，都是指本仁道原则在不同环境、时代的特殊境域下，处理问题的方式不同。"时中"最典型地体现了常变合一，时就是因时变化，中就是合乎中道，时是变道，中是常道。时是中的时，中是时的中，中是时的目的，时是中的功夫，时是为了掌握中，只有不断地顺时而变才能达到中。离开了时，中就会沦为执一而废百的"贼道"，离开了中，时就会茫茫然而无所归依。中不是一成不变的死中，而是日新、日新、日日新的中，是生生不息的中，是变动不居、唯变所适之中。因时变化，顺时而迁，是儒家处理问题的基本方法，也是儒学在当代社会能够实现创造性转换的重要前提。

儒学是人本哲学，它具有强烈的入世情怀和人文关切，处理人与人、个人与家庭、个人与社会、人与自然乃至国与国之间的关系是儒学思考的重点。自孔子起，经过历代学者的努力，儒家积累了丰富的人生智慧和历史经验，为我们今天处理全球化问题、环境伦理问题、生命伦理问题等问题提供了有益思考。

二、当代社会的发展对儒学的召唤

告别 20 世纪，步入 21 世纪，人类社会的问题并没有随 20 世纪而去，相反，21 世纪可能是人类社会更加焦虑、迷茫的世纪。如果没有合理的人生信仰及和谐的人际关系、健全的国际秩序，科技的进步与物质生活的满足未必能给人类带来幸福和欢乐，相反由于环境的污染，贫富悬殊的扩大，国际局势的动荡以及竞争的加剧，反而增加了人类的痛苦指数。在全球化浪潮扑面而来的今天，人类社会的问题只有集全人类的智慧，才能得以解决。儒家文化作为人类最古老的文化形态之一，对处理21世纪的问题应该贡献出自己的智慧。当代社会的发展召唤儒学，儒学也只有参与当代社会的发展才能富有生机和活力。

（一）面向全球化的儒学

全球化与本土化是当代社会发展的基本矛盾。全球化是当代世界最重要的问题，也是全球最为关切的问题。千百年来，无数仁人志士为实现不同国度、不同种族、不同区域的联系进行过艰苦卓绝的努力，如中国出使西域的张骞、甘英，下西洋的郑和，西方的哥伦布、麦哲伦，然而直到资本主义这个怪物在地球上出现，由于开拓国际市场的需要，把不同民族、不同区域的人们拖入统一发展的轨道，东西方民族经济、政治、军事的沟通与联系才由可能变为现实。东西方民族独立、隔绝的发展历史宣告结束，开始了人类真正意义上的世界史，这一过程本身就是全球化的过程。降至20世纪80年代，伴随着阻隔东、西德的"柏林墙"这一象征的倒塌，苏联的解体，欧洲统一市场的形成，通信技术革命，这一过程突然变速、加快，一个超越地缘、超国界的全球性力量迅猛增长，预示着真正的全球性时代来临。全球化就是将不同区域、种族、信仰、语言、文化形态、阶级的人联系在一起，形成世界性利益共同体。

全球化展示了这样一个事实：即所有居住在地球上的人们，不管他们之间的距离有多么遥远，中间隔着多少重高山大川，电子媒体的发展和交通工具的改善，将人们紧密地联系在一起而构成一个大家庭。自人类诞生以来，不同种族、部族的人们虽然相互不了解，事实上，他们早已生活在同一个星球上，然而，在交通落后，通信不发达的古代，全球化只能是他们遥不可及的梦想。事实上，全球意识尤其是全球问题意识只有到人们的确感到息息相关时才会真正形成。当然全球意识不等同于"蝴蝶效应",麻省理工学院气象学家洛伦茨曾大胆设想加勒比海的一只蝴蝶轻微扇动一下它那美丽的翅膀,几个月后在地球的另一端就会出现威力无比的龙卷风!"蝴蝶效应"是说初始值微微改变可能会导致灾难性的后果,旨在说明初始值与其后果之间的相应关系,而全球意识指向人与自然的关系,即从人类整体利益出发思考人与自然、国与国、族群与族群之间关系。全球意识要求设立相应的全球伦理,在人类文化史上,儒家文化是对伦理问题思考最透彻且最深入的思想系统,儒家文化对全球伦理的建立应当做出自己的贡献。

全球化是全球趋同化,是一体化,对强势文明或者说对发达的西方世界而言,是迅速扩张其势力,输出其文化观、价值观的有利机会,而对弱势文明或者说对发展中国家而言,全球化是一种温情的殖民主义。然而无论全球化对一个国家、一个民族是利还是害;是利大于害,还是害大于利,这一过程是不可逆转的。即使国际恐怖主义、跨境走私、国际贩毒已干扰了全球化进程,全球一体化是必然的,不以人们的意志为转移的。全球化在这一过程中,各国政府开始认真研究并制定全球化发展战略,寻求自己在全球化这一整体布局中的位置,抢占全球化中的有利态势。当代世界是一元主义的全球化,还是多元主义的全球化是不同文明实体争论的焦点,而争论的实质是全球化与本土化的冲突。从某种意义上说,新世纪人类社会的基本问题是全球化与本土化问题。显然,一元或曰单元的全球化强调趋同,将全球化简单地理解为西化,认为全球化的世界就是西化的世界,这种观点否认不同文明实体的差别。在我们看来,这样的全球化是单调的,而且是乏味的,事实上这样的全球化也是不可能实现的。而多元主义的全球化,强调全球化是不同文明实体共同参与的全球化,认为全球化是不同民族、不同文化系统、不同宗教信仰共同参与、共同营造形成的全球化,而不等于西化,全球化的世界不应是也不能是西化的世界。从某种意义上说，它是本土化的全球化。本土化是不同民族、不同文化传统对全球化的回应，同时也是全球化进程的具体表现。一句话，只有不同民族的全球化，没有脱离民族化的全球化，也没有在最终意义上不被全球化的本土化。这样的全球化是丰富多彩的，是全球化与本土化的统一。我们主张多元主义的全球化，认为全球化是人类共性与民族个性的统一，全球化是本土化参与的全球化，而本土化是全球化的本土化。

近50年来，世界经济正在经历着一场前所未有的变革，即由工业经济向后工业经济即知识经济转换。知识经济的到来，进而推动了全球经济的一体化，经济一体化这只看不见的手正在世界各地悄悄扩张，不知不觉中改变着世界各国的政治、经济、生活方式、行为方式、思想方式、信仰和价值观念。对中国而言，工业经济体系尚未发育完成，而知识经济又悄然而至，面临双重压力和挑战。中国问题之解决，一方面有赖于吸取和借鉴外国文化的优秀遗产和先进的管理经验、科学技术，一方面需要充分挖掘本民族之优秀文化传统，振奋民族精神。美国学者德鲁克曾指出："知识的变换已给知识以力量，从而创造出一种新社会，但这种社会必须建立在专业化知识和具有专业知识人才的基础上。""明天受过教育的人将不得不准备生活在一个统一的世界里，这将是一个西化的世界。……他们必定会在观念、视野、信息各方面成为世界公民，但他们也必须发扬自己本身原有的传统，反过来去丰富和繁荣自己当地的文化。"[1] 这是德鲁克西方文化殖民心态的明显披露——未来统一世界的是西化世界，然而在这位西方霸权主义者眼里，统一世界里的世界公民，必须发扬自己本民族原有的传统，去丰富和繁荣自己的当地文化。这说明即使西方殖民主义者也不得不承认当地

---

[1] 李瑞智、黎华伦著，范道丰译：《儒学的复兴》，商务印书馆，1999年，第140~141页。

文化在全球化过程中的地位和作用。正如李瑞智所言：儒家对待知识，意义远不只是知识本身，它包含培养道德，使用权力，治理社会，齐家，修身和净化思想。儒家一向重视教育，追求学问，在培养人的技能的同时，更注重人格的培养。知识经济时代的来临，对儒学是挑战，更是机遇，作为挑战，知识经济的到来，促使儒学进一步自我反省，作为机遇，儒家学说许多有益的因素可能会因经济时代的来临愈加分明，促使儒学向新形态转变。

儒学是中国切入全球化浪潮的重要文化资源。中国之所以为中国，是因为她有着五千多年辉煌灿烂的文明，有着自己悠久独特的文化传统，这个文化传统经过长期的发展凝聚为以儒学为主体的中国文化。儒学是中国的标志，是中国人走向世界的重要文化凭借。一个多元的、丰富多彩的全球化召唤不同的国家、民族共同构筑，同样它也召唤着中国，召唤中国儒学。儒家天人合一的有机整体观，民胞物与的宇宙伦理观，追求和谐的价值趋向和致思方式，天下一家、天下为公、天下大同的社会理想，将使"地球村"因儒学的参与更加美好。

1993年，世界宗教大会在美国芝加哥召开，大会发表了《走向全球伦理宣言》，宣言认为：若人类没有一种伦理方面的基本共识，人类迟早会走上混乱或专制的威胁，若没有全球伦理，就不可能有美好的全球秩序。大会通过两条伦理金律，其中一条是儒家的"己所不欲，勿使于人"，另一条，是人道原则，把人当作人，不是当作物，即使是敌人也要承认他是人。杜维明先生认为，后一条可翻译为"己欲立而立人，己欲达而达人"。这两条所谓的金律，合而言之，就是儒家的忠恕之道。人类的共同利益召唤儒家伦理，经过创造性转换的儒家伦理也只有参与到当代世界的发展中才能发展自己，儒学不应是全球伦理的旁观者，而应是积极的建设者。

关涉到中国而言，全球化的大潮对中国是挑战，更是机遇。中国参与全球化进程只能以中国的身份和中国的角色，没有占世界人口五分之一的中国人参与的全球化不是完整意义上的全球化,而中国的全球化绝不意味着中国完全西化。如果全球化的中国果真是西化世界的话,那么中国就有"国"而无"中"了。传统的中国在世界上不啻是权力单元、民族单元,更是或者说主要是一文化单元。中国之所以为中国,是因为她有着五千多年光辉灿烂的文明,有着自己弥久而常新的文化传统。儒学是这个文化的主体,是中国文明的象征,甚至是东亚文明的象征,全球化在影响着儒学,儒学也应该影响着全球化。只有全球化与儒学实现双向互动,才是中国参与全球化进程的重要思想凭借,才是中国社会与中国文化发展的合理之局。

(二) 环境危机与儒家的救助之道

与全球意识相联系,有关全球环境危机的报道早已令人怵目惊心了。地球变暖,酸雨肆虐,臭氧层破坏。工业化、都市化以及社会的高消费带来了能源需求的剧增,矿物燃料提供了大约95%的世界经济商业能源,这些燃料的燃烧产生的二氧化碳是最主要的温室气体之一,从而导致地球的"温室效应"日益加剧。据世界银行《1992年世界发展报告》预计,21世纪内地球平均温度会以每10年0.3摄氏度的速度提高,到世纪末,全球平均气温将比现在提高3摄氏度。二氧化碳的大量排放也使大气层严重污染,造成酸雨现象。进入20世纪90年代,酸雨现象的发生范围由发达国家扩大到发展中国家,且发生频率不断提高。森林和湿地面积迅速缩小,生物多样性锐减。现在地球上的热带森林面积已经损失掉1/5到1/3。湿地与森林一样,也是地球上最重要的生态系统之一,占地球陆地面积的6%,但也同样遭到热带森林一样的命运,破坏十分严重。发达国家沿海湿地几乎已经消失殆尽。森林和湿地这两大生态系统的严重破坏,使生物多样性面临着严重威胁。

人口膨胀,地球不堪重负。今天人口的急剧增长已经大大超出了自然环境的容量。这种急剧增长是自二次世界大战以后开始的。现在人口已增至近80亿。以常识而言,有限的资源显然不能支撑无限增长的人口。人口的过分增长进一步引起淡水资源和森林资源的危机，并且带来生态失衡和环境污染，从而降低人类生存环境的质量，加重人类生存和发展危机。

"天作孽，犹可违，自作孽，不可逭。"（《尚书·太甲》）中国古代先贤的这句话，警示了人们要对自己的行为负责，不可任意妄为，否则"多行不义必自毙"，落入"不可活"的境地。环境恶化引发了人类生存危机，但反思危机产生的原因，虽有"天作孽"方面的原因，例如地震、火山爆发、流星撞击等，然而更多的是"自作孽"的成分，无论是森林锐减、资源枯竭、沙漠扩张、物种灭绝，还是人口爆炸、温室效应、臭氧层破坏等，都是由于人类自身行为的失范，即无度的放牧、垦荒、砍伐、捕杀、开采以及有害物质的排放所造成的。解铃还须系铃人，既然人类生存危机是"自作孽"的结果，那么人类必须反省自己的行为，对自己的行为负责。

在寻找全球性生态环境危机发生原因及解决方案与措施上，"罗马俱乐部"提出了生存环境危机实质上是一种文化危机的主张，认为今天的危机是同现代工业文明所含有的一些文化观念分不开的。这些文化观念产生在工业文明发展过程中，同时又积淀为一种内在精神，指导着人的群体活动，影响着人的群体与其生存环境的交往模式的选择。自工业革命以来，人们在处理自然与人的关系上出现了观念上的错误。

误导之一：过分强调了人和自然二分与对抗。自然界作为人类赖以生存和发展的外部环境，本来是与人类天然合一的。但进入工业文明阶段以后，自然界被视为一个纯粹量化的机械世界，而人是有理性的，而理性的力量又是无限的。人类可以操纵自然、控制自然、奴役自然，战胜自然。站在西方文化的角度，人和自然的关系是对抗关系，某种意义上说，一部西方文明史就是一部人与自然的对抗史。

误导之二：人类中心主义。在人与自然二分中，以人类为中心是其基本预设。这一预设首先把人看成是自然界进化的目的，看成是自然界中最高贵的东西；其次把自然界中的一切看成为人而存在，供人随意驱使与利用；最后这种预设力图按照人的主观需要安排宇宙。像古希腊普拉泰戈拉的"人是万物尺度"，亚里士多德的"植物为动物存在，动物为人存在"都带有把人类作为自然界主人的人类中心论特征。基督教教义中上帝按照自己的形象造了人，虽然人类始祖因偷吃禁果，被逐出乐园，但人类依然可以按照上帝旨意享有统治自然的特权。进入工业文明，这一特征更加明显，自然界被人的理性所安排，被数学化和物理化。自然界成为一个僵死的、被动的、无意义的机械世界，拥有理性能力的人类凌驾于其上，随意驱使和利用。康德虽然对人类的认识能力进行了限定，对人类认识领域进行了划界。但是他依然相信人的理性能力，提出了"人为自然立法"的命题，把人类凌驾于自然之上，也体现出人类中心论特征。人类中心论这种观念必然导致在价值观上坚持人类价值的至上性，以对人类的利害作为价值的判断根据。如此一来自然万物只具有被人类利用的外在价值，即工具价值，而不具有独立的、不依赖于人的内在价值。在这种价值观指导下，人类对自然万物的利用是发挥了它们所具有的工具价值。这种文化观念对发挥人的巨大创造力，不断战天斗地，改变人在自然界中的状态，改变人从属于自然和完全依附于自然的地位，成为自然界的主人具有重要的指导作用。但是这种观念导致了人类为了满足自己的需要，以高高在上的姿态去利用自然，这种利用不顾及对自然的伤害。当前全球性的环境污染和生态破坏的严峻现实表明，遵循人类中心论的思想，实行人统治自然的战略，反而使人类自身生存受到威胁，可见这种文化观念具有局限性。

总之，在人和自然二分与对抗、人类中心主义等观念的误导下，过分相信人类理性的万能和自然资源无限性，造成了人与自然的对立、紧张乃至对抗，人们每一次庆幸对自然界的胜利都会受到大自然无情的报复！在全球性生态环境危机的今天，儒家天人合一、民胞物与、尽物之性的观念对于纠正人与自然二分、人类中心主义的偏颇也许会起到一定作用。

天人合一："天人合一"是中国传统文化的根本观念，它既是儒家的世界观和宇宙观，同时又是儒家处理人与自然关系的一种方法、一种思维方式，更代表着一种人生追求、一种精神境界。以这种思维方式认识自然界，自然界不是一个被动的机械世界，而是一个生机勃勃、迁流不息的有机世界。所谓"天地之大德曰生"，"生生之谓易"（《周易·系辞》）。所谓"天何言哉，四时行焉，百物生焉，天何言哉！"（《论语·阳货》）这里所说的天，就是自然界，它就是四时运行，万物生长本身。生是生发意、创生意，生生就是不断生生不已，创生不已，当然这里的"生"不仅仅是生物学意义上的生，更重要的是一种伦理价值意义上的"生"。自然界的"生"既是人和自然万物生命的总根源，也是人和自然万物价值意义的总根据。生生不息，不仅从静态上人和自然万物是一个生命整体，而且从动态上人和自然万物都表现着自然界生命的化育流行，也是"一体"。由于人是一个有着道德意识的唯一存在，所以人才是自然界生命价值的承担者、实现者，也只有人才能体天地之心以为心，才能成就自然界的"生生之德"或"生生之道"。所谓诚者，天之道也，诚之者，人之道也。人"可以赞天地之化育，则可以与天地参矣"。所以"天人合一"并未限定人的主体能动性，相反则是在人和自然和谐的前提下，主动地以人合天，实现与自然的和谐相处共同进化。

西周之际的"以德配天"可以视为天人合一思想的萌芽，孔子明确提出"唯天为大，唯尧则之"，这是说尧之德性则天之德性，只有尧才能效法天道。《易传》认为："夫大人者，与天地合其德，与日月合其明，与四时合其序，与鬼神合其吉凶，先天而天弗违，后天而奉天时"。（《易·乾·文言》）这种思想把"天"理解为具有人文价值的自然界，把天之德性作为人之德性的根源。人伦道德为宇宙本根的呈现，天的德性价值与人的德性价值合一。二程认为天地人完全是一回事,甚至不必言"合"。"人与天地,一物也",又说:"天人本无二,不必言合"朱熹也是如此,他说:"天即人,人即天。人之始生,得于天也;既生此人,则天又在人矣。"(《朱子语类》卷十七)陆王也主天人合一,陆九渊说:"宇宙内事,乃己分内事;己分内事,乃宇宙内事。"(《象山先生行状》),王阳明说:"盖天地万物与人原是一体"(《传习录》)。儒家所提倡的"天人合德"利于珍惜宇宙生机,大力促使生物生生不息。只有以生生之德才能成就盛德大业,才能达到"先天而天弗违,后天而奉天时"的人与自然和谐之境界。儒家的"天人合德"不是把人与自然和谐作为一个客观目标去追求,而是把"天人合一"作为一种理想的道德境界去追求。《易传》的"与天地合其德",孟子和《中庸》作者的"诚"境,宋明道学家的"仁者以天地万物为一体"都是对"天人合一"的道德理想境界的描述。冯友兰先生将这种天人合一的境界,视为最高的道德境界,"天地境界",达到这种境界的人可以知天、事天、乐天、同天。

总之,不同时代的儒家学者对天人关系的处理虽有不同,但都以人和自然的和谐作为指归。这一点深深契合于现代环境伦理精神,董仲舒的天人同类和天人感应模式与儒家的主流天人合德模式都主天人合一,荀况的天人相分模式虽然表面上与"天人合一"不同,但荀况最终又走向了"天地之参"的天人协调。虽然中国儒家的"天人合一"观,不是建构在现代生态学所提供的实证基础之上,而是建立在哲学、伦理、价值之上,但它所提供的人与自然和谐的思维模式和价值取向,与西方传统的"主客二分"的思维模式和价值取向具有互补性,可以说是处理人与自然关系的理想模式。

民胞物与:儒家认为人与自然的关系是和谐一体的关系。"和"是儒家文化最根源性的观念之一,从"和实生物""同则不继",到《论语》的"礼之用,和为贵",再到《中庸》"致中和,天地位焉,万物育焉"，《易传》之"保合太和"，体现了儒家贵和或重和精神。在这种致思趋向下，儒家认为人高于万物，灵于万物，但这并不能构成人主宰万物的理由，相反唯其高于万物，灵于万物，才能体天地之心以为心，才必须尽到爱物、护生之责。所谓天有好生之德，人是天道的实现者、成就者，人不能尽爱物之责，就是对天道的违背。在儒家看来，天地"其为物不贰，则其生物不测"（《中庸》），即每一个生命体，每一个生命形态都是天地创造的不可替代的存在，都有其确定不移的意义与价值。孔子主张"泛爱众"，孟子主张"亲亲而仁民，仁民而爱物"，而宋代大儒张载提出了"民胞物与"的思想，将儒家天人观、人物观提升至新的境界和层次。他认为，天是我们的父亲，地是我们的母亲，从这个意义上，所有的人都是我们的同胞，万物是我们的伙伴。（"乾称父，坤称母"，"民，吾同胞；物，吾与也"——《西铭》）张载这一观念的意义在于一方面它将天地人物看作一个大系统、大家庭，每一个个体都是这个大系统中的有机组成部分，但这个大系统是分层位、有序的大系统。天地是人类乃至万物的父母，人在天地面前应保持谦卑态度，不要认为自己无所不能，可以任意宰制天地。人，不论是黄种人，还是白种人，还是黑种人，是健康的人，还是有残疾的人，都是自己的同胞。宇宙间一切万物，无论是动物，还是植物，都是我们的伙伴。张载这一思想表明人类是万物中的成员，人类应该像对待朋友一样善待地球上的万物。值得注意的是张载将天地尊称为"父母"，视人类为"同胞"，称人类以外的其他自然物为"朋友""伙伴"，认为人应当维持好与他人和万物的友好、合作关系。张载"民胞物与"的思想在提倡尊重天地，视众生平等、万物平等的同时，又注重了一定的层次和等差，对待人类是同胞关系，对待万物则是伙伴、朋友关系，显然"民胞"之情要比"物与"之情亲。"民胞物与"的思想包含着对人类尊严与人类价值的肯定。在这一自然系统"宇宙家"中满足了儒家爱有等差的愿望和要求，同时也与佛教徒的素食主义，现代环境伦理学中的生命至上主义区别开来，是处理人与环境关系理性、务实的态度。

尽物之性：儒家认为"天人合一"是极高的道德境界，而这一道德境界的实现需要从尽性开始，所谓尽性就是充分发挥自己的天赋本性。自然界不断地生育万物，这是自然界的最大特点和基本功能。自然界的"生生之德"是人和自然万物价值意义的总根据。所以自然界所赋予人的本性是完成和实现自然界生生不已、化育万物的"生生之道"。所以尽性也指充分实现和完成自然界生生不息地化育万物的"生生之德"和"生生之道"，也就是实现宇宙生命在人类和自然万物中化育流行。《中庸》说："能尽其性，则能尽人之性；能尽人之性，则能尽物之性；能尽物之性，则可以赞天地之化育；可以赞天地之化育，则可以与天地参矣。"人作为与天地并列为三的存在，积极地完成和实现宇宙生命的流行发用，使自然界生生不息、化育万物。如果充分完成之和实现之，则就"尽性"，能"尽性"，则就完成和实现了人的使命、天职，即尽人之性。能"尽人之性"，由于人和万物的生命一体合流，所以也就实现和完成了自然万物的生生不息，即"尽物之性"。"尽己之性"是成己，"尽物之性"是成物。"成己"即完成自己的德性生命提升，完成一个人的人格，"成物"即实现万物生生不息的生命潜能。如果成物，则实现了"赞天地之化育"。人就"与天地参"，取得了立于天地间的尊严和独立意义，实现与天合一。儒家认为"天地之道，可壹言而尽也；其为物不贰，则其生物不测"(《中庸》)。其"为物不贰"，故每一物都有自己独立的价值，都有实现完成其价值的必要；其"生物不测"，故自然界生生不已，形成形形色色、千变万化的自然万物。天地"其为物不贰"是儒家"尽物之性"即成物的思想根据。因为天地"其为物不贰"，所以一种自然物消失了、毁灭了，就是永久地消失了、毁灭了，就永远无法再现了。正是在此意义上，儒家主张合理开发、利用和保护自然资源，实现人类社会的可持续发展和保护生物多样性。

(三) 儒家的人文化成与网络世界的道德建设

全球化日益临近与通讯工具的现代化、信息化等紧密相连,没有现代电子通讯技术的发展,即没有网络技术的进步,全球化的到来是不可想象的。借助于网络,不同地域、不同种族、不同信仰、不同年龄、不同层位、不同社会角色的人们才走到一起,不管你隔着多少重高山大川,只要你拥有网络,轻点鼠标,你们就可以互致问候。近十年来,网络以其惊人的速度迅速进入政府机关、学校、边防哨卡乃至寻常百姓之千家万户。网上通讯、网上购物、远程教学、网上影院、网上诊疗、网上谈情说爱乃至网上婚礼……网络几乎成为无所不能、无处不在的存在物。1996年,因特网上发表了一份《网络空间独立宣言》,宣告了一个不同于现实世界的虚拟世界的正式形成。宣言宣称:我们"既没有选举政府,也不存在一个政府"。"我们正在建立的这个全球性的空间,完全独立于有可能强加到我们头上的任何强权。他们既无法用任何道德规范约束我们,也不存在任何令我们感到恐怖的力量。""我们正在创造一个所有人都可自由进入的新世界。"网络,这一现代科技创造出了几乎可以与现实世界分庭抗礼的虚拟世界!由此造就了成千上万的"网民",而形成了一道独特的风景——网络文化。在吾人看来,网络世界不过是将现实世界以虚拟方式表现出来而已,网上空间不能不以现实空间为依托,没有现实空间任何网络空间都是不可思议的。因而,所谓网上自由乃至网络世界独立是有限的,有条件的,不是无限的,无条件的。由此我们认为网络独立宣言所臆想的绝对自由并不存在!如果存在也是对人类乃至对网络世界的一种伤害!很显然,网际关系并没有改变人际关系的实质,不过是将现实中的人际关系借助于网络这一工具充分实现出来罢了,所以网络空间的存在必须以不损害现实空间的利益和网络空间中其他人的利益为原则。然而,十分不幸,随着网络的发展,网络世界的另一面相也显露出来,不少人沉迷于网络世界，导致对现实世界的疏离、冷漠和对周围事物的不关心，有关专家指出：网上冲浪会像吸毒、饮酒、赌博一样上瘾，沉溺其中而不能自已，由此导致了两重世界即网络世界与现实世界的分离。而网络黑客、网络赌博、网络色情、网络欺诈等，几乎到了令人难以置信的程度。有人惊叹：人类已经陷入了一个极端混乱的数字化时代。由数字化时代所造成的数字化空间充满陷阱、阴森可怖，网络世界的复杂性，常常使得法律监控显得无能为力，因而建立电脑道德、规范网络伦理。有人认为电脑道德是典型的现代道德观念，是科技与社会相互交叉、相互融合的全新伦理观念。其实，电脑道德、网络规范，说到底，还是人的道德、人的伦理规范，因为电脑是由人制造并由人来使用的，电脑、网络无论如何发达，它都是人的工具，电脑道德问题归根到底是使用电脑的人的道德问题，故加强电脑使用者尤其网民的自我道德修养越来越显得重要和迫切。

自进入20世纪90年代以来，网络伦理问题引起世界各国计算机专家和伦理学家的高度关注。美国的有些大学开设了相关课程，在中国，这一问题也受到相关人士的注意。美国计算机协会曾制定了十条"戒律"：（1）你不应用计算机去伤害别人；（2）你不应干扰别人的计算机工作；（3）你不应窥探别人的文件；（4）你不应用计算机进行偷窃；（5）你不应用计算机进行伪证；（6）你不应使用或拷贝你没有付钱的软件；（7）你不应未经许可而使用别人的计算机资源；（8）你不应盗用别人的智力成果；（9）你应该考虑你所编的程序的社会后果；（10）你应该以深思熟虑和慎重的方式来使用计算机。这十条戒律前八条是消极道德，后两条是软性的道德规劝。而十条道德标准在现实道德中没有任何新意，不过是现实道德原则在电脑领域的具体运用。在现实社会中，偷窃当然不道德，甚至违法，难道可以盗用别人的智力成果，可以使用或拷贝没有花钱的软件吗？伤害别人是不道德的，利用计算机伤害别人同样不道德；在现实中作伪不对，网上作伪同样不对。可见，电脑道德、网络伦理不过是现实人间道德、人间伦理的具体化。由此我们认为，以伦理见长的儒家哲学在网络伦理建设中应当尽到自己的责任并且一定要尽到自己的责任。

我们知道，儒学的本质是人本哲学，它有着强烈的入世情怀和人文关切。儒家思想既然以人为本位，故而具有一种强烈的人文主义特色。人文一词，最早见于《易经·贲卦·彖传》："分刚上而文柔，故小利有攸往，天文也。文明以止，人文也。观乎天文，以察时变，观乎人文，以化成天下。"这里的"天文"是指天道运行所形成的条理、秩序以及由此显现出的迹象，"人文"是指人类社会运行所形成的秩序、条理以及由此所形成伦理规范。所谓"文明以止"的社会规律就是要求人们内以践行道德伦理，以至于心有所"明"；外以恪守礼法制度，以至于行有所"止"。因此，古人所言"人文"当指社会中以人为主体的道德伦理与礼法制度。儒家主张礼乐教化，通过化民易俗，以化成天下。网络世界说到底仍然是人间世界，而不是魔域或鬼窟，因而网络世界净化，网络伦理的升华，儒家的人文化成、礼乐教化，就是有效的。

网络世界的问题说到底是与现实世界的关系问题，由于二重世界即网络世界与现实世界的并存，由于一些人沉溺于网络从而对自己周围的人和事漠不关心，进一步加剧了现代文明病——人的疏离。解除二重世界的危急，唯在孔子的"仁"之一途，仁就是爱人、同情人、关心人。爱人是从爱自己的亲人、爱周围的人开始，层层外推，最后"泛爱众"，故韩愈说"博爱谓之仁"。如果人人有仁心，有爱心，不仅会爱你的网友，同样会关心现实世界中的亲人和朋友，从爱亲人开始，爱周围的人开始，层层外推，网络世界所带来的二重世界（网络世界与现实世界）的张力、冲突就可化解，甚至说这样的冲突可以不解而解。

网络世界需要仁，也需要诚和信。"诚"是儒家至高无上的哲学范畴。儒家认为诚信是宇宙之基，是社会存在的前提，所谓"无信不立"。网络世界存在的合法依据同样是诚与信，失去了诚与信，任何网络沟通、网上教学、网上购物、远程会诊等都将成为不可能。诚与信是网络空间、网络世界的第一生命。在儒家，诚就是真实无妄之意。静态地讲，它是天地之道，也应是人之本性、人之本然，动态地说，它是人格跃升、契接天地之道的过程。"诚者，天之道也；诚之者，人之道也。"（《中庸》）在网络这个虚拟的人际世界中，诚与信是网络世界存在的前提，是网民必须遵守的道德原则，否则弥漫于网络世界的必将是一片虚假和欺诈之声。也许有人会说是网络的匿名性造就了太多的虚假和欺骗，但匿名遮蔽的仅仅是现实中彼此的面孔，彼此的真实身份，不应遮蔽彼此的心灵、彼此的真情。因而在网络上，一个人只要是真诚的，他无论使用什么样的名字，所说所写都无碍其血性和真情；而心术不正者，无论坚持怎样的身份，冠有多么伟大的头衔，纵使他能够风光一时，却都难以其表现得到尊敬和信任。由此可见，诚与信无论在何时何地，都应是人们所必须具备的思想美德，它甚至更应该成为网络世界的存在之基、发展之本。加强网民道德建设，强化网民"诚信"等基本道德素质的培养，不仅是必需的，而且刻不容缓。

对网络世界而言，古圣先贤的许多话语至今仍闪烁着智慧的光芒，就拿网上交友来说吧，孔子认为交三种朋友对自己有益，交三种朋友对自己有损。交正直的朋友，交讲信用的朋友，交见识广博的朋友对自己有益；而交善于逢迎的朋友，交惯于献媚的朋友，交夸夸其谈而无真才学的朋友，对自己有损。用在网友之道上不也很合适吗？曾子说：以文会友，以友辅仁，即以学问商讨与朋友相会，以友情作为自己人格提升辅助的手段。这些话语出自两千多年前，的确不同凡响，很值得现代网友去思考。

加强网络世界的道德建设，提高网民的道德素质和整体文化水平，净化网络世界，可能是网络能否健康发展的关键。有人说，上网就是为了放松，就是为了卸掉现实世界中的一切负担、责任与伦理的束缚，丢掉一切假面具，获取完全的自由，还一个真实的自我。这一切我们并不否认，但是我们认为一个真实的自我应当是美好的、真诚的、讲信用的，有教养的、有品位的自我，而不是一味的低下、放纵的自我。如果网络只是教人如何低下、如何放纵，甚至越放纵就越低下，而越低下反过来越放纵，生命只是下坠，而没有提升，这样的网络世界是可怕的。我们主张文化生命和道德生命通过网络而提高，而不是通过网络而下坠，而生命提升之道，唯在于孔子"己欲立而立人，己欲达而达人"，"己所不欲，勿施于人"之两途。如果网民果真实践这种推己及人的仁道原则就可以化解网络世界的许多冲突、困惑、矛盾，提升生命意义。

（四）生命伦理的困惑与儒家的疏解之道

20世纪和21世纪之交，最令人欢欣鼓舞的科学进步莫大于现代生物学的革命，而最令人困惑和头痛的也在于生物学革命。现代生物技术和医学的发展，已经从后门直接奔伦理、宗教、哲学等诸人文领域，迫使自然科学家必须关注科学的背后意义和价值以及科学行为的合法性，因而，人文学科与现代科学的再度牵手不仅是可能的，而且是必须的。

现代生物技术和医学给人类所带来的全部疑惑集中于生死两端，如人工授精、试管婴儿、代孕母亲、克隆人、安乐死等。在传统观念里，生死是自然的、人力无法介入的过程，但生殖方式由过去单纯的"男女构精，万物化生"已经变得越来越多种多样了。人工授精是改变生殖方式的最简单形式，它不是通过男女性交而是借助于人工手段将精子注入子宫，实现受孕并生育。人工授精有同源人工授精（用丈夫的精液）和异源人工授精（用他人的精液）两种。人工授精帮助了许多不能生育孩子的夫妇实现了生育孩子的愿望，但也对家庭伦理带来了冲击。显然它把生儿育女与夫妻的性爱分开了，尤其是异源人工授精，是妻子的卵子与第三者的精子相结合而生育子女。事实上许多人出于保密或经费的考量宁愿用自然的方式（性交）接受供体的精子，从而冲击着家庭关系，进而演化为社会问题。如夫妻一旦失和，丈夫以孩子不是他亲生的为由拒绝对孩子的抚养、教育义务，孩子、妇女就会成为异源人工授精的受害人。

1978年7月25日，世界上第一个试管婴儿在英国诞生，全世界为之震惊。试管婴儿就是在试管中实现精子和卵子的结合，培养成胚胎，再植入子宫，这种技术比人工授精增加了更多的人为成分和具有更高的技术含量，但也带来了更为复杂的问题。因为精子可以来源于自己的丈夫，也可以源于他人，卵子可以来源于妻子，也可以源于第三者，而受孕场所可以是妻子的子宫，也可以是第三者的，甚至是妻子的妈妈、丈夫的妹妹等的。这样一来，一个婴儿可能有五个父母亲，即提供精子和卵子的遗传学上的父母亲，养育婴儿的社会学上的父母亲和代理受孕的母亲。1997年4月，南非一位叫贾思琳的妈妈代替女儿顺利产下一对可爱的兄妹双胞胎，同年11月，"母代女孕"这一消息为世人所知，引起广泛的争议。贾思琳与两个孩子是母子关系呢？还是祖孙关系？给传统伦理角色定位带来困难。

最富有挑战性的生殖技术是克隆技术的应用，克隆即复制、拷贝英文一词的音译，意指以细胞融合的方式完成生物单一亲代的无性繁殖。1997年克隆羊多莉在英国诞生，一时间世界为之震惊。羊作为大型哺乳动物可以克隆，那么人的克隆在理论上就会成为可能。要不要克隆人，立即引起了全世界的广泛争议。一时间，反对者有之，赞成者有之，一方坚决反对将克隆技术应用于人类繁殖，另一方信誓旦旦，一定要将克隆人的实验进行到底。2001年8月7日，支持和反对克隆人的科学家在美国科学院进行了有史以来的第一次当面交锋。2001年3月9日意大利胚胎学专家塞韦里诺·安蒂诺言向全世界郑重宣布：由他邀请六国专家组成的克隆人梦之队将在一至两年内完成克隆人的工作，3月10日，意大利有关当局向其发出严正警告：如果他在此方面走得太远，政府将对他实施严厉的制裁，甚至吊销他的行医资格。而他表示即使如此，他仍将进行人的克隆，他甚至会考虑到某个偏远国家或国际海域的船上进行克隆人的实验。① 美国的"雷利安运动"的法国籍首席科学家布利吉特·布瓦瑟列耶更是坚决表示：即使挨子弹，她也要将克隆人的实验进行下去！全世界约有7000万男性没有任何生育能力，而克隆技术可以解决不能产生精子的男性不育的痛苦。在巴黎所做的一项调查表明：70%的妇女愿意克隆孩子，也不愿借助别人的精子受孕。在社会需要和丰厚利润的双重驱动下，人类也许很难终止克隆人的步伐。但今天我们应当发扬孔子知其不可而为之的精神，坚决反对任何人将克隆生殖技术应用到人类生殖领域。因为这不仅违背了儒家天地为物不二，生物不测的生育、化育之道，而且严重亵渎人类的尊严！如果此例一开，有朝一日，生物技术再向前发展一步，生命可以制造，胚胎可以批量化生产，人可以像汽车或玩具一样从高级工厂车间生产流水线上走出来，有的工厂专门克隆艺术家，而有的则专门克隆政治家，有的专门克隆球星、影星，如此等等，那不是人类之福，那将是人类的自我毁灭！

　　人工授精、试管婴儿、代孕、克隆技术是人类生殖技术的不断发展正冲击着传统的伦理、家庭、义务、权利等观念，在造福人类的同时，也给人类社会带来了麻烦和混乱。生殖技术无论如何发展，任何人在最终意义上都无法选择生与不生。人们无权选择生，难道有权选择死吗？"安乐死"这一话题被提出来了。法国一位名叫马莱夫尔的护士，自1997年1月至1998年5月，她先后帮助身患绝症的30位老人实施了安乐死。1998年7月8日，法国司法部

---

① 参见《齐鲁晚报》2001年3月16日、8月10日。

门开始就她是否犯有谋杀罪正式进行调查、取证。调查结果显示：这位护士既没有谋杀的动机，也没有任何病人家属对她提出起诉，相反，她的行为受到社会舆论的广泛同情。赞扬她为缩短绝症患者的痛苦所表现出的勇气。安乐死引起人们对生命终结这些重要问题的重新思考。

生死事大，生死麻烦、困惑也多。今天的麻烦、困惑不再是个别民族的麻烦与困惑，而是整个人类这个族群或者说这个物种由于工具理性过度发展自我制造的麻烦与困惑，这不是天作孽，而是人类自作之孽。这种自作之孽，需要全人类不同民族的相互配合，以其全部的智慧、力量和道德勇气加以面对和解决，需要调动全人类不同文化形态的智慧从不同角度进行分析研究，加以克服和解决，即人类的问题应当由全人类共同承担。儒家文化作为东亚文明的象征，作为中国文化的主体，应当贡献出自己的智慧。对于生，儒家一向重生、爱生、惜生，认为宇宙本身就是一生生不息、奔腾不已的生命之流。儒家知识分子一向赞扬生命，讴歌生命，对有助于生的技术儒家应当是赞同的。但儒家所强调的生是合乎自然之道的生，而不是违背自然、人伦之道的生。在儒家看来，如果说生生是仁、善的体现的话，那么儒家所臆想的仁、善是合乎智的仁、善，否则就是"好仁不好学，其蔽也愚"。孔子所开创的哲学系统是仁智合一的哲学系统，大仁只有配以大智才是完美的。这个大智就是根本智。从根本智的角度分析克隆人问题，克隆人违背仁道原则。在儒家看来，生生死死，死死生生，完全是自自然然过程，是天道化育流行的方式，从生死辩证关系上看，王船山认为：死亦生之大造也。克隆人之无性繁殖虽然符合儒家生生原则，但不符合所以生之理，在儒家生是"天地絪缊，万物化醇，男女构精，万物化生"乾坤阴阳之道的体现。

至于死，儒家主张顺乎正命，即儒家不主张轻生，但儒家认为人不能贪生怕死。儒家一向认为，父母所给予吾人者乃自然生命，社会所给予吾者乃文化生命、道德生命，两者相较，文化生命高于自然生命。人工授精也好，试管婴儿也好，克隆也好，所解决的问题只是人的自然生命的问题，而不是文化生命的问题。至于安乐死，儒家从爱惜生命、珍惜生命的角度出发，它不会赞成，但儒家认为文化生命高于自然生命，因而无意义的活还不如有尊严的死。儒家认为死是生的造化，从这个意义上讲，儒家认同安乐死。但前提是它应完全出于本人之意愿，否则任何高明的医生，无论血缘关系多近的亲属都无权剥夺一个绝症患者的生命。

现代生物学的发展向人们提出了这样一个问题：科学研究是否应该被限制？科学实验应当不应当有禁区？这些本来不成问题的问题在今天则十分严肃地摆在世人面前。人类原初整个是一片混沌，一片无明，由混沌而进入明晰，由无明而进入有明，是先民的期盼。人类正是历尽艰辛、劫难才从不开化步入开化，从无明进入有明，由盲目的必然王国进入自由王国。虽然，谁也无法阻止人类在科学领域进军的步伐，然而，当人不再从妈妈的腹中出来，果真如汽车、冰箱一样从工厂流水线走下来的时候，人类的尊严、价值、意义也许随之消解了，人类终结的时刻也就来临了。这种终结不是人类没有了，而是说人类存在已没有人的原本意义了，存在等于不存在。依我们理解的儒家观点，对科学探索设定禁区是必要的，最起码不能用工厂化的方式生产胚胎，生产人！

三、儒学与当代社会的双向互动

站在当代社会发展最前沿审视儒学，儒学需要创造性转换，站在儒学的角度来审视当代社会，当代社会的发展仍有待于完善。儒学，这个现实中的学问，只有置身于现实中才能反省自己的缺失与不足，才能找到自己发展的动力源泉，现实社会的发展因有了儒学，才会更健全、更美好、更完善。近代中国，百余年的历史说明，那种情绪化地否定儒学，否定儒家，视儒学为旧的、落后的、保守的、封建的东西予以彻底否定，非但不能促进中国社会的前进，反而会导致中国社会的倒退。改革开放以来，对儒学的研究、评价越来越客观，既注意克服儒学的负面影响，又强调发扬儒学的精华，近20年来中国经济成长的成就世人皆知。这正反两方面经验和教训最起码说明：儒学不是经济发展的阻力。海外成功的经验很值得我们深思，新加坡领导人李光耀曾指出："在我管理新加坡的经历中，特别是从1959年到1969年的这几年，使我相信，如果大部分新加坡人没有儒学精神，我们很难克服我们的困难和挫折。"[①] 儒学是已成的东西，它对当代社会究竟产生什么影响，是现代化的动力，还是阻力？是财富，还是包袱？不取决于儒学，而是取决于利用儒学的我们。

百年儒学发展之历程，充满了苦难，历尽坎坷！在中国社会迅速走向现代化的过程中，对儒家言，机遇与挑战同在，欣喜与悲怆交织。中国社会的每一次变迁对儒学都意味着一次挑战，而对儒学的每次打击都促使儒学再度兴起。经百余年之发展，儒学在当代终于在理论上完成向现代形态的过渡，实现了自我变革，这就是当代新儒学的形成。事实告诉人们，儒学与现代化并不是对立的关系，而是相得益彰的关系。当代新儒学的兴起说明，儒学不是旧社会的殉葬品，也不是现代化的受害者，更不是无所归依的"游魂"，而是现代事业的受益者，它随中国社会的转型而转型，随中国的现代化事业的发展而发展，与时俱进，永无止期！

当然，儒学与现代社会、与人类新世纪的发展也有不谐和音，需要我们站在当代社会发展的角度来审视儒学，批判儒学，促使儒学走向完善，实现儒学传统观念、范畴的现代化转变。站在儒学的角度审

[①] 李瑞智、黎华伦著，范道丰译：《儒学的复兴》，第132页。

视当代社会和人类新世纪，21世纪同样不是人类社会的理想王国，依然存在着许多恐怖、暴力、弊病、困惑，充满了各种矛盾和冲突，科技迅速发展和人们物质生活水平提高并没有促进人的快乐指数的增长，相反社会痛苦指数在许多发达国家有增无减。人，作为具有理性的群居性高级动物，一个充满温馨和人文教养的社会，一种和谐的人际关系，对人来说可能更重要。孔子认为，文胜质则史，质胜文则野，文质彬彬，然后君子。个体的人是然，整个社会也是然，一个物质生活与文化涵养相谐和的社会是儒家的追求，也是当代社会的目标。

我们相信，古老而常新的儒学面对当今世界的种种问题还会有所作为，面对扑面而来的全球化浪潮，面对生物技术在医学、生殖学等方面的广泛应用，面对新技术革命，面对知识经济时代的来临，它仍然有自己观照问题的方式与角度，它还会贡献出自己的智慧，同样也会因贡献出智慧而焕发出青春和活力。它在参与当代社会的构筑中更化和创新自己，在更化、创新自己中参与现代社会的构筑，这就是我们所期许的儒学与现代社会的双向互动！在儒学与当代社会的双向互动中，使中国社会在全球化浪潮中寻回自家精神，贞定自己，同样促使儒学与时俱进，以全新的面貌立足于世界学术之林，相得益彰！

第十二章：儒学与文明互鉴、全球治理

一、儒学与文明冲突之化解之道

一部人类史，既是人类合作、互助的历史，又是人类冲突、对抗的历史。文化、文明、宗教形成之后，这种冲突提升到新层次即心灵或精神层次。人类文明或宗教冲突的历史说明，冲突与对抗既可以发生在跨文明或跨宗教之间，也可以发生在同一文明乃至同一宗教内部。在西方世界，文明冲突乃至十字军东征这样的宗教战争一再发生，反观中国文明虽也有"法难"或"教案"，然而从来没有发生过宗教战争，原因何在？

（一）儒家何以会化解文明冲突？

显然，这是由儒家文明与基督教文明两种不同的价值观、思考问题等多方面因素决定的。基督教文化注重纵向的人神关系，而相对忽略了横向的人与人之间的关系；而儒家文化虽然也注重究天人之际，但其纵向天人关系服务于或服从于横向的人与人之间的关系。在基督教文化背景下，人何以应对超越而绝对的上帝成为思考问题的重心，由此而形成了西方文化中的契约精神、法的精神；而儒家强调横向的人与人之间的关系，故而形成一套相处的艺术，是生活的智慧和一种软的、充满温情的人文氛围。

不可否认，在一定意义上说，儒家是一种普世主义的文化，故而"天之所覆，地之所载，日月所照，霜露所队，凡有血气者，莫不尊亲，故曰配天"（《中庸》）。基督教同样是普世主义的。因儒家文化是普世的，所以它攻异端，辟邪说卫圣道，不过，儒家普世只是要求世人都应该"尊亲"，而没有要求世人都必须"尊孔"，因而它是柔性的。正因它是柔性的，所以它没有形成制度化的宗教裁判所，更不会因教义不同而发生宗教战争。而基督教坚持上帝是唯一真神，"教外无救赎"的教义，其普世主义是刚性的。

就推广方式言，儒家文明坚持"礼闻来学，未闻往教"；而基督教一贯奉行积极的传教政策，将传教视为教徒的使命。消极的推广政策，虽有以人文化成天下的担当，但没有借助武力强行推销自己价值观念的具体举措。相反，它要求"远人不服，则修文德以来之"。

当今世界，文明冲突、宗教冲突的危险正在加剧，各国不同文化背景的学者都在寻求人类文明免于毁灭之道。1993年，美国芝加哥世界宗教大会，通过了《走向全球伦理宣言》，1997年，联合国教科文组织成立了"普遍伦理计划"，孔汉思继而起草了《人的责任之世界宣言》。在这些跨文化的对话中，我们认为儒家思想对化解宗教间的冲突、促进世界和谐会有一定帮助。

（二）儒家化解文明冲突之三方：恕道、和而不同、并育并济

首先，儒家的"恕道"是人类文明和谐相处的"金律"。恕道就是仁道或者是仁的实现之道，它是孔子思想的核心价值。《走向全球伦理宣言》指出："'己所不欲，勿施于人'……这应该是通于生活的所有领域——家庭与社区、种族、国家与宗教的不可取消的、无条件的规范。"又被称为"金律"。"金律"就是孔子的恕道。文明冲突、宗教冲突的根本原因是强势文明或宗教借助国家强权不顾他国人民的意愿，强行推销自己的价值观、宗教信仰、生活方式等所致，即"己所欲，施于人"所致。"己所不欲，勿施于人"正是对治此种症结的良药。

其次，"和而不同"是实现人类不同文明和谐共存的良方。和同之辨是中国哲学的古老命题，史伯曾指出："夫和实生物，同则不继。"

孔子明确提出"和而不同",并赋予和同之辨以价值意义和人文精神。他说:"君子和而不同,小人同而不和。"孔子将和同之辨与君子小人之辨联系起来,使和同由描述式的论说转变为价值上的评判,这是孔子对和同观念的新发展。自此以后,"和""中和""太和"成为儒家学者的追求。

"和而不同"告诉我们,世界上不同事物的并存是必然的、合理的,世界因不同事物的存在而充满生机和活力。如果世界上只有一种事物,这种事物也不能存在了,世界也就枯寂了。对世界和平的最大挑战不是因为文明与宗教的多样性,而是文明或宗教背后强烈的"求同"而不"存异"的独断主义或排他主义的价值观。这种价值观在"己所愿,可施于人"这种根深蒂固的理念的支配下必然导致政治的单边主义乃至强权政治,走向文化帝国主义或曰文化殖民主义。

站在和而不同的角度,审视文化普遍主义,它不仅是危险的,而且是不道德的。"君子和而不同,小人同而不和",如果世界完全附和了某一种文明,就是陷全人类于不义。任何一种经人类心灵创造的、并经过长期历史演进证明能与时俱进的文明或文化,都具有内在的、不可代替的价值。这些文化或文明以其独特的方式表现着人类某一特定区域的生活方式、风俗习惯、思维方式,体现着人类的尊严、良知和价值。对伟大文化的持守,既是人类文化发展之必然,也是人类道德所应然。当然,和而不同绝不意味着文化部落主义,更不等同于故步自封,相反,和而不同是一种开放的、生生不息的文化观念,这一观念是人类不同文明、不同宗教实现和平共存之良方。

最后,"共育并行"是人类不同文明的最高理境。推己及人的"恕道","和而不同"的处世之法,是人类文明多样存在之保障,而人类多样文明的共育并存,充量发展,才应是人类不同文明实体的共同追求。这就是儒家的"万物并育而不相害,道并行而不相悖"(《中庸》)。

在人类进入 21 世纪的今天，任何一种文明独步天下、称霸世界都将成为不可能，它结束了那种"不是东风压倒西风，就是西风压倒东风"的时代，人类文明的多样并行、和谐共存是未来世界的应有之局。

二、王道政治的情理支撑

"王道"既是儒家政治的制度设计，又是儒家因应战国时代的需要所提出的实现"大一统"的方式，更是儒家治理天下国家的手段和终极政治诉求、政治目标。在儒家学者看来，"王道"的实践与落实对于国君而言，不是"能不能"的问题，而是"为不为"的问题。而王道背后的价值支撑和理想根据则是仁义。仁指向道德情感，义指向道德理性，仁与义相互配合，有机统一。作为儒家的核心价值，仁义体现着人的基本尊严，具有普遍性和绝对性，由是决定了它在人类文化中具有不容置疑的先在性与至上性。因而，在王道政治模式下，仁义是比民主、自由、平等更根本、更普遍的价值存在。

（一）仁与义的不同指向与功能互补

仁，有的学者认为在甲骨文中已经出现。据有关专家释读，甲骨文中的仁字与《说文》仁字字形结构基本相同，均为从人从二，《殷墟书契前编》第 2 卷，第 19 页第 1 片卜辞有"方于仁"，其"仁"字与《说文》仁字结构基本相同。但这个字是否为"仁"，在学术界还存有争议，以至于匡亚明作《孔子评传》时认为"仁这个字，在殷代的甲骨文中和西周的金文中都没有发现"[1]。不过，匡先生指出《尚书·金縢》《诗经》《左传》《国语》中仁字已出现了。《尚书·金縢》中有"予仁若考"一语。《诗经·郑风·叔于田》有"叔于田，巷无居人。岂无居人，不如叔也，洵美且仁"！联系到后面所说的"洵美且好"

---

[1] 匡亚明：《孔子评传》，齐鲁书社，1985 年，第 181 页。

"洵美且武"来看,"仁"与"好""武"一样是表现某种美德的褒义词。《诗经·齐风·卢令》有"卢令令,其人美且仁",与《叔于田》一样,《齐风·卢令》是反映田猎场面的诗,后面同样是"美且鬈""美且偲"。如果《叔于田》写于郑庄公时期,叔是指共叔段的话,而《卢令》如朱熹所说写于齐襄公时代,那么这两首存有"仁"字的诗都创作于春秋初期,由此,至少可以说在春秋初期仁字已经出现且流行于中原地区了。《诗经》的仁字如何书写,今已不可详考,但其意义是清楚的,即指向一种与美、武相似的德行。"仁"字在《左传》中已多见,宋国大夫子鱼说:"能以国让,仁孰大焉?"(《左传·僖公八年》)"出门如宾,承事如祭,仁之则也。"(《左传·僖公三十三年》)这已经与《论语·颜渊》"出门如见大宾,使民如承大祭"的意义相去不远了。

无疑,在孔子之前,"仁"字已经出现。我们之所以说孔学本质是仁学,仁是孔子的创辟,是因为孔子以前任何文献都没有将仁升华为一个核心观念予以讨论,没有将仁视为人的本质规定。不过,在孔子那里,仁与义是什么关系呢?我们只能说二者意义相近、相关而各自又有独立性,但二者并没有连用而形成"仁义"这样一个后世极为流行的复合词。

1993年,湖北郭店出土了大量的战国中期文献,其中发现了"仁"字的新写法,"仁"字的构成不是左右结构,而是上下结构;不是从人从二,而是从身从心,即上为身,下为心。庞朴先生由此而敏锐地发现:这是仁的古字。他说:"郭店竹简中出现的七十多个仁字都是这样写的。这说明,在古文中,'仁'不是'从人从二',而是'从身从心'。"[1] 问题是这个古字古到什么时候,孔子时代或前孔子时代的"仁"字是否也这样写呢?无从考证。《说文》"仁,亲也。从人从

---

[1] 庞朴:《中国文化十一讲》,中华书局,2008年,第100页。

二。🅰,古文仁,从千心。🅱古文仁,或从尸。"到东汉时,许慎向我们介绍了仁字的三种写法,从人从二可能是最流行的写法,这个写法庞先生认为"只是汉代的写法,而且是由'从尸从二'的写法演变来的"①。我们认为这个说法值得商讨。第一,庞先生的主要根据,是他认为早期的"仁"是"尸方人特有的美德",孔子之后,儒家将这一区域性美德提升为普遍性美德。我们认为,这一说法仍有讨论的空间。如上所引,在《诗经·郑风·叔于田》就有"洵美且仁"的仁字,而《左传》中宋国大夫子鱼等也使用仁字,郑、宋等是标准的中原地区,这说明早在孔子之前中原区域就将"仁"视为一种美德,而不是孔子之后才由区域性美德提升到普遍美德。庞先生以《论语》孔子"欲居九夷"为旁证,说明仁为尸方人区域性美德,我们认为这个旁证不能成立。因为孔子不仅"欲居九夷",而且他还想"乘桴浮于海",以庞先生的逻辑,是否能说仁是海外人的美德呢?

合理的解释是,仁在古代存在不同的书写方式,《说文》所记的三种书写方式也不可能是"仁"字书写方式的全部。"从人从二"很可能在甲骨文中已经存在,可能比"从身从心"还要古老。"从身从心"这个字表现"仁"可能起于孔子后学,有了孔子的"为仁由己"(《论语·颜渊》)、"仁远乎哉?吾欲仁,斯仁至矣"(《论语·述而》)和"能近取譬,可谓仁之方也已"(《论语·雍也》)等意涵之后,仁由外在的处理人与人之间的美德而内转于主体性德性,由"从人从二"不足以表达这种自觉自愿的德性,而以"从身从心"来表现仁就呼之欲出了。但"从身从心"的仁不直观,抽象而复杂,很可能只流行一时,并没有为儒家人士所普遍接受,致使这个别具匠心的字没有流行起来,"从人从二"从创字意义上说不如"从身从心",但从其易于书写以及能简明地表达意义的角度讲,其成为仁字的正体书写方式而流传下来

---

① 庞朴:《中国文化十一讲》,第101页。

还是有道理的。

义，繁体的"从我从羊"的义在甲骨文中就已存在。《说文》："己之威仪也。从我从羊。"徐铉等认为，"此与善同意，故从羊"。大多数学者认为：美、善、义（繁体）都有羊字，意义大致相近。不过，庞朴先生认为义是"杀的理智"。庞先生由义与宜互训出发，由宜的原始结构说出去，指出义就是"当杀则杀，不当杀则不杀"①。诚然，这是对传统观点的挑战，应当指出庞先生的观点值得回味、思考。

庞先生指出："仁就是爱，义就是杀，二者的适用范围分别是血缘内部和血缘外部。""二者是对立的。"② 庞先生的见解非常可贵，但仅从字形结构进行分析得出结论，给人以简单化之嫌。首先，无论是血缘内部与血缘外部都有仁与义的问题。《礼记·丧服四制》中所说："门内之治恩掩义；门外之治义断恩。"并不是说门内之治有恩而无义，而是说恩胜于义，即家庭内部情胜于理，仁高于义、大于义；而门外之治，义断恩不是有义而无恩，而是指理胜于情，义高于仁，处理家庭外部问题时要以道义、公正去战胜个人情感。显然，这些证据不能支撑庞先生所说仁适应于血缘内部，而义适应于血缘外部的观点。"由甲骨文中的'義'字造字结构可以推断：义字出现与部落内部的利益分配密切相关。"③ 说得更周延一些，义是处理血缘内部与血缘外部关系的重要原则。这一原则的提出，不在于杀与不杀，也不等于理智的杀，而是指排除感情、理智地去处理血缘集团内部与外部问题，公平合理地分配血缘集团内部的利益。

从这个意义上说，义最起码在《尚书·洪范》就已经存在。"无偏无陂，遵王之义；无有作好，遵王之道；无有作恶，遵王之路。无偏

---

① 庞朴：《中国文化十一讲》，第 108 页。
② 同上书，第 111 页。
③ 颜炳罡：《正义何以保证？——从孔子、墨子、孟子、荀子谈起》，《孔子研究》2011 年第 1 期。

无党,王道荡荡;无党无偏,王道平平;无反无侧,王道正直。"以"无偏无陂""无有作好""无有作恶""无党无偏""无反无侧"即以公正、客观、大公无私、没有个人主观情感的好恶等心态,去遵王之义、之道、之路,以实现王道之荡荡、平平、正直的政治生态。考之《论语》,在孔子那里,义没有"杀"意。如"君子以义为质"(《论语·卫灵公》)、"君子义以为上"(《论语·阳货》),与杀相去甚远,不仅不与仁为对立,而且可以说与仁相近,甚至可以说就是仁。义在儒家主要是有道义、应当、适宜、合理、原则、正义等多种含义。"信近于义"(《论语·学而》),"义之与比"(《论语·里仁》),义即合理、公道;"见义不为,无勇也"(《论语·为政》)。义即宜,就是应该或应做的事。"君子喻于义"(《论语·里仁》),"质直而好义"(《论语·颜渊》),"不义而富且贵,于我如浮云"(《论语·述而》),"见得思义"(《论语·季氏》),"君子义以为上"(《论语·阳货》)等,义即指向道义或精神价值、道德价值。

庞先生曾认为在孔孟之间的一百多年里,仁与义的对立逐步得到了廓清与彰显。我们认为,事实恰恰相反,在这一百多年的时间里,仁与义总的趋势是走向谐和统一。二者固然应用的范围不同、指向不同,但功能互补。《五行》篇告诉我们,仁、义、礼、智、圣合称五行,而仁、义、礼、智称为"四行",四行已与孟子的"四端"几乎相同。"四行"不是反、不是仇、不是对立,而是"和"。"见而知之,智也。知而安之,仁也。安而行之,义也。行而敬之,礼也。仁,礼义所由生也,四行之所和也。"[1] 在这里仁义不是对立的,而是和谐统一的。《六位》一篇中,圣、智、仁、义、忠、信总称为"六德","六德"是对治于血缘氏族内外乃至整个社会关系系统的。该篇虽有"仁,内也。义,外也。礼乐,共也",仁内义外与其说是仁义对立,

---

[1] 李零:《郭店楚简校读记》,北京大学出版社,2002年,第79页。

不如说适用范围、对象不同而相互补充。"仁与义就矣。""亲父子，和大臣……非仁义者莫之能也。""仁与义就矣"《论语》已有，但仁义并用，这在《论语》中不见，这是战国时代的儒家学者给我们提供的新信息。

（二）王道政治的本质意涵

儒家的政治理想就是王道政治，王道理想大致有如下特点：

其一，大一统。大凡主张王道的儒家学者无论是孔子，还是孟子、荀子乃至汉代的思想家，无不追求"大一统"。尽管不同时代的儒家学者对"大一统"的内涵有不同的理解，而对"大一统"的追求从未放弃。尧、舜、禹、汤、文、武、周公、孔子，心心相传，一道同风者，莫过于"大一统"。尧、舜时代有部落而无邦国，或者说邦国还没有完全成立，为自发的"大一统"而非自觉的"大一统"。夏、商、周三代，邦国林立，以数百千计，殷之晚期，周只是西方一个小邦国，然而"三分天下有其二"，仍然服事殷。服事殷者，维护大一统也。周武王、周公克殷践奄之后，迫切需要弥补由于朝代更迭所造成的社会裂痕，大一统的观念由自发而上升为自觉。所谓"溥天之下，莫非王土；率土之滨，莫非王臣"，这是大一统观念真正走向自觉。孔子时代，王室虽衰，但周王犹存，故而孔子主张"从周"，高度评价使华夏文明免于"被发左衽"的管仲，称"如其仁"。管仲之所以"仁"，一是他以"霸道"捍卫"王道"，即以"尊王攘夷"号令天下；二是他捍卫了华夏文明。

"大一统"以什么来统？怎样统？这是儒家最为关心的问题。历代先贤所谓的"大一统"是统于文明，统一于礼乐文化。

其二，以德服人。王道治理天下国家的方法就是德治主义，然而尧、舜时代的王道所呈现的德治主义是未经反省的、原始的、混沌的、不自觉的德治主义，在尧、舜、禹等圣王看来，居于王之位而具有圣之德是理所当然的，或者说是理应如此的。然而由"公天下"转为

"家天下"之后,"德"不再与"王"存有天然的关系,或者说"位"之高低不再与"德"之大小存有匹配的关系,有位者未必有德,而有德者常常无位。到周公时代,经历夏、殷二代失去天下的惨痛教训,周公开始对"王位"与"德性"之关系进行反省,力图在王位与德性之间建立起自觉的、清晰的联系。西周统治者意识到"皇天无亲,惟德是辅。民心无常,惟惠是怀"(《尚书·蔡仲之命》)。只有敬德,才能保民;只有保民,才能王天下。德治主义与王道政治是孪生兄弟,一开始就紧密地联系在一起。孔子继承了西周以来的政治遗产,明确主张"为政以德",力图通过"道之以德,齐之以礼"去实现王道政治理想。他反对战争,不言兵阵,明确主张"远人不服,则修文德以来之"(《论语·季氏》),而不是出兵以讨之。出兵讨之,是霸道,"文德以来之"则是王道。降至孟子、荀子等先秦儒学大师,明确喊出"以德服人者王,以力服人者霸"的口号。以德服人、以德服天下是王道政治的命脉所系。

其三,设王者之制。在儒家学者看来,王道必须经过制度化设立才能得以落实。孔子时代,由于周王名义上还存在,这一问题也许不突出,然而到孟子、荀子所处的战国时代,名义上的周王先是无人理会,继之消亡了。列国兴起,争王争霸,如何才能称得上王?什么样的人才配为王者?就成为孟子与荀子关注的问题。孟子提出了以"制民之产"为先决条件的"仁政"说,主张"惟仁者宜在高位",真正的王者应"忧民之忧,乐民之乐","以不忍人之心,行不忍人之政"。荀子专篇讨论王制问题,就"王者之人""王者之制""王者之论""王者之法"等问题逐一进行研讨。荀子的讨论除了政治、法律、税收等项制度值得我们重视之外,还有两点尤其值得引起我们的关注:

第一,在荀子的王制设计里,有了自然生态的观念。他说:"圣王之制也:草木荣华滋硕之时,则斧斤不入山林,不夭其生,不绝其长也。鼋鼍鱼鳖鳅鳝孕别之时,罔罟毒药不入泽,不夭其生,不绝其长也。春耕、夏耘、秋收、冬藏，四者不失时，故五谷不绝，而百姓有余食也。污池渊沼川泽，谨其时禁，故鱼鳖优多，而百姓有余用也。斩伐养长不失其时，故山林不童，而百姓有余材也。"（《荀子·王制》）人的生存与自然界息息相关，只有掌握了自然生长繁息的规律，大自然才能赐给人类取之不尽、用之不竭的生活资料，将"圣王制度"建立在良性生态的基础上，这是荀子王制理论的新贡献。

第二，在荀子的王制设计里，将社会弱势群体的关怀即社会福利保障放到突出位置。他说："五疾，上收而养之，材而事之，官施而衣食之，兼覆无遗。才行反时者，死无赦。夫是之谓天德，是王者之政也。"（《荀子·王制》）五疾，杨倞注瘖（暗）、聋、跛躄、断者、侏儒五种残疾患者。对这些弱势群体，荀子主张政府应当承担起抚养的责任，根据他们的能力给他们安排适当的工作，政府应提供给他们住所与衣食，无一遗漏，这是对孔子大同社会设想的具体化。荀子在设计王制时，已经考虑到了社会福利制度建设，这是相当超前的。

荀子设计的王制不仅仅指向人间社会，它"上察于天，下错于地"，也就是说它是将整个世界考虑在内的。他的理想是建立一个"万物皆得其宜，六畜皆得其长，群生皆得其命。故养长时，则六畜育；杀生时，则草木殖；政令时，则百姓一，贤良服"（《荀子·王制》）的社会。王制是王道的制度化。这个制度告诉我们，王道政治不仅仅是一个政治设计，更是一个人与自然环境关系的设计；王道不仅仅要建立一个完善的政治秩序，更要建立一个合理的宇宙秩序。

当然，如关注民生、忧乐与民同之、天下为公等都可以作为王道政治的特点，限于篇幅，这里就不再一一详述了。

（三）仁义是王道政治的价值支撑

五帝三王的王道政治从某种意义上，是一种无待的、超政治的理论设计，也可以说是一个没有任何设计的设计。王道在这时没有经过自我破裂、自我奋斗，因而它仍然是不自觉的、非反省的王道。降至战国，中国情势为之一变。春秋五霸只是"霸"而已，战国时代，各方诸侯如楚、魏、齐、秦、赵、燕、韩等国君已经不将形同虚设的周王室放在眼里，纷纷称"王"，目标所指已不是"霸"诸侯，而是"王"天下了。客观历史的演进与现实政治的需要，逼迫儒家学者思考与回答：什么是王？如何才能王？王与霸的区别是什么？王霸之辨由是而兴。

最早对这一问题进行系统阐述者是孟子。他说：

> 以力假仁者霸，霸必有大国；以德行仁者王，王不待大。汤以七十里，文王以百里。以力服人者，非心服也，力不赡也；以德服人者，中心悦而诚服也，如七十子之服孔子也。诗云："自西自东，自南自北，无思不服。"此之谓也。（《孟子·公孙丑上》）

王，在孟子看来已经不是位的问题，而是德的问题，也就是说不是自己宣称自己是"王"就是王了，王有王之标准，王道自然也有王道所以为王道的标准。无论武力如何强大，如何以力服人，只是霸而已矣。王道真正的意义就是以德服人。王道与霸道的区别在于：霸道是假借仁义之名，以武力征服天下；王道是从自己的德性出发，真诚地去践履仁义，让天下人中心悦而诚服。诚如嵇文甫先生所说："孔子对于霸者并没有菲薄的意思，他也并没有标榜出与霸道对立的王道。到孟子就不然了。他一方面为当时大一统的趋势所激刺，而主张'定于一'；故只讲王天下，不讲霸诸侯；只教人帝制自为，不教人当什么诸侯之长，这和孔子的思想已显有差异。另一方面他更把王霸二字赋予一种新意义，不从地位上区别，而从性质上区别，王道霸道，判然两途，于是在中国政治思想史上占中心地位的王霸论遂出现了。"[①] 可

---

① 嵇文甫：《嵇文甫文集》（上），河南人民出版社，1985年，第182页。

以说，王霸之辨始于孟子，是孟子对中国政治的新贡献。到孟子，王、霸不再是社会政治位阶，而是价值标准，而是一种在战乱不已的年代实现统一天下的方式，也是和平时期治理天下的重要方式。

仁义，是王道的本质，也是一切政治的合法性、合理性基础，是任何人都不能否定、颠覆的价值标准。王霸之辨不在于口头上承认还是否认仁义，而在于实践上是真仁真义，还是假仁假义。孟子说：

> 尧舜，性之也；汤武，身之也；五霸，假之也。久假不归，恶知其非有也。（《孟子·尽心上》）

"性之""身之""假之"是统治者对仁义呈现出的三种境界。尧舜实行仁义完全出于自己的本性，亲其亲，以至于亲天下之亲；贤其贤，以至于禅让天下，完全是出于自己的本性，是第一等的圣王。商汤和周武王作为诸侯国君，顺天应人，起而革夏桀、商纣之命，虽然有违礼乐征伐自天子出的原则，但他们以天下为己任，打破腐烂之政府，开出政治之新局，身体力行，践履仁义，是次一等的圣王。像齐桓、晋文等五霸假借仁义之名，号令天下，以诸侯而行征伐之权，在孟子看来这些人是三王之罪人。"五霸者，三王之罪人也；今之诸侯，五霸之罪人也；今之大夫，今之诸侯之罪人也。"（《孟子·告子下》）五霸之所以是三王即夏禹、商汤、周武王之罪人在于他们"搂诸侯以伐诸侯"即挟持一部分诸侯国去攻打另一个诸侯国，是对三王革命的玷污！

王道是以仁义为目的，霸道是以仁义为手段；由仁义行，还是行仁义；是以善服人，还是以善养人？是王道与霸道的重要区别。孟子说："人之所以异于禽兽者几希，庶民去之，君子存之。舜明于庶物，察于人伦，由仁义行，非行仁义也。"又说："以善服人者，未有能服人者也；以善养人，然后能服天下。天下不心服而王者，未之有也。"

(《孟子·离娄下》)仁义是人与禽兽区别的根本点,"由仁义行",就是不计利害,一切行为以仁义为出发点,"行仁义"就是仁义作为工具、手段,这样当仁义有利于自己时就使用,不利于自己时就放弃。"以善服人"是说以标榜自己的善行、善举让天下心服的,天下人是不会心服的,因为以善服人者将善视为己能,以显自己与众不同,这与行仁义一样,是以善为手段,而不是目的;"以善养人"的前提是善与人同,人人可善,以善行、善举教养、陶冶人,这样天下人才会心悦诚服。天下人心悦诚服,才能一统天下。

仁义不仅是王道的最高价值,也是人类的尊严,是王道存在的根基,残贼仁义不仅是对王道政治根基的拔除,更是对人类尊严的践踏。在孟子眼里,"良贵"是人的尊严,只有过仁义的生活,才活得像个人,才是有尊严的人的生活。"欲贵者,人之同心也。人人有贵于己者,弗思耳!"(《孟子·告子上》)人人都想活得有尊严,但尊严并不取决于外在的公卿大夫等社会位阶,因为公卿大夫等"人爵"是或然的,并不具有必然性,而每一个人与生俱来的仁义即"天爵"则是必然的、是人生而具有的。侵犯天爵,残害仁义,就是对人类尊严的最大挑战,是对人类的公然侮辱,这种人就是人类的公敌,就是独夫民贼。孟子说:

> 齐宣王问曰:"汤放桀,武王伐纣,有诸?"孟子对曰:"于传有之。"曰:"臣弑其君,可乎?"曰:"贼仁者,谓之贼;贼义者,谓之残。残贼之人,谓之一夫。闻诛一夫纣矣,未闻弑君也。"(《孟子·梁惠王下》)

"一夫"就是独夫,独夫就是与天下人为敌的人。与天下人为敌就是借助于公权力公然侵犯天下人类之尊严、亵渎天下人之良知良能的人。桀、纣虽然有君之位,然而他们公然残贼仁义,侵犯人类的尊严,何止于"君不君",甚至就是"人不人"。因而汤武革命,正是顺天应人,而不是以下犯上、违背礼义的"弑君"。

理想的王道,仁者在高位,圣者为王,是为圣王,非圣不王;贤而为臣,非贤不臣,是为贤臣;天下为公,权力转移,传贤不传子,尧舜揖让而治天下。然而,三王以下,天下为家,传子不传贤,子或贤或不贤,但不必然贤,臣不必不贤。子而不贤,君不像君,不合君之标准,甚至残贼仁义,"革命"的观念由此而被逼出。革命的实质在于捍卫仁义,打破"仁义充塞,则率兽食人"之困局,布仁恩于四海,伸张大义于天下,救民众倒悬之苦。一句话,革命是为了仁义,而仁义不是为了革命。

荀子继孟子而起,进而为汤、武革命的合理性辩护。他说:"汤、武非取天下也,修其道,行其义,兴天下之同利,除天下之同害,而天下归之也。桀、纣非去天下也,反禹、汤之德,乱礼义之分,禽兽之行,积其凶,全其恶,而天下去之也。天下归之之谓王,天下去之之谓亡。"(《荀子·正论》)荀子认为,桀、纣之去天下在于残贼仁义,禽兽行,失去了人民的支持,汤、武之取天下在于修道行义,合乎了人民的利益,顺应人心人情。荀子明确喊出:"从道不从君,从义不从父,人之大行也。"(《荀子·子道》)由是,他极力称颂汤、武革命:"夺然后义,杀然后仁,上下易位然后贞,功参天地,泽被生民,夫是之谓权险之平,汤、武是也。"(《荀子·臣道》)对于汤武革命的鼓吹与颂扬,荀子与孟子相比,有过之而无不及。

在儒家的文化系统中,王道并不是与霸道相对的存在物,王道是普遍的、绝对的或者说永恒的,而在价值意义上的霸道则是假借仁义之名,以行称霸之实,因而它是暂时。五帝三王时代没有霸道,而到仁义流行的时代,霸道也将无所遁形。王霸之别不取决于"力",而是取决于如何对待仁义。汤、武革命诉诸武力,仍然是王道。在儒家,理想的王道就是仁至义尽之道。《郭店楚简》有篇《唐虞之道》的文章，明确指出仁义之道就是王道，王道的实践者尧舜都是仁之至、义之尽既仁且义的典范。对王道政治而言，仁与义是两种不可或缺的要件，否则王道就无法成立。"唐虞之道，禅而不传。尧舜之王，利天下而弗利也。禅而不传，圣之盛也。利天下而弗利也，仁之至也。"尧舜之道是儒家理想的王道政治，寄托着儒家的向往与追求。尧舜之所以是圣人，王天下，在于他们"利天下而弗利也"。这就是说尧、舜等圣王除了天下人的利益之外，没有任何个人的私利。由于只有天下人之利而没有个人之利，他们的一切行为出于利天下而不是利自身考量，于是"禅而不传"即传贤不传子。尧舜等圣王是天下道德的楷模，"必正其身，然后正世"。尧舜之所以为圣王，在于他们是践行仁义的典范，即"爱亲尊贤"。爱亲以至爱天下之民，这就是仁之至，尊贤以至禅让天下，这就是义之至。"爱亲忘贤，仁而未义也；尊贤遗亲，义而未仁也。"总之，王道政治理想就是仁之至、义之尽。

仁义既是人类的普遍尊严，也是一切政治制度的根基。在儒家学者看来，仁义是比西方的民主、自由、人权更根本的原则，更富有普遍性的价值。自由、民主、人权如果说是普遍的政治价值的话，而仁义则是这种价值乃至人类一切价值的根据。显然，民主是为了仁义，而仁义不是为了民主；平等是为了仁义，而仁义不是为了平等；人权是为了仁义，而仁义不是为了人权，总之，由仁义行，非行仁义。仁义是人类一切政治设计、制度设计、经济设计的目的，而不是手段。天理不见了，良心丧失了，或者说仁义不彰了，何人权之有？何平等之可言？正义又在哪里？在儒家学者看来，仁义，是比生存权与发展权更根本的人权。在孔子，可以"杀身成仁"，而不是杀仁存身；在孟子，是"舍生取义"，而不是舍义取生。因为有比身与生更尊贵、更崇高、更根本的东西，这就是"仁义"，就是人类普遍的尊严，活着固然重要，而有尊严地活着更根本，更重要。

附　录

颜炳罡：儒学就是日常生活品　发展重心已回到故乡

【导言】

20世纪二三十年代，遭遇连续天灾人祸的中国农村，悄然刮起一股清新之风，以晏阳初、梁漱溟、黄炎培、彭禹廷为代表的精英知识分子，将救国的重心投向农村，他们认识到，"农村破产即国家破产，农村复兴即民族复兴"，故发起成立了诸多社团组织，不仅筹划救济活动，更着眼于从农技改良、工商扶助、文化教育、乡村自治等方面，进行建设性改造。有统计显示，这一时期南北各地先后从事乡村建设工作的团体机构有600多个，各种实验区上千处。这场由知识界发起、汇成时代潮流的运动，被称作"乡村建设运动"。

在这场运动的领军人物中，没有出国喝过"洋墨水"的梁漱溟被视为"文化保守主义者"和激进"排外主义者"。他对"欧风美雨驰而东"深恶痛绝，说"西方功利思想进来，士不惟不以言利为耻，反以言利为尚"，认为近代中国农村沦陷的根因是风俗败坏、社会失序、文化失调。因此他将乡村建设作为中国民族自救运动之最后觉悟阶段，提倡知识分子到农村去、到民间去，举办识字教育等一系列教育改造活动，将解决广大农民教育问题放到了救国之首位。1930年梁漱溟在河南辉县创办"村治学院"，次年深入山东邹平、菏泽搞实验，创办"山东乡村建设研究院"，试图从乡规民约到重建伦常，从改造农村到改造社会，从恢复中国社会形态的文明理性到恢复中华文明的自信。

尽管这场昙花一现的运动，很快被残酷的战争以及激荡的社会改造大潮所淹没，但这群一百年前的"90后"知识精英的济世理想，依然启发着后来者。

有意思的是，时隔80年，还是在梁漱溟先生做乡村建设实验的山东，自2013年初起，一批志同道合的学者，以义工讲师的身份下乡讲授儒学。他们的主要组织机构是尼山圣源书院。他们的活动半径，从孔子诞生地尼山延展到全山东省；他们的"义工讲师团"成员，从大学教授扩展到乡村教师、乡镇干部乃至普通农民。他们希望在孔子故乡借助儒家的孝道和五伦教育，重建乡村的伦理秩序和文化生态，并通过半个月一开课的定期教化，让留守农村的民众感受纯朴厚重的公序良俗的教育。而这场新的乡村建设运动，有一个更为儒雅的名字：乡村儒学。

短短三年时间，从市县到乡镇社区，"尼山书院""乡村儒学讲堂""百姓讲堂"已经遍及全山东，乡村儒学运动（"运动"二字为笔者所加，有别于三十多年前的政治含义）成了闻名全国的现象级社会改造典范。

这场"乡村儒学运动"的一个重要发起人和力行者，是山东大学儒学高等研究院副院长、尼山圣源书院执行院长颜炳罡教授，他长期致力于中国哲学特别是儒家哲学的教学研究，并热心于大众儒学、民间儒学的传播。他在山东大学义务开设"四书原典"公益讲堂16年，不设学分、公益开放，来者不问、往者不究，每周一次、从不间断，被山大师生尊誉为"颜四书"。而他的介绍栏中，还有一条：复圣公颜子第七十九代孙。

2016年3月29日清晨，利用一个会议的间隙，颜炳罡教授接受了凤凰网国学频道的独家专访，畅谈了他对乡村儒学的社会实践、中国儒学发展的现状与问题以及比较热闹的海峡两岸新儒家之争等问题的思考。以下为文字实录：

一　农民能当讲师　乡村儒学落地生根需"三化"

凤凰国学：听说您很忙，既要做儒学研究，又要做乡村儒学的组织和推广工作，典型的知行合一，很多媒体也对您做过报道。就您的实践来看，目前乡村儒学的推动难不难？遇到过什么问题吗？

颜炳罡：第一，不难，现在的社会非常需要儒学，现在的民众特别需要儒学。好多人对我说为什么去乡村去社区？他们对此抱有质疑。我说懂儒家学问的读书人，有个长处，这个长处就是您读了儒家的书，懂一些儒家的知识，应该用这个长处来回报父老乡亲。我是从农村出来的，我是一个学者，一个普通的读书人，只能根据我自己所长，思考如何来回报生我养我的乡村的父老乡亲，用知识去回报滋养我成长的乡土。

当然，我说如果你是研究马克思主义的学者，你也可以去乡村讲马克思主义的道理；你如果研究西方哲学，康德、黑格尔讲得很好，如果你觉得我讲儒家的学问不对，那么你也可以讲康德、黑格尔、海德格尔，讲给老百姓听。老百姓听懂了，老百姓理解了，那也很好。我认为一切优秀的文化知识，一切对社会、对国民素质的塑造有好处的学问或文化，都对乡民有益处。我作为一位研究儒家学问的普通学者，我认为儒家的学问对今天的民众有益处，对乡村百姓有好处，我只能做我自己愿做、能做的工作。

这些年来，很多地方请我去讲儒学，像去年我在章丘给老百姓讲了一年的课。并且从村里推广到全镇，对象都是农民，年龄有老有少。那个地方有的村比较大，所以我们就培养讲师，就以这个村的乡贤为主体，比如要退休的教师、退休干部，还有一些文化程度较高的在家务农人员。这些人经过一段时间的培训，就可以出去传播，可以去给乡亲们讲课了。

现在的乡村儒学大概面临着什么问题呢？我们在探讨自主性、常态化落地生根。儒学从来不是少数专家、学者的南山事业,而是全民族的每一个人的生活的向导。儒家学者应该摆脱"为往圣继绝学"的心态,应该让全民都成为儒学的传承者。儒学的传承,不仅仅是知识分子的事情,而是所有民众的事情,你、我、他也能够成为儒学的传承者、践行者、身体力行者。这个东西怎么做呢,我们应该探讨它的模式,我觉得要"组织化、体系化、在地化"。乡村儒学、社区儒学,要追求这"三化"。

组织化是什么呢?如我们想在当地成立受政府监督的传统文化研究会、促进会等组织,系统地从事传统儒家经典的研读。研究会要发挥研究会的功能,要设立常态化的机构,研究会下面可设有学习专业委员会、艺术专业委员会,还有红白理事会。红白理事会很重要,既对乡村礼俗进行保存与传承,又能倡导移风易俗,很有意义。还要设立艺术专业委员会,主要是保存传统的曲艺,提高乡民的艺术鉴赏力。另外,不妨成立微型"仁爱基金会",这里面都是老百姓自发投放的钱,能够体现乡村儒学对大众的一种关怀。比如谁家结婚了,我们送一个贺喜的贺词过去;孩子生了,我们送一朵鲜花过去;老人过生日了,我们送一个蛋糕过去,与全家拍一个全家福。这就是说,广大的村民和研究会联系起来了。

我们还主张"体系化"。乡村儒学应有固定的讲堂,我们所到之处,都是有一个固定的讲堂、固定的办公场所。另外,乡村儒学光讲是不行的,重在气氛烘托和人格的陶冶,所以需要人文环境的营造。我们所做的乡村儒学的村庄,都把《论语》《孟子》等古代经典中的名言贴出来,让老百姓坐着都可以受教育,站着、走着也接受、感受到教育,让教化无处不在。

充分利用村里的广播站,定期播放一些宣扬孝道的歌曲、回归亲情的歌曲。通过耳朵听、眼睛看来让大家受到熏染,引导老百姓做力所能及的好事。力行一善,从小处着眼,大人、小孩都可以躬行。不是说一定要做"挟泰山以超北海"的大事，而是从"为长者折枝"这些小事做起。这就是我们所说的组织化、体系化、在地化。这几年我们一直在做这几项工作。

还有就是培训乡村儒学教师。我们去年在尼山圣源书院做了一期，有来自全国各地的80多人参加，学员表现非常精彩，积极性很高。去年12月，我们在聊城培训了130人，我们后来通过视频回顾五天的经历，大家感觉非常震撼。

凤凰国学：能讲一下这些乡村儒学教师的人员结构吗？

颜炳罡：主要有三部分人组成，一是在职大学教师、中学老师，二是退休的基层干部，三是当地受过高中以上教育的农民。当然也有些是经过短期培训的志愿者。

凤凰国学：这些农民的知识结构能跟得上吗？

颜炳罡：这主要看我们的老师如何引导。比如有的讲师专门讲孝道就行了，你的讲稿拿给我看，讲的时候我去听。有的专门讲修身也行，讲稿拿出来我看，写得不错，现身说法讲你的故事，我们都是通过这种方式。然后我觉得讲只是一个方面，可能更多的是让大家去感悟，回到经典。

凤凰国学：中国长期以来并不缺乏教育和宣传的手段，那么您怎么才能让老百姓不觉得您在这里做宣教，不去抵触排斥呢？

颜炳罡：我记得梁漱溟先生当年做乡村建设的时候说过一句话：知识分子要到乡间去，与乡间人由接近而浑融。你要真正地了解农民，和他们融为一体，打成一片，把学者的架子去掉，你不是一个教师爷，你不是一个训导师，你只是大众中的一员，你与他（她）同样在接受圣贤的教诲，农民不觉得你是在教化他，而是与他一样在接受教育。

还有一个要注意讲学的风格、方式，我称为以事言理，言不苟发，理不空挂，理挂在事上，处于事中。我在乡村讲课的时候，有个村的两个村民发生了矛盾，找村主任一定让他今天给他们解决问题。村主任说，今天不解决你们两人的问题，你们与我先到乡村儒学讲堂听课。两位发生矛盾的村民听了讲课之后就不去找村主任了，为什么？他们两人说问题解决了。我觉得这就是乡村儒学的效果。其实这些农村里面有许多鲜活的例子。我们今天来（开会）就是为了一个项目，办一份乡村儒学杂志，分给农民，我们想向省里争取点资助。

二　儒学发展的重心回到了它的故乡　呈"一体两翼"态势

凤凰国学： 我看过您主编的《国际儒学发展报告》，2012和2013年的，其中的一些调查结果让我很震撼。能介绍一下做这份报告的初衷吗？你们发现当前儒学发展有什么很重要的问题吗？

颜炳罡：《国际儒学发展报告》是教育部的一个项目，我们一开始是本着做项目的心态去做的。当然今天，我觉得我们也很有必要对儒学在当今世界的发展做出当下的整理和未来发展前进的预估。一方面，它可以给未来提供一个站在当下人、在场者的立场，对儒学发展的观察；另一方面，它可以成为未来写世界儒学史的人一个非常重要的参证；再一个方面，当然这个报告最基本的设计，是为国家的文化发展战略提供一种参考，提供一种咨询服务。儒学的发源地在山东，山东处于儒学的核心区域，就现在讲它的研究力量，可以说在中国，像研究儒学阵容这么庞大，队伍这么整齐，社团这么多，学术期刊如此多，除了北京，没有第二家，所以儒学在山东有着特别明显的地缘优势。

如果说在《国际儒学发展报告》的编写、整理、研究的过程中发现了什么的话，我觉得发现了两个问题：一个是进入21世纪之后，儒学发展的重心回到了它的故乡，回到了它的源头，其实应该说，是回到了中国大陆。中国大陆现在儒学发展声势最为浩大，官学民企全方位互动，从理论研究到民间传播，官方重视，民间团体重视，体系最为完善，也是从理论研究到经典注释、解读，出版儒学类著作最多的一个核心区域。总之在中国大陆，儒学呈现出一种前所未有的发展态势。今天不能再用传统的"儒门淡薄"这个词来描述它了，这是我们的一个发现。

第二个发现，就是我们感觉到西方人心目中的儒学，或者说外国人心目中的儒学，和中国人心目中的儒学，它的意义是不一样的。西方人，尤其是英美等国，他们是把儒学当作一种材料，想看儒家的东西和当下的社会生活能不能结合，力图从儒家的思想资源中找到解决当下伦理、环境乃至道德、医疗、女性等各个方面问题的办法，看看这些东西有没有和儒学接榫的地方，发掘儒家的资源为当下服务。

那么中国大陆的儒学是怎样呢？中国大陆包括港台地区乃至华人世界的儒学研究，我觉得分成这么几块：一个是文献方面的整理，这两年非常热闹，盛世修典，大型资料类书籍的编撰非常多，规模一个比一个大。一个是地下出土文献的研究，也非常热闹，这是文献层面的。另一方面就是儒学史的研究、思想史的研究，儒家制度史、儒家思想史、儒家人物、儒家命题、儒家概念等，这方面的研究也显得非常热闹，这是学术性的，纯学术性的。再一方面就是儒家应用性的研究，这几年也呈现出非常好的一种态势，包括我们今天所看到的传统与现代化的讨论、儒学与现代化的讨论、儒学与社会主义核心价值观的讨论、儒学与马克思主义的讨论，乃至儒学与当下的一些社会现象的讨论、儒学与自由主义的讨论，等等，都非常热闹，这是儒家的应用研究。

同时，我们发现儒学不仅是一种研究，好多学者，乃至民间学者，有一种传承儒学、让儒学重新走向市民社会的这样一种期盼，或者说这样一种愿望、这样一种诉求。儒学不仅仅是过去的历史遗迹，也不是我们今天仅仅把它作为工具和资料来运用的东西，不完全是这样的。儒学是一种还在不断地发展、衍生的文化生命体，一种活生生的文化的存在。现在，好多儒家学者都有种"为往圣继绝学"——这只是传统的说法——我说的是"为往圣开新学"的这样一种愿望和理想，他们想让儒学重新回到民间，回到市民社会，成为华人世界的生活方式。这是我们发现的最重要的一个特点。

2014年的《国际儒学发展报告》写得比较平实，"大陆新儒学发展的主流意识已经显现"，我说的"主流意识"其实就是民间儒学的兴起。在回顾2015年儒学发展的时候，我发现，中国大陆的儒学乃至整个华人世界的儒学，呈现出"一体两翼"的发展格局。这"一体"就是民间儒学、大众儒学、草根儒学的蓬勃发展。民间儒学的兴起我们认为这是儒家学说实践层面的主流，这是主体。"两翼"就是我刚才说的"应用性的儒学"，儒学与现代政治，儒学与社会主义核心价值观的建设，儒学与商业伦理，就是我们经常提到的"儒商"概念，儒学在企业当中的运用，以及儒学与教育资源的开发，这些东西就是应用儒学，在大陆可以说呈现出比较大的发展态势。这是"一翼"，即儒家的应用性与现实价值方面的研究。另一翼是我们今天要说的，大陆讨论比较热闹的"政治儒学"这种思潮的发展。你也不能否定它在社会上尤其是通过媒体所产生的非常强大的影响力，乃至在国际上，它都有相当的影响力。概括地说，"两翼"指的是应用儒学和政治儒学，"一体"就是民间儒学，这是主流。

但必须指出的是，现在的国际人士也好，包括媒体也好，以为大陆一派宣扬政治儒学的人就代表了新儒家，别人都不能代表新儒家，这是一个误区。第二个误区就是，当代新儒家的发展就是政治儒学。我觉得这完全就是一种误导，无论媒体也好，社会也好，乃至在好多层面上，就我们的观察，我觉得是一种误导。其实大陆儒学真正蓬勃发展的是民间儒学，包括一批学者也身体力行地在践行这样的民间儒学。

我可以给你简单地举几个例子，武汉大学的郭齐勇教授，他一直在致力于民间儒学的理论探讨与实践；苏州大学的蒋国保教授，他一直在做儒学世俗化的工作，希望儒学重新回到市民社会，成为一种生活方式；四川大学的舒大刚教授，他编了一套我们经常看到的大众儒学丛书；天津市工会管理干部学院的陈寒鸣教授在从事"平民儒学"的研究，还有江苏师范大学的陈延斌教授一直从事家训、家风研究等。另一方面，一批学者一直在试图从事这种儒家理论实践工作，包括中国社会科学院的赵法生教授，乃至投身乡村儒学的很多学者。儒学在民间，在社会的各个方面、各个领域，都有这样一批人，在践行，在探索，这样就形成一个声势，成为一股当代社会不可小觑的力量。

凤凰国学：抱歉打断您一下，您所界定的民间儒学，它的范畴是什么？

颜炳罡：我说的民间儒学是和官方儒学相对应的，它是民间自发的活动。我说的民间儒学是和精英儒学相对应的，它是大众的，不是精英的或者说不完全是精英的。和官方儒学相对，它是儒学的民间生存状态。实际上孔子那个时候的儒学，说到底也就是民间儒学的形态。

凤凰国学：能不能这么理解，换句话说，民间儒学它更多地注重个人的修行与社会基层的建设？

颜炳罡：应该说，民间儒学更多关注的是让民众过一种儒家式的生活方式。我把民间儒学实际上界定为"四化"：草根化、大众化、生活化、实践化，这"四化"是民间儒学最基本的特征。

第一是草根化，它是草根的，不是高高在上的。第二是大众化，它是大众的,不是只有少数精英才能掌握的。儒家从来不是少数的哲学家、历史学家学术研究的奢侈品,不是象牙塔里的学问,它是民众生活的向导。

第三是它的生活化。"生活化"就是它回到生活状态中去,它跟老百姓的生活息息相关,它就是我们百姓的人伦日用之学。儒学就是我们的日常生活品,它就像我们的粮食、水、蔬菜,看起来不珍贵,但是我们每天都要消费它,都在使用它,都靠它来支撑起我们的生命,支撑起我们一切的行为,给我们提供能量。道家和道教,它是一种保健品,这个保健品它很牛很好,但是没它你也不慌,照样可以生存;佛学是一种药品,这也不是我说的,太虚法师早就说过,佛家就是个大药铺,佛就是大药剂师。而儒学就是我们的日常生活品,所以从这个意义上我说它的生活化。

第四个我讲它的实践化,它一定是实践的、身体力行的,它是知行合一的。它不是让别人去做,而是要求自己去做,你自己不要变成一个高高在上的旁观者,说学术超离于民众之外,超离于儒学之外,好像这套理论知识只用来限制别人而不能用来限制自己。你自己本身就是地,落地就是要先在自己身上落,你就是无量尘埃当中的一粒尘埃,你是众多小草当中的一棵小草。你作为儒学的倡导者,应该身体力行,古人云"一语不能践,万卷徒虚空",道出了儒家真谛!民间儒学的这四大特征,用王阳明的话说,就是"知行合一"。

三 "新儒家"分大陆与港台是个假命题 政治儒学是条死路

凤凰国学:刚才您提到了"当代新儒家",也有人说"当代新儒学",您觉得这两个概念有区别吗?另外,"当代新儒家"与20世纪90年代说的"新儒家"相比有什么变化吗?

颜炳罡:我觉得"当代新儒学"和"当代新儒家"这两个概念,

从一般老百姓、一般学者的立场，好像是一个概念。其实它里面有细微的差别。"当代新儒学"是从学术形态的角度来讲的，"当代新儒家"是从儒家人物的角度来讲的。首先你是不是儒家？然后你这个儒家是不是新儒家？你是新的还是旧的？没有新的东西你也不能称为"当代新儒家"。再一个，你是否活在当下？你活在当代才可能成为"当代新儒家"。宋明理学也是一种"新儒学"，也叫"新儒家"，但那是活在古代，不是"当代新儒家"。

当然，我们说"当代新儒学"，它是儒学发展到当代的一种新的形态，或者说新的理论体系，这样才能成为"当代新儒学"。我认为，当代新儒家和当代儒家，当代新儒学和当代儒学，这两组概念应该做区分。而且，"当代新儒家"也不是因为生活在当下就能够新了。有些学者，比如说钱穆先生、马一浮先生，他们是守先待后型的儒门人物，他们不愿意开创儒学的新形态，他们也不承认自己是当代新儒家，所以我们就把这些人归为当代儒家。他们的思想体系也是当代的，可以叫当代儒学，未必叫当代新儒学。

凤凰国学：那所谓的"新"是指什么？

颜炳罡：所谓的"新"，我写过一篇文章，叫《当代新儒家的"儒"的意义与"新"的特征》，就是要回答它的儒的意义是什么？它新的特征是什么，究竟新在哪里？在这个意义上进行考量，才能叫作当代新儒家。我觉得当代新儒家一个非常重要的"新"，与传统儒学最大的不同之处，或者乃至与宋明理学最大的不同之处，在于当代新儒学是为了应对西方文化对中国传统文化的挑战，如何融合西方的民主与科学，再造儒学的新形态，或者说由此开出一种儒家新的理论形态。

宋明理学的"新"，从外在来看，就是把佛学和道家的东西融汇到儒家的思想体系当中，恢复儒家的主导地位，再造儒学的新形态。宋明理学或者陆王心学，或者程朱理学，它确实在思辨层面上超越了佛学，借助于佛学的思辨智慧来重新实现了儒学的新生，构成了儒学的新形态。

那么当代新儒家新的意义在哪里呢？

我们今天，我们可以说当代新儒家尤其像是梁漱溟先生、牟宗三先生、熊十力先生，包括唐君毅、徐复观等所谓的港台新儒家，他们是想借助西方的民主与科学，再造儒家的思想系统。在这个意义上，叫它新。如果用牟先生的话说，"本内圣之学以解决新外王"，有人说是开出新外王。目前严格意义上讲是"本内圣之学以解决新外王"，那是意味着对儒学形态、儒家体系的一个再造，融汇西学，再造儒学。简单地说，这就是当代新儒家的系统。当然它的层面多了，哲学的、政治的、人文的、教育的，内容非常宽泛。由于篇幅关系，我们只能这样简单地说到这里。

凤凰国学：您怎么看去年以来包括今年年初大陆和港台新儒家的对话？比如"新儒家"的这顶帽子，应该戴在哪些代表人物头上？两岸的儒家学者对当下使命的看法分歧在哪里？这样的现象在儒学的发展过程中是不是很正常？

颜炳罡：我首先要说，"大陆新儒家"和"港台新儒家"是个虚假的命题，不是个真命题。大陆新儒家、港台新儒家是一个特殊时期、特定的历史条件下所出现的一个概念。儒家就是儒家，没有港台新儒家和大陆新儒家这样的区分。大家所关注的都是儒家，所有的儒家都应该是孔子之徒，都应该是儒学的研究者，在这个意义上，没有大陆和港台新儒家这样的一个虚假概念。

很简单，当初所谓的"港台新儒家"，唐君毅先生、徐复观先生、牟宗三先生，他们哪一个不是从大陆去的，包括钱穆先生，哪个不是大陆人？怎么能把他们说成港台新儒家呢？而大陆新儒家，那是一个特殊的历史时期所出现的一个特殊概念。这个概念的出现本身就有很大的荒谬性，就不准确。现在到了21世纪，尤其是20世纪八九十年代以来，海峡两岸的学者之间有充分的交流，关注的儒家问题基本上是一样的，所同大于所异。再来炮制所谓大陆新儒家与港台新儒家的对话，我觉得更多的是媒体的炒作，学术本身不是这样的。

我和李明辉、林安梧、郭齐勇、陈明都是非常要好的朋友，而且我们关注的问题都是差不多的，大家可以在一起交流。两岸三地的学人关注的问题所同大于所异，只要你是个学者，只要你本着中道理性的原则去看待当代中国的发展、当代世界的发展、当代人类命运的发展，乃至你去关注人类文明今天的现状和未来的走向，关注整个华人世界的生存状态，那么你思考的，你所见你所闻的，所同大于所异。所以从这个意义上，一定要搞出大陆新儒家和港台新儒家这种对立，那是虚假命题，不是一个真命题。

今天所谓的大陆新儒学就是政治儒学？港台儒学就是心性儒学？这是一个偏颇的认知。首先，港台新儒学不能全部归于心性儒学。我们都知道，像牟宗三先生也好，唐君毅先生、徐复观先生也好，老一辈的所谓"港台新儒家"，他们对国家民族文化命运高度忧患，他们的政治意图和政治意向非常明确。牟先生"外王三书"所谓的"继续政统""开出学统"，他的"政道"与"治道"全是政治问题，徐复观一直怀有强烈的政治热情，当代新儒家梁漱溟发起的乡村建设运动，非政治而何？徐复观、牟宗三等人对中国传统政治都有深入细致的考察与研究，他们既是政治的，又是心性的，又是社会的，是综合性的思想家，哪能简单地将他们的学问看成是心性儒学呢？包括今天说李明辉也好，李瑞全也好，林安梧也好，谢大宁也好，不能说这些人只关注心性，他们都有现实的关怀。谢大宁也是我很好的朋友，我们到尼山圣源书院去，到乡村去给老百姓讲儒学，他泪流满面，非常感动。他现场给村民讲了自己的感受并向村民演讲。海峡两岸的学术交流和活动非常频繁，大家的诉求大致相同，所以一定要制造出大陆新儒家和港台新儒家这种概念我觉得很荒谬。

再一个，大陆就一个政治儒学能完全概括吗？政治儒学就能代表当代大陆的儒学生态吗？其实今天大陆的儒学，主流还是我刚才说的民间儒学。今天，好多学者是处在静默的状态。他们为什么静默？因为他们认为与其说，不如做，与其让别人做，不如自己做，我知道好多学者是抱着这种心态去做的。自己保持一个静默状态，努力去做事，这才是儒家精神。今天的儒学不仅要坐而论道，更需要好多儒家学者起而行之。可能在这个意义上来讲更重要。纷纷攘攘的讨论，只是给媒体提供了一些博眼球的现象而已。其实儒家在整个大陆也好，在港台地区也好，远远要比人们看到的表面现象要复杂得多，它在当下的发展，是多层次、多样化的。

凤凰国学：*所谓的多层次，指的是儒学在当代发展本身包含着复杂内容和面临着各种挑战吗？*

颜炳罡：我是说今天儒学的发展是个多途、多元、多样的发展模式，各自呈现不同的面向，做好自己应做的或者自己愿意做的事情，这一点大家是相近的。